대인관계와 의사소통

김지은 · 김진숙 · 연미희 · 이인수

창지사

머리말

"인간은 사회적 동물이다."라고 한 아리스토텔레스의 말처럼 사람은 혼자서 살 수 없는 존재이다. 인간은 태어나서 죽을 때까지 부부관계, 부모자녀관계, 형제자매관계, 친구관계, 친척관계, 직장동료관계 등 다양하고 많은 대인관계 속에서 살아가게 된다. 인간의 행복과 불행은 다른 사람들과의 관계에서 이루어지는 경우가 많다.

우리 속담에 "말 한마디로 천 냥 빚을 갚는다.", "가는 말이 고와야 오는 말도 곱다."라는 말이 있다. 이것은 말의 중요성을 나타내고 있다. 대인관계에서 서로의 욕구를 충족시키려고 할 때 종종 갈등은 필연적으로 나타나게 된다. 갈등 문제를 해결해 나가는 과정에서 의사소통은 매우 중요하다. 의사소통방법에 따라서 서로 간의 갈등이 원만히 해결되어 친밀한 관계가 유지되기도 하고 반대로 상처를 주어 관계가 단절되기도 한다.

인간의 삶에 커다란 영향을 주는 대인관계를 원만하게 형성하고 유지하고 발전시켜 나가기 위해서는 대인관계 및 의사소통에 관련된 이론과 기술에 대하여 아는 것이 필요하다. 이 책에서는 대인관계 및 의사소통과 관련된 이론뿐 아니라 다양한 대인관계의 상황에서 도움이 되는 구체적인 방법이나 기술 등을 제시해 주는 실제를 포함시켰다.

이론편에서는 대인관계의 이해, 대인관계 이론 및 정서, 의사소통의 이해, 효과적인 의사소통, 친구 및 이성관계, 가족관계, 직장 내 대인관계, 다문화사회의 대인관계, 사이버상 대인관계를 살펴보았고, 실제편에서는 자기이해 프로그램, 부부관계 프로그램, 부모-자녀관계 프로그램에 대하여 다루었다.

책을 완성하고 보니 대인관계와 의사소통에 관한 지식과 경험이 부족하여 미흡한 면이 많지만, 이 책이 대인관계에서 다른 사람과 좋은 관계, 원만한 관계, 효율적인 관계를 형성하고 유지하는 데 작은 도움이 되길 바란다.

이 책이 발간되기까지 수고하신 모든 분들과 출판을 기꺼이 맡아 주신 창지사 사장님 및 편집부 관계자 여러분의 노고에 진심으로 감사드린다.

2023년 2월

저자 일동

차례

제 2 부 실제편 • 237

제1부

이론편

Chapter 01

대인관계의 이해

01 대인관계의 의미

1) 대인관계의 중요성

인간은 다른 사람과의 관계 속에서 살아가야 하는 사회적 존재이다. 인간이 사회적 존재인 이유는 먼저 인간의 생물학적 조건에서 찾아볼 수 있다. 다른 동물과 비교하면 인간은 혼자 생존할 수 없는 미숙한 상태로 태어나며, 독립적 생활을 하기 까지 가장 오랜 양육기간을 필요로 하는 존재이다. 신생아는 걷기까지 적어도 1년 이상의 시간이 필요하며 스스로 자신의 몸을 자유롭게 움직이기까지 2~3년이란 세월이 필요하다. 이렇듯 미숙한 상태에서 태어나는 인간은 출생에서부터 장기간 부모의 보호 아래 양육되어야 하는 존재이다.

인간이 성숙하면서 다른 사람과 서로 신뢰하고 사랑과 애정을 주고받을 때 행복감과 안정감을 느끼는 인간관계는 만족과 행복의 원천이 된다. 부모, 교사, 친구 및 동료, 이성으로부터 사랑과 인정을 받을 때 자신이 가치 있는 존재로 느껴지고 인생이 살 만한 것으로 느껴져 행복감에 젖어들게 된다. 사랑, 우정과 같이 긍정적인 갈등은 인간관계에서만 경험할 수 있는 것이다. 이처럼 인간관계는 공동의 목표 의식이 있는 동일 집단 내에서 상호 간에 형성되는 바람직한 심리 상태라고 할 수 있다(조경덕, 장성화, 2015).

한편, 우리가 인간관계와 혼용해서 쓰고 있는 대인관계(Interpersonal Relationships)는 자신과 다른 사람과의 관계를 의미하는 것으로 사람과 사람의 심리적 관계에 의해 특정한 목표 의식 없이 상호 간에 형성되는 심리적 관계 그 자체만을 의미한다. 개인의 언행과 태도에 관심을 갖고 형성되는 상호적 관계이면서 개인과 개인의 개성 수준 정도 및 대인적 교섭과 수용 태도를 말한다(오윤선, 유양숙, 2021).

원만한 대인관계는 건전한 성격발달, 자아실현, 삶의 만족 등과 같은 개인의 발달에 도움이 되고 조직의 생산성을 높이는 등 사회의 발달에 중요하게 기여한다.

대인관계는 광의의 개념으로 "두 사람 이상의 사람들 간에 일어나는 모든 상호작용"을 의미하는데 경제학, 정치학, 법학의 범위까지 포괄하는 사회과학적 측면을 포함하고 있다. 반면 대인관계의 협의의 개념은 "다른 사람과 좋은 상태를 유지하기 위한 내용"을 의미하는 것으로 심리학, 사회학, 사회인류학 등을 포함한다(문은식 외, 2022).

대인관계의 협의의 개념에서 살펴본 특징은 다음과 같다(김은영, 2015).

첫째, 대인관계는 사람과 사람 사이에 의사소통을 통해 이루어지는 것으로 일상생활에서 고민하고 체험하는 모든 관찰 가능한 현실적 상황이다.

둘째, 대인관계는 자의든 타의든 서로가 서로에게 영향을 미치는 타인과의 상호작용이 일어나는데 이러한 상호작용이 대인관계의 기초가 된다.

셋째, 서비스 산업이 확대되고 발전되면서 오늘날 대인관계가 중요시 된다.

넷째, 기본적 인권을 보장받기 위한 사람들의 요구가 증가하고 이에 부응하는 사회변화로 인해 대인관계가 중요시 되고 있다.

다섯째, 미묘한 대인관계에서 생기는 미움, 증오, 우울, 불안, 고독, 소외, 배신, 거부, 시기, 질투 등 복잡한 심리적 상황으로 인해 대인관계의 갈등과 고민이 증가하고 있다.

여섯째, 인간은 복잡한 대인관계 속에서 갈등과 고민으로 힘들어 하지만, 대인관계는 만족과 행복을 가져다주는 원천이기도 하다.

일곱째, 대인관계는 개인이나 조직의 성과를 좌우하고 목표달성을 용이하게 한다.

그러므로 인생에서 인간이 해결해야 할 중요한 과제는 함께 살아가야 할 여러 사람들과 갈등 없이 친밀하고 협동적인 관계를 형성함으로써 인생을 풍요롭고 행복하게 만들어 가는 일이다. 인간관계가 복잡하면 스트레스의 원인이 되고 인간관계가 호조되어 있다면 삶에 충만감을 가져온다. 즉, 인생의 문제는 대인관계의 문제로 귀착될 수 있다. 개인을 둘러싼 대인관계가 그 개인 생활에 커다란 영향을 미치기 때문이다.

2) 대인관계의 의미

사람은 태어날 때부터 자신의 의지와 상관없이 타인과 관계를 맺으면서 살아간다. 대인관계는 처음에 부모자녀관계로부터 시작되지만 차츰 형제관계, 친구관계, 사제관계, 선후배관계, 상사-부하관계, 부부관계 등으로 폭이 넓어진다. 이러한 대인관계를 분석해 보면 반드시 한쪽이 다른 쪽을 도와주는 관계가 된다는 점을 알 수 있다. 예를 들어, 부모자녀관계를 생각해 본다면 인생초기에 부모는 자녀를 도와준다. 이렇게 볼 때 부모가 자녀에게 도움을 주는 일방적인 관계인 것처럼 보이나, 반드시 그러한 것은 아니다. 왜냐하면 인생초기의 관계에서 부모는 자녀에게 도움을 줄 수밖에 없지만, 자녀가 성인이 되고 부모가 늙게 되면 이번에는 자녀가 부모에게 도움을 주는 관계로 바뀌게 되는 것이다. 물론 자녀가 성인이 되고 부모가 늙어야만 부모에게 도움을 주는 것은 아니다. 자녀가 어릴 때라 하더라도 부모의 말을 잘 듣는다면 그것 자체가 부모를 기쁘게 해 주는 것이 되고, 이는 결과적으로 부모를 도와주는 것이 된다. 이러한 관계는 다른 상황에서도 그대로 적용될 수 있다. 즉, 형제관계에서도 형이 동생에게 도움을 주는 관계이지만, 동생 또한 형에게 도움을 주는 관계이기도 하다. 따라서 모든 대인관계는 필연적으로 도움을 주고받는 관계가 될 수밖에 없는데 이러한 관계를 '조력관계(helping relationship)'라고 부른다. 다시 말해서 인간은 자신이 의식하든 그렇지 않든 상관없이 다른 사람과의 조력관계 속에서 살아가는 것이다(권석만, 1997). 이러한 관계는 넓은 의미의 대인관계이고, 좁은 의미로 인간에 관련된 제반문제를 말한다. 즉, 인간과 인간 사이의 원만한 화합을 통해 상호 간에 더욱 좋은 상태를 유지하기 위한 모든 내용을 담는 관계라고 할 수 있다.

02 대인관계의 유형

1) 생산성에 따른 대인관계의 유형

대인관계는 긍정적인 방향으로 형성될 수도 있고 부정적으로 형성될 수도 있다. 여기에서 긍정적이란 기본적으로 조력적인 차원에서 이루어지는 바람직하면서도 관계를 맺는 쌍방에게 도움이 되는 것을 말한다. 부정적이란 조력적이지 못하여 서로에게 피해가 되고 스트레스나 고통의 원인이 되는 관계를 말한다. 따라서 전자는 조력적인 관계, 생산적인 관계, 치료적인 관계, 효과적인 관계라고 불리며, 후자는 비조력적인 관계, 비생산적인 관계, 파괴적인 관계, 비치료적인 관계, 비효과적인 관계로 불린다. 생산적인 관계는 서로의 성장과 발전에 도움이 되며, 자아존중감의 증진 및 즐거움을 가져다준다. 그리고 상대방이 문제를 경험할 때 그 문제를 해결할 수 있도록 힘이 되어 주며, 궁극적으로 개인의 정신건강에 기여하여 행복하고 자아실현하는 삶을 살 수 있도록 도움을 주는 조력관계이다(권석만, 1997).

2) 해리스(Harris)의 대인관계 유형

해리스는 삶에 대한 기본 태도를 네 가지 유형으로 제시하였다. 인간은 성장하는 과정에서 자기 자신이나 자기 주변의 다른 사람들에 대해 일정한 가정을 형성하게 되는데 이러한 가정은 자신과 다른 사람들에 대한 기본적인 사고를 형성하는 기반이 된다. 자신에게 가치 있는 것으로 가정하느냐, 그렇지 못한 것으로 가정하느냐에 따라 해리스는 대인관계를 다음과 같은 네 가지 유형으로 구분하였다(강문희 외, 1999 재인용).

(1) 나는 옳지 않다(I'm not OK) - 너는 옳다(You're OK)

이 유형의 사람들은 자기 자신을 무가치한 것으로 생각하는 경향이 있고, 다른 사람에게 의존하려는 욕구를 지니고 있다. 갓난아이는 부모에게 모든 것을 의존할 수밖에 없다. 즉, 부모의 보살핌에 의해서 자신의 욕구가 달성되므로 타인에 대한 긍정성을 인정하게 된다. 그러나 자신은 아무것도 할 수 없으므로 좌절감 속에서 생활하게 되고, 무슨 일이든 쉽게 포기하며, 다른 사람에게 의존한다.

(2) 나는 옳지 않다(I'm not OK) - 너는 옳지 않다(You're not OK)

이 유형의 사람들은 다른 사람들이 자신보다 유능하다고 생각하며, 자신은 항상 운이 나쁜 것으로 생각하고, 인생을 체념하는 태도로 살아간다. 이런 사람은 일상생활에서 기분 좋은 게 없다고 느껴서 어떤 것에도 의미를 부여하지 못하고 시간만 보내게 되며 위축된 채 살아간다.

(3) 나는 옳다(I'm OK) - 너는 옳지 않다(You're not OK)

유형의 사람은 다른 사람과 거리를 두고 있으며, 다른 사람을 심하게 불신하고 경계하여 다른 사람과의 관계를 단절하는 방향으로 나아간다. 또한 타인을 엄격하게 감독하는 경향이 있다. 이런 사람은 권위주의적이고 자기중심적인 성격을 형성하게 된다.

(4) 나는 옳다(I'm OK) - 너는 옳다(You're OK)

이 유형의 사람은 인생을 가치 있는 가능성의 세계라 생각하고, 긍정적·낙천적인 생활관을 갖고 있다. 자기 자신을 나름대로 가치 있다고 느끼고, 다른 사람도 그 사람 나름대로의 가치가 있다고 생각한다. 이런 유형의 사람은 대인관계에서 진정한 관계를 갖기 위해 시간을 투자하고, 문제를 건설적으로 해결할 능력을 지니고 있으며, 건강하고 행복한 방식으로 삶을 이끌어 나갈 힘이 있고, 활동적이며 적극적인 사람들이다. 성숙한 인간이 되려면 이 수준에 도달하여야 하고, 자신의 자아실현 등과 같은 인격의 완숙한 단계에 이른다.

3) 생애 발달에 따른 대인관계

인간의 발달단계에 따라 대인관계는 지속적으로 변화한다. 자녀가 성장하면서 부모자녀 관계도 끊임없이 변화하고, 발달단계마다 만나는 사람들과 대면하게 되는 대인관계의 양상도 계속 달라진다. 영아기부터 노년기까지 생애 주기에 따라 나타나는 대인관계의 내용을 살펴보고자 한다(권석만, 1997).

(1) 영아기

영아는 태어난 후 가장 먼저 가족관계 속으로 들어간다. 즉, 출생과 더불어 한 가족의 구성원이 되는 것이다. 무력한 존재로 태어난 신생아는 전적으로 부모의 보호와 양육을 받게 되며 이 과정에서 부모자녀관계가 발전하고 한 인간의 성격형성에 중요한 바탕이 된다. 뿐만 아니라 신생아는 태어남과 동시에 형제자매와의 관계 속으로 들어간다. 먼저 태어난 형이나 누나가 있는 경우에는 동생으로서, 나중에 동생이 태어나는 경우에는 형 또는 누나로서 부모의 관심과 애정을 함께 나누어 가져야 하는 보다 복잡하고 역동적인 가족관계 속에서 성장하게 된다. 또한 출생과 더불어 친족공동체의 한 구성원으로 소속하게 된다. 친가와 외가에 속하는 여러 친인척들과의 관계 속으로 들어가게 되는 것이다. 즉, 소속된 친족 공동체의 수나 그 속에서의 위치가 개인마다 다르지만 조부모, 삼촌, 이모, 사촌 등 여러 사람들과 관계를 맺게 된다.

(2) 유아기

유아는 3~4세가 되면 운동기능의 발달과 함께 활동반경이 확대되고, 언어능력이 급격히 발달함에 따라 자신의 의사를 표현하고 이해할 수 있는 의사소통 능력이 증대된다. 따라서 이 시기의 유아는 집 밖으로 나가 놀며 집 근처 같은 또래 유아들과 친구관계를 맺기 시작한다. 이러한 친구관계는 유치원, 어린이집 등 유아교육기관에 다니기 시작하면서 사회성이 발달한다. 흔히 소꿉친구, 골목친구, 죽마고우라고 부르는 친구들이 이 시기에 형성된 친구들을 일컫는다.

(3) 학동기

초등학교 입학은 아동의 대인관계에 많은 변화를 가져온다. 우선 친구관계가 급격하게 증가한다. 같은 학급이나 학교에 소속된 많은 또래아동들과 어울린다. 이 시기에는 교우관계의 질도 변화한다. 친구를 외모, 신체적 운동능력, 학업성적, 사회경제적 지위에 따라 선별하여 사귀고 함께 어울리는 또래집단을 형성하는 경향이 이 시기에 생겨난다. 이 시기는 동성 간의 친구관계가 주된 것이지만 초등학교 고학년이 되어 감에 따라 이성 친구에 대한 관심이 생겨난다. 초등학교 입학과 더불어 선생님이라는 새로운 교육자와의 관계도 생겨난다. 부모 이외에 따르며 배우고 의지할 수 있는 선생님과의 교류 속에서 스승-제자의 관계가 시작된다. 이 시기에 볼 수 있는 이사나 전학은 안정된 친구관계나 선생님과의 관계를 떠나 새로운 관계를 형성해야 하므로 아동의 대인관계에 커다란 변화와 영향을 주기도 한다.

(4) 청소년기

중고등학교에 진학하면서 친구관계는 한층 성숙해지고 활발해진다. 청소년기에 해당하는 이 시기는 부모로부터 심리적 독립이 일어나는 시기로 가족관계보다 친구관계가 주요한 대인관계로 자리 잡으며 가족보다 친구의 영향력이 증대되는 경향이 있다. 반 친구나 학교 친구 이외에 취미, 종교, 관심사에 따른 서클 활동이 증대되어 다양한 친구관계가 형성된다. 아울러 선후배간의 위계적 교우관계가 생겨나고 선생님과의 관계도 좀 더 깊이 있는 관계로 발전하게 된다. 또한 사춘기에 해당하는 중고등학교 시기에는 신체적 성장이 뚜렷이 나타나고 이성에 대한 관심이 높아져 초보적인 이성관계가 시작된다.

(5) 청년기

❶ 청년전기

고등학교를 졸업하면 대학에 진학하거나 직장으로 진출하게 된다. 이 시기는 청년기에 해당한다. 대학에 진학하게 되면 관계의 양상이 많이 달라진다. 첫째, 대인관계의 폭이 넓어진다. 중고등학교 시절의 제한된 관계에 비해 대학에서는 학과,

동아리, 동문회 등에서 만나게 되는 다양한 사람들과 친구관계가 이루어진다. 둘째, 대인관계가 이루어지는 상황에 변화가 일어난다. 중고등학교에서는 반 친구, 짝 등과 같이 노력하지 않아도 주어지는 관계의 틀이 있지만 대학에서는 부모나 교사의 규제와 제약이 사라지고 학생 개인에게 많은 자유와 자율이 주어지기 때문에 같은 학과 또는 학부라는 구속의식이 있지만 그 집단의 응집력이나 구속력은 매우 약하다. 따라서 학생 개인이 스스로 적극적인 대인관계를 구축하지 않으면 인간관계의 형성이 어렵다. 셋째, 대학에서는 이성교제가 활발해진다. 이성 관계에 대해 자유롭고 허용적인 분위기를 제공하는 대학에서 이성과의 만남은 빈번해진다. 깊이 있는 실질적 이성관계가 처음으로 이루어지는 시기는 대학시절, 즉 청년 초기이다. 만남과 이별을 통해 여러 이성을 탐색하기도 하고 때로는 이 시기에 만난 이성과 좋은 관계를 맺어 훗날 배우자가 되기도 한다.

❷ 청년후기

대학을 졸업하는 20세 중후반은 직장인으로서 사회에 진출하는 시기이고 직장에서 새로운 대인관계를 경험한다. 이 시기는 대학시절에 비해 관계의 폭이 좁아지는 경향이 있다. 대부분의 시간을 직장에서 보내야 하므로 직장 내의 대인관계가 주요한 인간관계의 장이 된다. 직업적 업무를 수행하는 과정 속에서 직장동료를 만나고 직장 내 상사-부하의 관계 속으로 들어간다. 우리 사회에서는 직업을 얻고 경제적 독립과 안정을 얻는 과정에서 결혼을 하게 되는 것이 일반적이다. 따라서 결혼을 함으로써 독립된 가정 속에서 남편-아내의 부부관계를 형성한다. 자녀가 출생하게 되면 부모의 위치에서 부모자녀의 관계를 경험한다.

(6) 장년기

40~50대에 해당되는 장년기에 접어들면 대인관계에 새로운 양상이 나타난다. 이 시기는 개인의 인생에서 사회경제적 능력이 최고의 수준에 오르는 절정기이다. 직장 내에서 상급자로서 부하직원을 지휘하고 통솔하는 위치에서 새로운 상하관계를 경험한다. 이 시기에 자녀들은 청소년기에 접어들어 부모로부터 심리적으로 독립한다. 따라서 부모로서 자녀에 대한 심리적 유대감이 약화되며 자녀가 결혼하

면 사위나 며느리를 보게 되고 따라서 시부모 또는 장인, 장모의 위치에 서게 된다. 자녀의 결혼과 함께 손주가 태어나게 되고 할아버지 또는 할머니의 위치에 서기도 한다. 이렇듯 자녀를 결혼시키고 조부모가 되는 일은 이 시기에서 시작되어 노년기까지 이어진다.

(7) 노년기

60세를 전후하여 직장에서 은퇴하는 시기로 직업생활을 종료하고 인생을 정리하며 마무리하는 시기이다. 노년기는 신체적 노화와 더불어 사회경제적 능력이 감퇴되고 대인관계의 폭도 좁아진다. 반면에 한가한 시간을 많이 갖게 되는데 노인들도 알맞은 일을 하고 적절한 대인관계를 유지하기 위한 노력이 개인적 또는 국가적 차원에서 이루어지고 있다. 노년기는 사회적 관계가 감소하는 대신 가족관계에 대한 의존성이 증대되는 시기이다. 부부가 같이 지낼 시간이 많아져 서로에 대한 의존성도 커진다. 또한 경제적으로 심리적으로 자녀에 대한 의존성이 커진다. 손자녀가 커가는 것을 지켜보는 것이 커다란 즐거움이 된다. 노년기는 대인관계의 해체기라고 할 수 있다. 그동안 맺었던 여러 관계가 서서히 소원해지고 해체된다. 과거 직업생활을 통해 빈번하고 긴밀한 관계를 유지했던 사람들과의 만남이 줄어들면서 관계도 소원해진다. 즉, 노년기에는 친구나 친척과의 이별뿐만 아니라 한평생을 같이 살아 온 배우자와의 영원한 이별을 경험한다.

4) 형성 및 유지요인에 따른 대인관계의 유형

(1) 일차적 대인관계

혈연, 지연, 학연 등에 의해 형성되는 관계를 일차적 대인관계라 부른다. 부모, 형제, 친척, 동문, 동향 사람들과의 관계가 이에 속한다. 일차적 관계는 본인의 선택이나 의사와 상관없이 주어지는, 즉 운명적으로 부여된 관계이다. 따라서 한 번 일차적 대인관계 속에 들어가면 평생 그 관계 속에서 지내게 된다.

(2) 이차적 대인관계

이차적 대인관계는 개인적인 매력, 직업적 이해관계, 가치관의 공유에 의해 형성되는 대인관계이다. 직장동료, 애인, 친구, 친목단체의 구성원 등이 여기에 해당된다. 이차적 대인관계의 대상은 본인의 의사에 따라 자유롭게 선택할 수 있으며, 가입과 탈퇴가 비교적 자유로우며 일차적 관계에 비해 그 관계가 일시적일 수 있다.

03 대인관계론의 출현 및 발전과정

대인관계는 다른 사람과 상호작용을 잘해 자신에게도 좋고 상대방에게도 좋은 상태를 유지하기 위한 방법에 중점을 두고 실생활에서 사실들을 다룬다. 즉, 대인관계론은 이러한 사실이나 현상을 분석하고 해석하며 바람직한 관계를 연구하는 학문이다. 이 학문의 필요성은 경영적 측면에서 먼저 요구되었다. 산업혁명 이후 종업원의 생산성이나 능률향상의 극대화를 위해 인력관리를 어떻게 해야 하는가에 대한 관심에서부터 태동하게 되었다. 심리학에서의 대인관계론과 경영학에서의 대인관계론은 그 학문적 목적에 차이가 있다. 경영학에서는 기업의 생산력을 증진시키기 위한 효율적 방법으로써의 관계론에 목적을 둔 반면, 심리학에서는 바람직한 대인관계 형성 자체가 목적이라 볼 수 있다. 대인관계론의 이해를 위해서는 그 출현과 발전과정에 대한 지식을 갖는 것이 중요하다. 테일러(Taylor)의 과학적 관리론이 대두된 전통적 대인관계론, 1920~1930년대 걸쳐 메이오(Mayo)가 중심이 된 호손실험을 근거로 성립된 초기 대인관계론, 1950년대 이후 인간행동을 강조한 현대적 대인관계론으로 구성할 수 있다(김혜숙 외, 2000).

1) 전통적 대인관계론

산업혁명 이래 노동자들은 기계를 중심으로 하는 생산조직체에서 마치 기계의 부속품처럼 봉사하는 존재로 전락되었으며, 그 결과 본래 노동의 생산성이 증진되어야 할 기계화의 촉진이 오히려 노동 강화의 수단으로 이용되었고, 저임금과 장시간 노동에 의한 노동력의 혹사를 면하지 못하였다. 그리하여 종래의 맹목적인 노동력 혹사에 의한 생산의 증강방법으로부터 벗어나 노동력의 집약적인 이용을 도모하기 위한 이른바 '능률운동'이 전개되었다. 이같이 능률 증진을 위한 일련의 노력이 진행되는 가운데 테일러는 당시 노동자의 조직적 태업의 해결을 임금율의 설정방법 문제로 취급하여 능률의 기준을 과학적으로 연구하고자 하는 의도 하에 노동 분석을 전개하였다.

(1) 테일러(Taylor)의 과학적 관리론

경험보다 과학적 방법을 존중하는 과학적 관리론은 19세기 말 이후 주로 미국에서 발전된 산업경영 및 관리의 합리화와 능률화를 위한 지식, 기술의 세계를 가리킨다. 여기서 과학적 관리란, 과학적 방법의 활용을 통한 관리라고 규정할 수 있다. 18세기 말 산업혁명으로 수공업에서 기계공업으로 산업계가 전환되어 공장에 기계가 설치되고 기계를 돌리기 위해 노동자를 고용하게 되었다. 생산증가에 관심이 있는 경영자들은 산업 환경의 변화를 고려하지 않고 단지 능률을 향상시켜서 기업의 이익을 최대화하는 것이 목적이었다. 그 결과 '조직적인 태업'이 발생하였다. 테일러는 조직적 태업이 노동의 비합리적 운용에 기인한다고 생각하여 과학적이고 합리적인 방법을 도입하려고 하였다. 작업의 기본 요소의 발견과 수행방법에 대한 '시간연구'나 '동작연구'와 같은 과학적 방법을 통한 작업방식의 과학화, 임금형태의 합리화 그리고 작업환경의 개선 및 정비 작업자의 신체적 조건에 대한 철저한 분석 등을 적용해야 한다고 주장하였다.

테일러의 과학적 관리를 위한 기본 원리는 다음과 같다.

첫째, 모든 작업자에게 명확하게 설정된 충분한 과업을 주어야 한다.

둘째, 작업자가 과업을 확실히 수행할 수 있도록 표준화된 제 조건을 부여하여야 한다.

셋째, 작업자가 과업을 완수할 경우, 성공에 대한 높은 임금을 지불하여야 한다.

넷째, 작업자가 과업을 완수하지 못하고 실패한 경우, 손실을 부담시켜야 한다. 마지막으로 과업은 일류 노동자만이 달성할 수 있게 충분한 것이어야 한다.

과학적 관리론은 노동자를 최선의 방법으로 생산과정에 활용하기 위해 기술과 지식을 체계화하는 기초를 확립하였다는 데 그 의의가 있다. 그러나 능률의 향상과 합리화를 추구하는 방법이 너무나 과학적이고 합리적이어서 인간 기계론이라는 비판을 받는다. 왜냐하면 테일러의 이론은 조직에서 인간적인 요인을 과소평가하여 인간을 마치 기계처럼 인식하였으며, 인간의 개성이나 잠재력은 거의 고려하지 않고, 단지 기계적인 체계에 대한 인간의 적응 능력을 생산적이고 합리적인 측면에서 평가하였기 때문이다.

2) 초기 대인관계론

1930년대에서 1960년대 사이에 출현한 대인관계론은 테일러의 과학적 관리론을 비판하였다. 기업을 하나의 거대한 기계로, 그리고 그 구성원을 생산량이라는 목표 달성을 위한 부속품처럼 행동하도록 강조함으로써 인간적인 측면을 외면하였음을 지적하였다.

(1) 메이오(Mayo)의 호손실험(Hawthone Works)

과학적 관리의 선조인 테일러가 경영의 합리화로 생산성을 향상시키려 했다면, 메이오는 경영의 인간화로 생산성을 향상시키고자 했다. 호손실험은 미국의 벨(Bell)식 전화기 제조회사인 서부 전기회사의 호손공장에서 1927년부터 1932년까지 5개년에 걸쳐 호손공장의 종업원을 대상으로 행해진 일련의 대인관계에 관한 조사연구를 말한다(김은영, 2015).

❶ 조명실험

조명실험은 공장 내의 조명도와 종업원의 생산능률과의 상관관계를 연구하고자 하였다. 실험 내용은 같은 수준의 생산능률을 올리고 있는 종업원들을 실험집단과 통제집단의 두 집단으로 구분하여 비교하는 것이었다. 실험집단에는 조명도를 자주 변화시켰고, 통제집단은 조명도를 일정한 표준상태로 통제, 유지시킴으로써 조명도가 작업능률에 어떤 영향을 미치는지 관찰하였다. 그 결과 실험집단은 조명도의 변화에도 불구하고 생산능률이 점점 상승하였으며, 통제집단 역시 실험집단과 같은 생산능률의 상승을 나타내었다. 다음으로 조명도는 변화시키지 않고 조명도를 높인 것처럼 인식시켰다. 그 결과 종업원들은 조명조건에 대하여 개선되었다고 심리적으로 만족을 표명하였으나 실제 생산능률에는 아무런 변화가 없었다. 반대로 조명도를 변화시키지 않고 조명도가 저하될 것이라는 암시를 주었더니 그 결과 조명조건에 대한 불만은 있었지만, 생산능률에는 아무런 변화가 없었다. 이러한 결과들은 조명도는 생산성에 영향을 미치는 절대적 요건이 아니었다.

❷ 계전기 상호작업 실험

계전기 상호작업 실험(The Relay Assembly Test Experiment)은 1927년 4월부터 1929년 6월까지 호손공장에서 전화기의 부분품인 계전기 상호작업에 종사하는 6명의 여공을 하나의 소집단으로 구성하고, 이를 대상으로 일련의 실험을 한 것이다. 이 실험은 조건변경과 능률의 관계를 규명하기 위하여 작업조건을 여러 가지로 변화시키고, 이에 따르는 생산고의 추이를 측정하였다. 작업기간(실험기간) 중 휴식시간의 제공과 간식 공급, 작업시간과 일수의 단축 등 여러 가지 작업조건의 변화요인을 도입하여 어떠한 시간이 노동자의 피로, 권태감을 가장 적게 하고, 생산능률을 최대로 올릴 수 있는가를 발견하기 위하여 2년 동안 13회에 걸쳐 행해졌다. 실험결과, 전 과정을 통해 실험적 변화를 막론하고 생산고가 상승하고 있는 경향을 찾아볼 수 있었다. 이러한 실험결과는 생산성이 급여방식, 휴식시간, 작업일수, 간식 공급 등의 조건에 영향을 받지 않음을 알 수 있다. 여공들은 자신이 실험대상이 되었다는 사실에 자부심을 갖고 열심히 일해야겠다는 각오를 가졌으며, 실험상의 조건이 변화되기 전에 회사 측이 여공들과 미리 상의하고 그들의 의견을 청취하고 존중하였다. 그러므로 실험에 참가한 여공들은 그들이 작업조건의 결정에 참여의식을 갖게 됨과 동시에 자기들끼리 하나의 사회단위를 이루고 있다는 정서적으로 결속된 사회적 의식을 갖게 되었다. 이런 심리적 만족감이 직장에서 작업 성적을 비약적으로 향상시켰다고 결론을 내렸다.

❸ 면접실험

연구자들은 실험과정에서 인간의 감정적·심리적 요인이 중요하다는 것을 깨닫게 됨에 따라 종업원의 인간적인 측면을 임상적으로 파악하는 구체적인 방법으로 면접(interview) 프로그램을 병행하게 되었다. 면접의 내용과 목적은 공장 내에서 지도 감독 및 기타 관리방식을 개선하기 위하여 종업원들의 불평과 불만을 조사하고, 공장의 물리적 환경과 안전위생, 종업원관계의 개선을 도모하기 위한 것이었으며, 다른 실험에서 나타난 결론들을 보완, 검증하기 위한 것이었다. 화제는 주로 종업원 각자의 직무, 작업환경 또는 분위기 감독자들에 대한 좋은 점과 나쁜 점 등이었다. 면접을 통해 얻어진 조사 결과에 의하면, 생산능률의 저하는 물리적 작업조건이나 피로에만 기인하는 것이 아니라 주위의 인간적, 사회적 환경에 대한 개인의 균형이 잘 유지되지 못한 경우에 적잖은 생산능률의 저하를 초래하게 된다는 것을 발견하였으며, 이와 같은 면접 실험과정을 통해 면접 그 자체가 종업원들의 의견이나 감정을 털어놓을 수 있는 기회를 마련하게 되었고 그들의 태도나 기분을 전환시키는 효과를 나타내었다.

❹ 사회적 형태 관찰 실험

호손실험의 마지막 단계에서 이루어진 것으로 전화자동교환기의 일부인 배전기의 선을 잇는 작업에 종사하는 14명의 남자 작업자들을 대상으로 관찰과 면접을 병행한 실험이다. 그들의 급여방식은 능률급으로 하였다. 실험이 시작되기 전 그들의 작업숙련도와 지능을 검사해서 이 요소들이 작업의 능률성에 어떠한 영향을 미치는지 알아보았다. 18주에 걸쳐 관찰을 하면서 그들의 행동변화를 기록하였다. 실험 결과, 우선 그들은 작업장소의 자리배치는 고참순으로 정하여 앉았고, 시간이 지나면서 점심시간이나 쉬는 시간에 서로 대화를 하고 사회적인 관계를 맺는 비공식집단이 만들어지는 것을 발견할 수 있었다. 숙련도 및 지능과 작업의 능률과의 관계에서 능률성이 가장 높은 사람의 경우, 숙련도는 중간이고 지능은 가장 낮은 사람이었다. 그리고 작업능률성이 가장 낮은 사람은 지능이 가장 높고 숙련도 역시 상위권에 속하는 높은 정도였다. 그래서 각자 열심히 일을 하면 능률급으로 인해 많은 보수를 받을 수 있음에도 불구하고 집단 내에서 자신들이 스스로 정한 상한선과 하한선의 생산량 범위에서 벗어나지 못하였다. 결과적으로 능력이 있고 더 많은 보수를 받을 수 있다고 더 많은 생산을 하는 것은 아니었다.

호손실험을 통해 밝혀진 사실은 인간의 생산성이 작업시간, 작업방법, 임금, 작업장의 환경 등 작업의 물리적 환경들에 의해 영향을 받기보다 인간의 내적·심리적 요인에 의해 결정된다는 것이다. 호손실험의 결론을 간추려 보면 다음과 같다.

첫째, 생산능률은 종업원의 태도나 감정에 의존하고 있다. 생산능률은 작업의 물리적 환경조건, 작업시간, 임금 액수 등과 같이 경제적,생리적,물리적 작업조건보다 종업원이 자신의 직무, 동료, 상사 또는 사회 전체 등에 대하여 갖는 태도나 감정에 의해서 크게 좌우되었다.

둘째, 종업원의 태도나 감정은 그가 속한 집단 내의 대인관계와 밀접한 관계가 있다. 어느 정도 열심히 일을 할 것인가 하는 마음의 결정은 주위 사람들과의 관계에서 영향을 받는다. 즉, 개인이 속한 집단의 공통감정에 의해 결정을 내린다. 종업원은 경제 논리로만 행동하는 이성적 동물이 아니고 감정적 동물이기도 하며, 이러한 감정은 근로 의욕에 중요한 역할을 한다.

셋째, 공식적 조직 내에는 자생적 조직이 있고 그것을 만들어 낸 규범에 의해 인간의 행동이 통제된다. 이러한 자생조직은 그들만의 감정체계를 가지고 있으므로 경영자가 비용이나 능률만을 주안으로 하여 합리화 방안을 일방적으로 추진한다면 노동자들의 반발을 유발한다.

호손실험은 작업자들의 관계 연구에서 사회심리적 요인의 중요성을 부각시켰고, 리더십 및 소집단 행동에 관한 문제들이 계속 연구되어 1950년대 현대적 대인관계론의 기초가 되었다.

3) 현대적 대인관계론

행동과학(behavioral science)이란 인간행동에 관하여 객관적인 방법으로 자료를 수집하고 경험적 증거에 따라 일반적 법칙을 확립하면서, 그 법칙을 통해 인간행동을 과학적으로 설명하고 예측하는 것이다. 행동과학론의 핵심은 인간이 사회의 일원으로 수용되고, 그 속에서 지위를 확보하고 능력이 인정되기를 바라는 욕구를 가지고 있는 동시에 각자가 가지고 있는 능력을 현실에서 활용하고 개발할 수 있는 기회를 원하고 있으며, 가치 있는 목표를 달성함으로써 느낄 수 있는 만족을 요구하고 있다.

행동과학은 대인관계 중심의 행동과학과 의사결정 중심의 행동과학의 두 방향으로 발전하였다. 전자는 메이오의 대인관계론을 기초로 발전되어 오는 것으로 여기서는 주로 동기부여의 문제를 다루고 있다. 후자의 행동과학은 근대조직론의 흐름으로 주로 조직에서의 의사결정과정을 행동과학적으로 해석하고 설명한다. 행동과학 이전을 대표하는 것은 과학적 관리와 대인관계론적 접근이며, 행동과학적 접근을 대표하는 것은 인간자원론이다.

인간자원관리론은 행동과학적 접근을 적용한 관리의 체계적 접근으로 모든 인간은 귀속과 존경에 대한 공통욕구를 갖고 있으며, 현대 문화적 배경 속에 살고 있는 대다수의 사람들은 가치 있는 목적을 수행하는 일에 효율적이고 창의적으로 공헌하기를 바라고 있다. 대다수의 노동자들은 현재 그들의 작업이 요구하는 정도 이상의 능동성, 책임성, 창의성을 발휘할 수 있는 능력이 있는데 이러한 능력은 현재 낭비되고 있는 미개발의 자원으로 남아 있다고 본다. 따라서 관리자는 자신의 부하들이 조직의 목적을 달성하는 데 모든 재능을 바칠 수 있는 환경을 조성하여 이들의 창조적 자원을 개발하도록 해야 한다. 또한 부하들이 일상적인 의사결정만 아니라 중요한 사항에도 참여할 수 있도록 허용하고 장려해야 한다.

인간자원관리론에 공통되는 일련의 가정들은 다음과 같다. 첫째, 조직의 효과를 최대화시키려면 인간의 성장과 동기를 높이는 풍토를 지지해 주는 내부 구조를 참조할 필요가 있다. 둘째, 불확실하고 급변하는 상황에서 적응적 문제해결의 조직은 권한과 위계와 관료적 구조를 강조하지 않는다. 셋째, 고립, 냉담, 빈약한 작업성과는 사람의 인상보다 직무 자체에서 얻는 만족, 예컨대 성취감, 작업의 본질적 가치 등과 더욱 밀접하게 관련되어 있다.

Chapter 02

대인관계 이론 및 정서

01 대인관계 이론

1) 대인관계와 성격

대인관계에서 성격(personality)의 어원은 라틴어로 연극배우들이 쓰던 가면을 일컫는 페르조나(persona)에서 유래하였다. 배우가 가면을 쓰고 무대에 서는 모습이 사람들의 참모습이기 보다 연극을 하듯 피상적으로 나타내는 사회적 이미지를 뜻하였다.

성격은 한 개인을 다른 개인과 구별하는 개인의 독특한 심리적 특징으로 보기도 하였고, 사회라는 무대에서 나타내는 사람들의 외현적 행동 양식으로 본 학자들도 있다(문은식 외, 2022). 성격은 내적 요인과 외적 요인으로 구분하는데, 내적 요소는 선천적으로 타고난 심리요소이면서 생물학적으로 결정되는 개인의 감정 반응인 기질(temperament)로 나타난다. 외적 요소는 사회, 문화적 환경 속에서 사람들이 보여주는 외현적 행동을 일컫는다.

성격은 개인이 가지고 있는 독특한 성질이라고 사전에 정의하고 있고, 개인의 독특한 적응 양식을 결정하는 정신 물리적 체제에서 개인 내의 역동적 조직으로 보기도 하였으며(Allport, 1961), 개인의 역동적이고 조화된 특성으로 정의하기도 했다(Ryckman, 2000). 이러한 정의들을 종합해 보면, 성격이란 '개인이 환경에 적응하는 과정에서 일관성 있게 나타나는 독특한 심리적 특성'이라 할 수 있다. 성격에 대한 정의는 다양하지만 공통적으로 포함되는 내용에 다음과 같은 3가지 특징이 있다(오윤선, 유양숙, 2021).

첫째, 성격의 정의에는 개인이 가지고 있는 고유하고 독특한 성질이 포함되어 있다.

둘째, 개인의 독특성이 매우 안정적이면서 시간이 지나도 특성이 변하지 않는 안정성을 포함하고, 상황이 바뀌더라도 자신의 개성을 그대로 유지하려는 일관성을 보인다.

셋째, 성격의 여러 측면, 즉 내용에 의해서 개인이 독특한 성질을 안정적이고 일관성 있게 나타낸다.

2) 성격의 결정 요인

(1) 유전적 요인

유전이 얼굴모양, 머리카락의 색깔, 피부색, 체형 등 신체적 특성에 미치는 영향은 매우 뚜렷하다. 일란성 쌍둥이의 경우 신체적 외모가 똑같아서 구별하기 힘든 이유는 신체적, 생리적 특성이 같기 때문에 유전의 영향을 많이 받는 것으로 보인다.

기질(temperament)은 성격의 개인차에 대한 유전적 기초를 의미한다. 넓은 범위의 기질 특성 (예: 활동 수준, 민감성, 지속성 등)과 성격 특성(예: 내향성/외향성, 불안, 충동성 등)에 있어 일란성 쌍둥이가 이란성 쌍둥이보다 더 유사하다고 밝히고 있다(DiLalla, Kagan, & Reznick, 1994). 평균적으로 개인차의 약 절반 정도는 유전적 구조의 차이에서 기인한다고 보고 있다(Rothbart & Bates, 1998).

(2) 환경적 요인

성격은 유전적 소인에 기초하지만, 환경에 의해서도 영향을 받는다. 환경적 측면에는 가정환경, 학교환경과 사회문화적 환경 등이 개인의 성격 형성에 작용한다.

가정 내 환경은 영유아기를 거치면서 행동 양식과 기본적인 생활습관이 형성되고, 개인의 심리 특성이 자유롭게 표출되면서 성격 형성에 커다란 영향을 미친다. 학교에서는 학업과 학교 생활을 통해 행복감과 성취감, 실패로 인한 우울감 등이 학동기 개인의 성격에 영향을 미친다.

사회문화적 환경도 사회가 기대하는 신념과 행동양식을 습득하면서 그 사회의 가치와 규범을 받아들이게 되어 개인의 성격에 주요하게 작용한다. 한 예로 문화권마다 다양한 자녀 양육의 차이가 인종적 차이로 나타난다는 결과도 있다. 북미의 백인 영아와 비교하여 중국과 일본의 아기는 덜 활동적이고, 덜 민감하며, 소리를 덜 내고, 화가 났을 때 달래기가 쉽고, 자신을 진정시키기를 더 잘하는 경향이 있다고 보고하고 있다(Kagan, Sniaman & Arcus, 1995). 이러한 다양성은 유전적 원인도 작용하지만, 문화적 신념과 실제에 의해 지지된다고 볼 수 있다.

3) 대인관계 이론

(1) 정신분석 이론

❶ 프로이드(Freud)의 이론

정신분석학 이론의 창시자인 프로이드(Freud, 1856~1939)는 신경학을 전공한 의사로 신체적 이상은 정신적 갈등에서 비롯될 수 있다고 믿었다. 프로이드는 히스테리 환자의 무의식 속에 잠재된 생각이나 욕망을 자유연상과 꿈의 해석, 아동기 때의 경험, 가족관계 분석이라는 기법을 개발하여 치료하였다.

㈎ 성격의 구조

프로이드에 의하면 성격은 원본능(id), 자아(ego), 초자아(super ego)로 구성되어 있다. 인간이 출생 시 가지고 태어나는 원본능은 비이성적이고 무의식적이며 이기적인 본능을 말한다. 예를 들어, 영아에게 먹는다는 것은 강력한 충동적 본능에 즉각적인 만족을 추구하는 행동이다.

생후 2년째가 되면 영아의 기본적 본능은 현실과 충돌하게 된다는 것을 경험한다. 자아란 현실적으로 가능한 것과 가능하지 않은 것을 깨달을 수 있게 되면서 생기게 되고 만족의 지연이 있을 수 있다는 이성적 수준의 성격이다.

생후 3~4년이 되면 발달하는 초자아는 출생 시 가지고 태어나는 것이 아니라 학습에 의해 획득되는 것으로 양심이라 불린다. 초자아는 유아가 부모나 타인과의 동일시를 통해 사회적 가치나 문화적 규범을 얻게 되면서 내면화된 표상이다. 초자아는 원본능과 반대로 갈등상태에 놓이게 되면 자아가 중재자로서 갈등을 적절히 해결한다.

(나) 발달단계

프로이드의 심리성적 발달단계는 성적 에너지인 리비도(libido)가 신체 부위로 옮겨 다니는 데에 따라 단계가 변화한다고 본다. 아동의 발달 단계는 리비도의 움직임에 따라 구강기, 항문기, 남근기, 잠복기, 생식기 등으로 구분한다.

1단계인 구강기는 출생에서 1세 또는 1세 반까지이다. 구강기에는 입과 그 주변을 자극하는 데 만족을 느껴 빨고, 깨물고, 삼킴으로써 충동적이고 즉각적인 만족을 얻는다.

2단계인 항문기는 1세 또는 1세 반에서 3세까지로 영아의 성적 에너지가 항문과 그 주위 부분으로 옮겨왔기 때문에 항문기라 부른다. 영아는 대소변의 배출이나 보유에서 만족을 얻는다.

3단계인 남근기는 3세 이후부터 5~6세까지를 말하고 성적 에너지가 항문에서 성기로 옮겨져 관심을 가지고 가치를 부여하는 시기이다. 이때 남아는 오이디푸스 콤플렉스(Oedipus complex) 현상이 나타나서 어머니를 성적 애착의 대상물로 바라보고, 반면 여아는 사랑의 짝으로 아버지를 원하나 어머니에 의해 좌절되는 엘렉트라 콤플렉스(Electra complex)를 경험한다.

4단계인 잠복기는 6세에 시작하여 사춘기 이전까지의 시기로 성적 욕구에 대한 흥미가 약해지고, 그 욕망을 억누르고 있어 잠복기라 부른다. 이 시기에는 지적 활동인 학업에 열중하고 환경을 탐색하며, 장래의 사회생활에 필요한 여러 가지 기술도 습득한다. 동성친구와 친하게 놀면서 집단을 이루어 몰려다니고 이성에 대해서는 배타적이다.

마지막 5단계인 생식기는 13~19세까지이며 사춘기에 들어서면 신체적으로 성 기능이 성숙하고 성적 관심이 높아지면서 이성과의 접촉에 최대 관심을 둔다. 이성에 대한 성적 욕구는 심미적인 활동을 통해 승화시킬 수 있다. 예를 들면, 운동, 독서 등의 취미활동, 사회봉사 활동 등이 청소년들이 행하는 대체활동에 속한다. 이 때 성적 에너지를 승화하지 못하면 비행으로 표출될 수 있다.

(2) 에릭슨(Erikson)의 이론

에릭슨(Erikson, 1902~1994)의 발달이론은 근본적으로 프로이드의 정신분석학적 접근에 기초하고 있으나 영유아의 사회적·문화적 환경을 중요하게 본다. 따라서 프로이드의 이론이 심리성적 이론이라면 에릭슨의 이론은 심리사회적 이론으로 칭한다.

에릭슨은 자아의 발달에 따른 건강한 정체감 형성을 강조하였고, 심리사회적 위기(psychosocial crisis)를 통해 발달하는 것으로 보았다. 신체적 성장이나 문화적 영향에 기인하는 위기를 어떻게 극복하느냐에 따라 정상인으로 성장한다는 관점을 보인다. 에릭슨의 심리사회적 발달 단계는 다음과 같이 8단계로 구성된다.

❶ 1단계 : 신뢰감 대 불신감

첫 단계인 신뢰감 대 불신감은 생후 1년에 형성된다. 어머니로부터 애정적인 보살핌을 받게 되면 영아는 이 사회에 대한 신뢰감을 발달시킬 수 있다. 그러나 춥고, 배고플 때 욕구충족이 되지 않으면 영아는 불신의 감정을 가지고 인생을 시작한다.

❷ 2단계 : 자율감 대 수치심 및 회의감

프로이드의 항문기에 해당하는 시기로 신체근육의 성숙과 대소변 가리기로 배설물의 방출 및 보유에 대한 훈련을 받는다. 엄격한 배변훈련은 영아를 강박적으로 만들어 소심하게 만들고, 강박적 행동은 회의심, 수치심과 병행된다고 하였다. 반면, 확고하고 친절하며 점진적인 배변훈련을 받은 영아는 자존감을 잃지 않으면서 자기 통제력을 발달시켜 사회적으로 인정받는 자율감을 획득한다고 보았다.

❸ 3단계 : 주도성 대 죄책감

유아는 3세가 되면 언어를 사용하고, 신체적 능력이 발달하며, 주변의 여러 가지 물건을 마음대로 다룰 수 있게 된다. 그리하여 자신의 행동에 목표와 계획을 세우는 주도성을 지니게 된다. 부모의 제재가 일관적이지 않고 부드럽지 않다면 유아는 자신의 주도적인 행동에 자신감을 잃을 뿐 아니라 나쁜 짓을 하는 죄책감도 갖게 된다.

❹ 4단계 : 근면성 대 열등감

프로이드의 잠복기에 해당하는 시기로 친구와의 관계에서 아동들이 무엇인가를 주도적으로 할 수 있고, 자신감을 얻게 되면 근면성이 개발된다. 반면, 친구와 비교하여 아동이 자신감이 없다고 느끼거나 계속적인 실수를 하여 자신감과 근면성이 개발되지 않으면 열등감을 느낀다.

❺ 5단계 : 정체감 대 정체감 혼돈

청년기로 신체가 급격히 성장하며 자신의 능력, 존재의 의미를 탐색하면서 많은 고민과 갈등을 겪는다. 사회에서 자신의 역할을 정확히 인식하고 목적의식이 뚜렷한 청년은 자아정체감을 확립하여 이 위기에 대처할 수 있다. 반면, 혼돈의 위기를 성공적으로 극복하지 못한 청년은 부정적 자아정체감을 형성하여 건전하지 못한 사회생활을 하게 된다.

❻ 6단계 : 친밀감 대 고립감

청년기에서 성인기로 전이되는 시기로 친밀감을 발달시키지 못하면 고립감을 갖게 된다. 이 시기에는 특정 이성과의 친밀한 관계를 유지시키려는 욕구가 생겨나 궁극적으로 배우자를 선택하게 된다. 청년기에 자아정체감을 확립하지 못하면 타인과의 관계에서도 친밀감을 형성하지 못하고 사회적 위축을 느끼게 되어 결국 고립감을 느끼게 된다.

❼ 7단계 : 생산성 대 침체감

결혼한 부부가 자녀를 낳아 교육시켜 사회적 전통을 전수시키고 가치관을 전달하는 부모로서의 역할을 하면 생산성을 획득하는 것이다. 반면, 자기 자신의 물질적인 또는 신체적인 안녕에만 치중하게 되면 타인에 대한 관대함이 결여되어 침체성이 형성된다.

❽ 8단계 : 자아통합감 대 절망감

마지막 단계인 노인기에는 자신의 생애를 돌아보면서 보람 있고 가치가 있었다고 인식하고 오랜 삶을 통해 지혜를 획득하면 자아통합감을 얻게 된다. 반면에, 젊음을 잃고 직업에서 은퇴한 후 신체적·경제적 무력감을 느끼며, 지나온 자신의 삶이 무의미했다고 느끼면 절망감을 느끼게 된다.

(3) 정신분석 이론의 평가

프로이드의 정신분석 이론은 인간의 발달 중 만 5세 이전에 경험하는 부모자녀 관계의 중요성을 강조하였고, 유아와 양육자 간의 애착, 공격성, 도덕성 발달, 성역할 발달 등에 대한 연구를 촉진시켰다(Berk, 2000). 인간의 행동과 발달이 무의식적 욕구에 의해 지배된다고 주장하면서 무의식적 동기나 방어기제와 같은 개념들도 소개하였다.

반면에, 프로이드 이론의 단점으로는 아동을 직접 관찰하여 얻은 결과라기보다 심리적 문제가 있는 성인들을 대상으로 기억이나 회상에 기초하여 아동발달을 설명하고 있어 일반화가 어렵다. 프로이드가 사용한 대표적 연구방법인 자유연상이나 꿈의 해석도 연구자의 주관적 개입이 들어가므로 객관성이 결여된다는 점과 아동발달에서 성적인 면만을 강조했다는 점이다(Santrock, 2001).

에릭슨은 프로이드의 이론을 한 단계 더 발전시켜 경험적 기초를 확장하였고, 정신분석이론의 신뢰도와 적용가능성을 확대하였다. 프로이드가 제시한 아동의 발달에 대한 한계를 극복하기 위해 아동을 직접 관찰하였고 아동 발달에 성인의 발달 단계를 추가하여 전 생애적인 발달적 접근을 제시한 점과 사회문화적 영향을 강조한 점은 지대한 영향을 미쳤다. 단점으로는, 발달에서의 개념 정의가 명확하지 못하고 발달 원인에 대한 설명이 부족했다는 점이다. 에릭슨의 단계이론은 각 단계로의 전환이 어떻게 이루어지는가에 대해 명확하지 않다는 점에서 비판받고 있다(정옥분, 2003).

2) 행동주의와 학습이론

(1) 스키너(Skinner)의 강화이론

스키너(Skinner, 1904~1991)는 성격 이론에 행동주의적 학습 이론을 도입한 사람으로 그의 이론을 급진적 행동주의라고 한다. 그 이유는 인간의 자유의지, 무의식, 자아 및 다른 가상적 실체를 모두 부정하고, 인간의 행동은 오직 행동 뒤의 강화와 처벌에 의하여 결정된다고 보았기 때문이다. 스키너는 유기체의 유전과 종 특유의 행동 등은 인정하였고, 쥐의 실험을 통해 보상을 받거나 긍정적 강화를 받는 방향으로 행동을 하거나 조작(operation)할 수 있도록 학습된다는 것을 밝혀내었다. 강화된 행위는 반복하는 경향이 있는 반면, 강화되지 않은 또는 벌을 받은 행위는 다시 발생할 확률이 줄어든다. 스키너에 따르면 인간의 성격은 개인이 살아오면서 경험한 강화가 누적되어 형성된다. 비슷한 상황에서 강화의 경험이 개인마다 다르므로 한 개인의 성격을 이해하기 위해서는 자극상황과 강화에 대한 체계적 분석이 필요하다고 주장한다. 예를 들면, 적응적 행동과 부적응적 행동, 학교공포증, 동물공포증, 우울증, 불안증 등과 같은 개인의 성격특성은 이드, 자아, 초자아 사이의 갈등에서 비롯된 것이 아니라 개인의 성장과정에서 강화를 통하여 조성된 것으로 보고 있다. 인간의 행동방식은 개인의 주관적인 사고, 감정, 인지, 지각, 기능 등에서 비롯되는 것이 아니라 주위환경의 산물이라고 하였다. 구체적으로 예를 들면, 다음과 같다.

- 다른 사람을 도와주고 "고마워"라는 답을 듣게 되면 이러한 행위는 계속될 것이다.
- 화를 내는 방법으로 아이가 자신의 욕구를 충족하였다면 성인이 되어서도 별 것 아닌 일에 화를 내어 자신의 욕구를 충족하게 된다.
- 뜨거운 다리미에 손을 데인 일이 있다면 조심하여 앞으로 데지 않도록 할 것이다.

앞서 본 예문처럼 강화에는 정적 강화와 부적 강화가 있다. 따라서 조작적 조건 형성에서 강화의 역할과 기능이 학습에 중요한 영향을 끼친다고 할 수 있다. 아울러 행동 후 곧바로 이어지는 즉각적인 강화가 한참 후에 이루어지는 강화보다 효과적인 것으로 밝혀졌다.

(2) 반두라(Bandura)의 사회학습 이론

학습 이론가들은 환경이 주는 강화요소에 의해 성격이 형성된다고 주장한다. 그러나 반두라(Bandura, 1925~) 등과 같은 사회학습 이론가들은 위의 이론들이 인지적 요인들의 역할을 무시한 점, 특히 학습 이론은 주로 동물실험에 의존하였기에 인간 환경 속에서의 복잡한 경험적 연구를 등한시한 점에 반기를 들어 사회학습을 강조하는 성격 이론을 제시하였다.

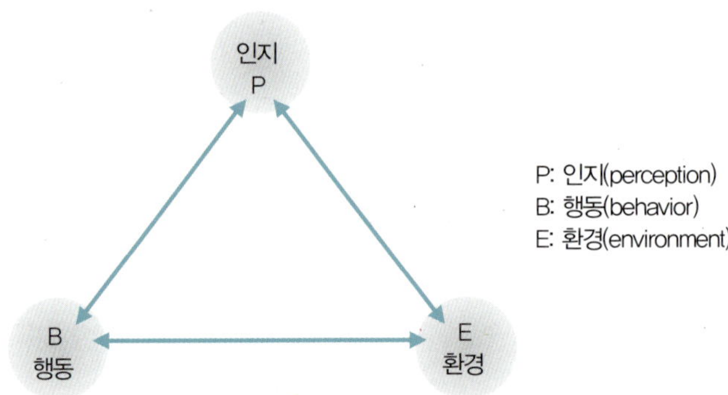

[그림 2-1] 인간행동의 결정과정

사회학습 이론은 인간의 행동결정을 인지적(P)·행동적(B)·환경적(E) 결정요인의 계속적인 상호작용의 결과라고 보아 [그림 2-1]과 같이 도식으로 나타내었다. 인간의 행동은 환경에 의해서 영향을 받는다. 그러나 인간은 환경적 힘에 의해 통제되는 무기력한 존재가 아니고, 인간이 그들의 환경을 스스로 통제할 뿐만 아니라 구성해 나간다고 보는 것이 특징이다.

행동주의 학습이론에서는 바람직한 강화를 통한 행동의 훈련을 강조하지만, 사회학습 이론은 관찰과 모방학습, 대리강화, 자기조정 등을 가장 중요시한다. 물론 직접강화가 중요하지만 복잡하고 다양한 사회에서 직접강화로 바람직한 행동을 형성시키기는 어렵다고 보아 반두라는 대리강화를 중시하였다. 그는 어떤 행동을 학습하기 위해서 대리적·상징적인 자기 통제역할과 자기 자신에 대한 효능감 등이 필요하다고 주장한다.

여기서 첫째, 대리적 학습이란 자신이 직접 경험하는 것이 아니라 타인의 행동 관찰을 통하여 보상과 처벌방식, 새로운 사고와 행동양식 등을 배우는 것이다. 둘째, 상징적 학습이란 일정한 시기에 주의 집중을 하여 본 활동을 심상과 언어적 부호화에 의한 상징체계로 기억시키는 것을 말한다. 그리하여 자신이 경험한 것을 상징적 회상능력으로 분석하고 상상하여 미래의 결과 및 강화를 예측하고 행동에 적용할 수 있도록 한다. 셋째, 자기 통제역할이란 개인이 무조건 수동적으로 외부 자극에 반응하는 것이 아니라, 미래의 바람직한 목표를 수행할 수 있도록 자신에게 가해지는 자극을 선택하고, 조직하고, 전환시키는 것을 말한다. 자기 통제역할을 위해서는 자기관찰과 자기평가, 그리고 자기강화의 과정들이 요구된다. 넷째, 자기 자신에 대한 효능감이란 자기 자신에 대한 신념과 기대감이다. 이것이 적절하게 형성되어 있을 때 학습이 효율적으로 일어난다. 자기효능감을 너무 높게 인지하여 학습에 실패할 때는 자기방어를 하는 성격이 형성되고, 너무 낮게 형성하여 자신감이 없으면 학습을 회피하는 등 부적응적, 소극적 성격이 나타난다.

(3) 행동주의 및 학습 이론의 평가

행동주의 및 학습이론은 몇 가지 장점을 가지고 있다. 성격은 학습된다는 점을 주장하였으며, 성격의 학습과정을 과학적 접근방식으로 광범위하게 밝혀내었다. 또한 신경증과 부적응의 성격 형성과정을 규명하고 아울러 행동치료에 많이 이용하였다. 그러나 단점도 몇 가지 있다.

첫째, 스키너의 급진적 행동주의에서는 인간의 개인차와 인지능력 및 개인적인 유전 성향들을 무시하였다.

둘째, 스키너는 자극-반응설에 입각하여 인간을 지나치게 단순하게 취급하여 체계적인 이론화가 미흡하였다.

셋째, 강화와 외부적 상황을 지나치게 강조하였다.

넷째, 인간 발달단계의 특성 및 인간 내부의 자기실현적 힘을 무시하고 성격 이론을 전개하였다.

다섯째, 인간의 성격이 어떤 과정을 거쳐 일관성을 갖게 되는가를 충분히 설명할 수 없다.

여섯째, 인간의 모든 지식과 경험 및 모든 사상을 관찰과 모방학습을 통해서 학습할 수 있는가에는 의문이 제기된다.

일곱째, 인간의 가치관, 신념, 사랑, 슬픔, 자기실현, 희망 등 정서와 같은 개념 등은 학습이론으로 설명할 수 없다는 점이다

2) 현상학적 이론

(1) 로저스(Rogers)의 자기 이론

현상학적 이론의 기본 가정으로는 우리가 사상을 어떻게 지각하고 이해하느냐가 우리의 행동을 결정짓는다는 것이다. 다시 말하면 사상 자체가 행동을 결정하는 것이 아니라 개인의 주관적 경험, 즉 개인마다 사상을 어떻게 지각하느냐에 따라 행동한다고 본다. 현상학자들은 모든 행동이 '현상적 장'에 의해 결정된다고 보고 각 개인이 세계를 달리 경험하는 방식을 강조하고 있다. 대부분의 현상학자들은 '자기'라는 개념에 중요한 위치를 부여하는데, 자기에는 객관적이고 주관적인 측면들을 포함한다. 현상학자들은 상황을 객관적으로 측정하거나 어린 시절의 동기를 분석하기보다 현재 무엇이 발생하고 있는가 하는 개인의 주관적인 견해에 초점을 둔다. 현상학적 접근방법은 주관적 세계와 자기실현의 추구를 강조하는 자기이론적 입장과, 개인의 성장방향과 선택의 자유를 강조하는 인본주의적 입장을 포함하고 있다.

로저스(Rogers, 1902~1986)의 이론은 인본주의적 퍼스낼리티 이론(humanistic personality theory)으로 개인의 성장과 자아실현에 역점을 두고 있다. 로저스는 임상적 경험의 결과를 토대로 하여 인간은 본래 선하며, 성장을 추구하고, 건설적이고, 자신의 능력을 최대한 발휘하려는 욕구를 가지고 있으며, 진정한 자신이 되기 위하여 노력하는 존재라는 것을 발견하였다. 진정한 자기가 되기 위하여 노력하는 모습에서 자기라는 개념이 인간의 핵심이라는 것을 깨닫게 되어 자기 이론으로 발전시키게 되었다. 자기 이론의 중요한 개념 및 구성요인들은 다음과 같다.

❶ 자기

로저스의 이론 가운데 가장 중요한 개념은 자기이다. 자기는 '나'를 말하는 것으로 현재 자신을 어떤 사람으로 지각하는가를 의미한다. 즉, 내가 누구이며, 내가 무엇을 할 수 있는가를 아는 것이 자기이다. 자기는 자기 자신의 능력, 성취도, 매력, 태도, 지각양식, 인식, 타인 및 주위의 생활환경과의 관계, 자기 자신에 대한 평가 등으로 구성되는데, 이러한 측면에서 자기는 자아상(self-image)이라고도 표현할 수 있다. 자아상은 자신의 행동과 다른 사람들의 반응을 관찰한 것을 토대로 형성되는데, 현실과 일치하지 않을 수 있을 뿐 아니라, 우리가 소망하는 인간상과 다를 수도 있다.

자기는 자신의 경험에서 인식되는 것으로 자신에 대해 느끼는 인식의 정도는 사람마다 다르므로 매우 주관적이라고 할 수 있다. 자신을 강력하게 느끼는 사람은 자기가 누구인지를 알고, 자신의 능력을 알고, 자신감을 가지고 있기에 긍정적이고 강한 자기를 가지고 있다고 한다. 자기의 강도에 따라 정서적인 문제를 극복하는 정도는 다르다. 또한 자기는 있는 그대로의 현실적 자기(real self)와 자신이 되고자 하는 이상적 자기(ideal self)가 있다. 이상적 자기는 프로이트의 초자아와 비슷하다고 할 수 있다. 현실적 자기와 이상적 자기의 불일치가 클수록 사람은 불만족감과 부적응을 초래하여 자기실현을 할 수 있는 동기가 적어지게 된다.

❷ 자기발달

로저스는 프로이트 및 다른 학자들처럼 성격의 발달단계를 설정하지 않고, 타인을 이해하려면 자기 주위의 세계를 어떻게 지각하는가를 이해할 때만 가능하다고 보았다(최승희·김수욱, 2001). 우리가 타인을 완전하게 이해하는 것은 그의 관점에 서야만 가능하다.

자기의 발달을 위해서 첫째, 타인에 대한 긍정적 존중이 필요하다. 유아기부터 자아인식이 형성됨에 따라 부모와 중요한 타인들로부터 사랑받고, 신뢰받고, 존중받고 싶은 마음은 인간의 끊임없는 욕망에서 비롯된 것이라고 할 수 있다. 이러한 긍정적 존중에 대한 욕구는 자아에 대한 의식이 생김에 따라 발달하는데, 이 긍정적 존중의 욕구와 성실한 자기향상 과정들 사이에서 일어나는 갈등이 해소되어야 정신적 성숙이 온다.

둘째, 무조건적인 긍정적 관심이 개인에게 주어져야 한다고 강조한다. 로저스는 사람이 용납되지 않은 어떤 행동을 했더라도 무조건 있는 그대로 수용하고, 사랑받고, 존경받아야 한다고 주장한다. 무조건적인 긍정적 존경과 관심을 받은 사람은 자발적이며 융통성 있는 성격을 지니게 되어 자기 자신과 타인과의 관계에서 개방적이고 가치 있는 생활을 한다. 개인이 무조건적으로 존중과 사랑을 받을 때 개인의 자아실현 목표에 도달할 가능성이 더 커진다는 것이다. 아동 양육에 있어서 무조건적인 존중은 훈련과 통제의 결여를 의미하는 것이 아니라, 나쁜 일이나 위험한 일을 할 때 통제의 이유를 충분히 설명하고 난 후 통제하는 것을 의미한다.

❸ 적응

부모와 주위사람들이 설정한 행동과 감정 등의 가치조건을 개인이 충족하게 되면 존중과 신뢰를 받는다. 이때 사람은 가치조건들을 자신의 가치체계에 통합하고 내면화한 후, 가치조건에 따라 자신의 행동, 감정, 생각 등을 평가한다. 개인이 경험한 행동들이 자신의 가치조건과 일치하지 않을 때 로저스는 자아개념으로 통합되지 못한다고 하였다. 이런 과정을 통하여 유아기부터 자기개념 혹은 자아상을 확립하게 된다.

모든 사람은 자신의 행동 및 감정 등을 자기개념과 일치시키려는 경향이 있다. 자기개념에 일치하지 않는 경험이나 감정들을 부정하면 자기와 현실과의 차이는 더 커지게 된다. 이 때 부정이나 왜곡이라는 자기방어기제를 사용하여 자기를 보호하려고 한다. 부적응적인 사람이 자아개념과 일치하지 않는 일들을 자주 경험하면 그러한 경험들을 위협으로 인식한다. 한편 자기와 일치하지 않는 커다란 경험을 반복하여 자기방어를 사용할 수 없을 때는 자아개념이 부서지게 된다.

로저스는 개인의 경험을 올바르게 해석하고 있는 그대로 인정하는 것을 적응된 자아라고 하였다. 적응하고 있는 사람은 외부의 객관적 가치의 조건에 준거를 두고 행동하는 것이 아니라 자기 나름대로 생각하고, 느끼고, 경험하며, 비방어적이며, 창조적이며, 자신감이 있고, 자기 스스로 결정하는 자기지향적인 사람이다. 그러므로 적응하고 있는 사람은 새로운 상황에 충분히 대처하여 자신의 잠재력과 능력을 발휘하고, 자신의 기능을 충분히 발휘한다.

(2) 매슬로우(Maslow)의 욕구단계 이론

매슬로우(Maslow, 1908~1970)는 인간 본성의 어두운 면을 인정하기는 하였으나, 인간의 긍정적인 면을 연구하는 것이 정신병리를 예방하는 방법이라 믿고 심리적으로 건강한 사람에 초점을 두어 연구하였다. 매슬로우는 인간은 근본적으로 선하며, 존경받을 만하며, 환경조건이 적당하기만 하면 자신의 잠재능력을 발휘할 수 있다고 주장한다. 그는 정신분석가들이 인간을 비관론적으로 보는 것과 행동주의자들이 인간을 자극과 강화물에 의해 움직이는 동물처럼 취급한 것을 비난하였다. 매슬로우는 이 두 학파에 반대하여 인본주의 심리학을 주장하였다. 인본주의 심리학은 인간의 본성은 본질적으로 선하고, 창조성을 가지고 있으며, 심리학적으로 건강하며, 자아실현의 동기를 가지고 있다고 주장한다(김종재, 1996; 박연호, 2002).

매슬로우의 주요 개념 가운데 하나는 인간의 욕구단계로 생리적 욕구, 안전 욕구, 사회적 욕구, 존경 욕구, 자아실현 욕구의 5단계로 구성되어 있다. 생리적 욕구는 인간의 기초적 삶을 유지하기 위한 욕구로 식욕, 성욕, 수면 등의 육체적 욕구를 포함한다. 안전욕구란 신체의 위험과 감정적인 위협으로부터 안전해지기를 바라는 욕구이다. 사회적 욕구는 사람들과의 관계를 통해서 집단에 소속되기를 바라는 욕구이다. 존경의 욕구는 내적으로 성취하려는 욕구와 외적으로 타인으로부터 인정과 존경을 받으려는 욕구이다. 자아실현 욕구는 자신의 능력과 가치를 최대한 발휘하여 이를 실현하려고 하는 욕구이다.

인간은 기본적 욕구에 의하여 동기화된다. 매슬로우에 의하면, 욕구들이 단계를 이루고 있어 가장 하위단계에 있는 생리적 동기가 충족되면 다음 단계의 욕구가 추구된다고 하였다. 따라서 개인은 자신이 현재 충족시키고자 하는 한 단계의 욕구에 의해서만 동기부여가 되며, 이미 충족된 단계의 욕구에 의해서는 더 이상 동기가 부여되지 않는다고 주장한다. 인간 최고의 욕구충족은 자아실현을 완성하는 것이라고 주장하였다. 자아실현한 사람들은 자신의 경험을 확대하고 자신의 삶을 풍부하게 하기 위하여 성장 동기에 의해 동기화된다. 이들은 창의적인 활동, 대인관계, 자연, 예술 감상 및 부모의 역할을 수행할 때 경험이 절정에 도달한다. 또한 자신을 알려고 노력하며, 안정보다 과감히 용기를 갖고 정상에 올라가려고 노력한다. 매슬로우는 대학생 집단을 대상으로 연구하여 자아실현자로 성장 가능한 사람이 전체 학생 수의 1% 이내라는 것을 발견하였다.

(3) 현상학적 이론의 평가

현상학적 이론은 인간을 긍정적인 존재로 보았고, 이 이론은 인간의 성격이 과거의 경험에 의해 결정되기보다 현재와 미래의 상황이 더욱 중요하다고 보았다.

현상학적 이론이 중요한 영향을 미친 이론으로 평가받고 있음에도 불구하고 지적되는 단점으로는,

첫째, 현상학적 언어 및 개념들은 애매모호하여 과학적으로 검증하기 힘들다.

둘째, 주관적 체험이 인간의 행동방식을 결정짓는다는 데에 한계가 있으며, 자기보고방식에 의하여 타인의 주관적 경험세계를 이해하는 것에도 한계가 있다.

셋째, 매슬로우의 이론은 인간의 욕구를 체계적으로 분석하였다는 점에서 높이 평가받고 있으나, 개인의 차이와 특성을 경시하고 있다는 비판을 받고 있다. 특히 자아실현의 욕구는 개념적인 정의가 불명확해서 과학적인 검증이 불가능할 뿐 아니라 모든 인간이 지니고 있는 보편적 욕구라고 보기 어렵다.

넷째, 인간의 발달단계 특성을 고려하지 않았고, 인간의 본성을 지나치게 선하게 보아 어두운 면은 인정하지 않았다는 점이다.

다섯째, 매슬로우의 자기개념과 실제 행동과의 일치성은 높은 편이 아니다. 한 예로, 자기 자신에 대해 책임감이 높다고 스스로 간주하는 사람들도 실제 모든 상황에서 책임감이 높게 나타나지 않는 것을 볼 수 있다.

4) 강화 이론

강화 이론의 기본 전제로 인간은 자신에게 보상(rewards)을 가져오는 타인에 대해서는 매력을 증가시키고, 자신에게 벌(punishment)을 가져오는 사람에 대해서는 매력을 저하시킨다고 주장한다. 성실한 사람이 옆에 있다면 우리들에게 안정감을 주고, 능력 있는 사람과 함께 일하면 일의 능률이 올라간다는 것이다.

고전적 조건형성의 원리에 기초하고 있는 로트(Lott)의 연구에 의하면, 대인매력이란 인간이 타인으로부터 보상을 경험하는 조건들 아래에서 생긴다고 보았다. 즉, 타인의 존재 속에서 자주 보상을 받으면 받을수록 우리는 그 사람들을 더 좋아하게 되며 또한 우리의 행동들을 강화시키는데, 행동들을 지체시키는 사람보다 강화시키는 사람들에 대해 더 많은 매력을 갖게 된다는 것이다. 로트는 세 명씩 아동집단들을 만들어 어떤 아동들은 게임을 하는 동안에 보상을 받았고 다른 아동들은 보상을 받지 못하게 하였다. 그 후에 각각의 아동들에게 가족휴가 때 자신이 가장 함께 가고 싶은 두 명의 급우들을 고르도록 한 결과, 게임 중에 보상을 받았던 아동들이 보상을 받지 못했던 아동들보다 게임에 참석한 멤버들을 택했다는 것을 알게 되었다.

클로어(Clore)와 브라이언(Bryne)이 개발한 강화–감정모형(reinforcement–affect model) 이론에 따르면, 강화란 하나의 무조건적 반응이라고 하였다. 즉, 긍정적 감정들을 일으키는 하나의 무조건 자극과 연합한 사람은 누구나 무조건 반응을 일으키게 된다는 것이다. 다른 사람으로부터의 호의적 평가는 사회적 승인 욕구를 채운다는 점에서 언어적 보상이라고 할 수 있다. 사회적 교환 이론의 관점에서 본다면, 타인과의 상호작용을 보상이라는 비용의 교환과정으로 받아들여, 공간적으로 근접해 있는 다른 사람과의 상호작용은 적지 않은 비용(시간과 노력 등)으로 커다란 보상(즐거움과 만족감 등)을 얻는 것이 가능하게 되어 대인 매력이 쉽게 높아진다. 또한 태도가 유사한 사람은 여러 가지 부분에 협력해서 목표달성을 쉽게 할 수 있는 점으로도 매우 긍정적인 대인매력을 가질 수 있다. 즉, 자기의견과 능력의 객관성을 다른 사람과 비교하여 평가하도록 하는 사회적 비교 이론(theory of social comparison)에 의하면, 자신과 유사한 타인의 존재는 자기 태도와 가치관의 타당성을 지지해 줌으로써 상대방의 매력이 높아지게 된다(강문희 외, 1999).

5) 교환 이론

사람들은 자신의 이익이 극대화되도록 하기 위해 손실이 큰 행동을 피하고 투자한 이상의 보상을 얻을 수 있는 방향으로 타인과 상호작용한다. 타인과 비교하여 관계가 유리하면 이제까지 취한 행동을 지속하고, 불리하면 관계를 개선하거나 중지하여 새로운 관계로 지향한다. 교환 이론은 이러한 일반명제를 시작으로 전개하여 개인 간 상호작용과 이를 둘러싼 광역집단에서의 교환작용을 다루고 있다.

교환 이론은 그 유래를 공리주의 고전경제학, 기능주의 인류학, 행동주의 심리학에 두고 있다. 물질적 교환과정에 중점을 둔 고전경제학의 교환개념은 기능주의 인류학으로부터 와서 비물질적인 교환의 개념으로 발전시켰고, 경제적 욕구보다 심리적 욕구를 교환의 동기로 중시하여 행동주의 심리학에서 완성을 보았다. 행동주의 심리학을 통하여 공리주의의 효용과 비용개념은 보상과 벌로 대체되었다. 인간은 동물과 달리 복잡한 내부 심리과정을 가지며 사회구조와 문화규범에 의해 규제되므로 교환관계는 보상이 큰 사회적 관계에서 발생하게 된다(한국가족학연구회, 1993).

호만스(Homans)는 사람의 사회적 행동의 기본 형태를 교환 이론을 중심으로 다음 5가지 명제로 구축하였다(최승희·김수욱, 2001).

첫째, 자극명제는 과거에 보상을 받았을 때와 비슷한 자극이 있으면, 사람은 그 때와 같은 행동을 하기 쉽다는 것이다. 둘째, 성공명제는 사람은 타인으로부터 보상받기 쉬운 행동을 하기 쉽다는 것이다. 셋째, 가치명제는 타인으로부터 받은 보상이 그 사람에게 가치가 있을수록 행위를 하기 쉽다는 것이다. 넷째, 포화명제는 타인에게 보상을 받은 직후에 그 행위의 가치가 작아진다는 것이다. 마지막으로, 정의명제는 바른 분배가 표현되지 않아 손해를 볼수록 사람은 분노와 감정을 나타내기 쉽다는 것이다. 호만스는 이 마지막 명제에서 받은 보상이나 지불 비용의 양뿐만 아니라 타인과의 비교가 중요한 역할을 한다는 것을 시사했다. 기본적인 사회적 행동은 미시경제학의 기본적 사고와 유사한데, 그 특징으로 사람은 행동의 결과 생기는 보수를 최대한으로, 행동에 수반되는 비용은 최소화하도록 행동한다는 것이다. 이 기본 가정에 근거해 타인과 집단과의 상호작용을 설명하는 것을 사회적 교환 이론(social exchange theory)이라고 하였다.

고울드너(Gouldner)는 호혜성을 상보성(complimentarity)과 대비시켜 말하고 있다. 상보성은 한쪽의 권리가 다른 쪽의 의무를 수반하는 경우인데 예를 들면, 아이의 피부양권리는 부모의 부양의무를 수반한다. 한편 호혜성(reciprocity)은 사회·문화적 견지에서 타인의 호의를 받은 사람은 어떤 형태로든 대가를 치르지 않으면 안 된다는 규칙으로 대부분의 사회에서 공통적으로 볼 수 있는데 대부분 권리와 의무가 같은 사람에게 있다. 사람은 보낸 사람에 대해 답례할 의무와 권리를 함께 지고, 타인으로부터 주어진 이익에 대해 사람이 답례하는 이유 중 하나는 사람들이 일반적으로 도덕규범을 내면화하고 있기 때문으로 풀이된다(강문희 외, 1999).

6) 교류분석 이론

(1) 교류분석의 개념

교류분석(Transactional Analysis: TA)은 의사거래분석이라고도 하는데, 인간관계에서 상호 교류에 관심을 둔 번(Berne)이 원리를 체계화시켜 이론을 정립하였다. 최근에는 해리스(Harris), 제임스(James)와 종워드(Jongeward) 그리고 와그너(Wagner) 등에 의해 일반화되었다.

교류분석이란 프로이트 심리학에서 파생된 것으로 프로이트는 인간 성격의 내면에는 인간의 행동을 자극(stimulate)하고, 주의를 환기(monitor)시키고, 통제(control)하는 세 가지 원천이 있다고 주장하였다. 이 세 가지 원천이란 이드(Id), 자아(Ego), 초자아(Superego)로 이들의 개념은 인간의 행동을 이해하는데 대단히 중요한 개념들이다. 이러한 성격구조 이론에 기초하여 번은 프로이트 심리학의 대중적 접근이라 할 수 있는 교류분석을 개발하였고, 이들의 개념을 정확히 이해하고 적용하기 위해 관리 실무자들에게 정신치료법(psychotherapy)과 연관된 강도 높은 훈련을 요구하고 있다.

최근 들어 기업에서는 경영자들이 종업원의 행동을 이해하고 효과적인 인간관계를 유지하기 위해 교류분석 기법을 많이 사용하고 있다. 특히 해외에 진출한 기업의 경영자들이 타문화를 접했을 때 가장 효과적인 방법으로 그 문화에 적응할 수 있도록 현지 종업원과의 원만한 인간관계를 형성하는 데 이 기법이 많이 활용되고 있다. 왜냐하면 교류분석 혹은 거래분석은 두 사람이 상호작용할 때 발생하는 에너지를 분석하여 인간의 행동을 이해하는 기법으로 이 방법을 활용하면 문화와 전통이 다른 타문화권의 사람과도 보다 쉽게 인간관계를 형성할 수 있기 때문이다(이수도, 2000).

교류분석의 연구 목적은 인간의 행동을 보다 잘 이해하고, 긍정적 태도와 개방적인 커뮤니케이션을 통해 건전한 인간관계를 형성하고자 하는 데 있다. 두 사람 사이에서 이루어지는 커뮤니케이션의 내용과 질, 그리고 한 자아 상태에서 다른 자아 상태로 의사가 전달될 때 전달받은 자아 상태에서 나타나는 반응을 분석하는 것이 교류분석이다. 즉, 자극에 대한 반응 분석으로 볼 수 있다.

교류분석에서는 한 개인의 인성구조를 세 가지의 자아상태, 즉 부모 자아상태(parent ego state), 성인 자아상태(adult ego state), 어린이 자아상태(child ego state)로 구분하여 설명하고 있는데, 어린이 자아 상태는 출생 시부터 존재하고, 성인 자아 상태와 부모 자아 상태는 타인을 생각하면서 스스로를 돌봐야 하는 사회적 세계에 대한 적응으로 설명하고 있다(연미희·김진숙, 2022).

부모 자아상태(P)는 인간이 자신의 사회와 문화에서 살아 나가기 위해 알아야 하는 것으로 인간이 해야 하는 것과 해서는 안 되는 것에 대해 배워 온 법칙, 예절,

전통, 가치 등을 포함한다. 또한 개인의 삶에 영향을 주었던 의미 있는 타인들의 행동이 심적으로 기록된 부분이다. 따라서 의미 있는 타인들의 행동을 통하여 학습하고 모방된 정보를 기록해 둔다. 이러한 정보는 인생의 규율과 진리를 알게 해 주며, 성숙해 가면서 얻어지는 정보와 의미 있는 타인들로부터 습득한 것들을 부모 자아에 기록하므로 부모 자아는 일종의 학습된 생활개념이다. 부모 자아상태는 부모의 양육형태에 따라 양육적 부모 자아상태와 통제적 부모 자아상태로 나뉜다.

교류분석에서의 성인 자아상태(A)는 생존에 필수적인 심리적 상태로 환경과의 상호작용에서 경험하게 되는 사건들을 객관적으로 파악하여 상황에 효과적으로 대처하는 기제이다. 이것은 아동자아의 감정적 개념과 부모자아의 학습된 생활개념에서 정보를 수집하여 다른 사람과 자신이 다르다는 사실을 발견하는 유아의 능력이 성장하면서 축적된 것이다. 또한 생활연령에 의해 구분하여 성인에게만 존재하는 것이 아니라 어린 아이도 성인 자아상태는 소유할 수 있다고 본다. 성인 자아상태의 가장 성숙한 기능 수준은 12세경에 시작하여 추상적이고 연역적 사고를 다룰 수 있는 16세경에 더욱 원숙해진다.

어린이 자아상태(C)는 출생하면서 지니게 되는 기본적 자아상태로 욕구불만을 표출하는 기제이다. 태어나면서부터 경험하는 환경과의 상호작용과, 보고 듣고 느끼고 이해하는 동안 얻게 되는 자극과 반응에 의한 경험과 느낌이다. 번은 아동 자아상태가 인성의 가장 중요한 부분으로 인성을 매력 있고 유쾌하게 하며 창의적이 되게 한다고 보고, 아동 자아상태가 혼돈되었거나 건전하지 못하다면 매우 불행하게 될 것이라고 하여 중요성을 강조하였다.

교류분석에서 교류(transaction)란 기본적인 관찰단위로서 자극과 반응으로 이루어진 일종의 의사교환 행동을 말한다. 의사교류의 분석을 통하여 대화자 각자의 자극과 반응이 부모 자아상태, 성인 자아상태, 어린이 자아상태에서 어떤 자극이나 반응을 일으키는가를 발견하기 위한 것으로 패턴을 찾아낼 수 있으며, 결과적으로는 상호작용을 하고 있는 사람들의 행동에서 어떤 자아상태가 가장 크게 영향을 미치고 있는가를 알 수 있다.

(2) 교류분석의 유형

❶ 보완적 교류

두 사람이 상호작용을 할 때, 같은 자아상태에서 이루어지거나 의사방향이 서로 같은 상태에서 이루어지는 형태를 보완적 교류(complementary transaction)라 한다. 예를 들면, 성인 자아상태에서 질문하고 역시 성인 자아상태의 사람이 응답하는 등 같은 자아상태의 사람들이 교류 하는 것이다. 보완적 교류의 기본적인 전제는 부모, 성인, 어린이 자아상태의 교류에서 개인의 자극과 반응이 평행이거나 상호 보완적이어야 의사소통이 부드럽게 진행될 수 있다는 것이다.

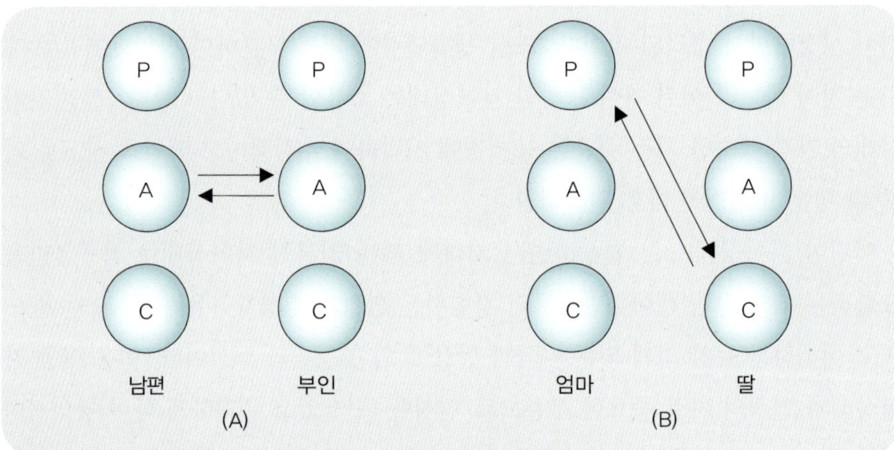

[그림 2-2] 보완적 교류

[그림 2-2]에서 (A)의 경우를 예로 들면 남편이 "자동차 열쇠 어디 있소?"라고 물었을 때 부인이 "거실 탁자 위에 있어요."라고 대답했다면 이는 성인 자아와 성인 자아의 수평적인 보완적 교류이다. (B)의 경우 딸이 "엄마, 날 사랑하세요?"라고 물었을 때 엄마가 "그럼, 사랑하고 말고."하고 반응했다면 부모 자아와 어린이 자아의 수평적 관계를 이루는 보완적 교류인 것이다.

일반적으로 가장 효과적인 의사교류는 성인 자아와 성인 자아 간의 교류이며,

이를 통해 문제해결을 촉진할 수 있고 개인을 평등한 인격체로 대하게 됨으로써 사람들 간의 감정적 갈등이 일어날 가능성을 제거해 주는 교류방법이다.

❷ 교차적 교류

교차적 교류(crossed transaction)는 의사전달자가 수신자로부터 예상된 반응을 얻지 못할 때 나타나는 현상으로 어떤 메시지에 반응하는 자아상태가 다른 사람이 의도하는 자아상태와 일치하지 않아 의사소통이 중단되거나 분열되는 경우이다.

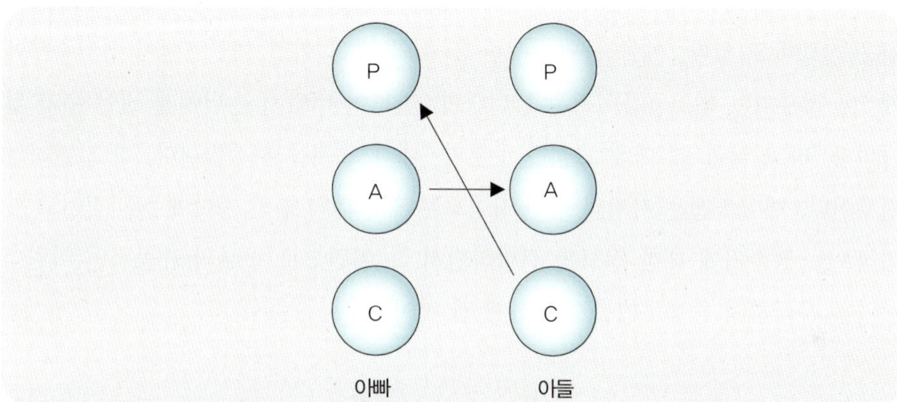

[그림 2-3] 교차적 교류

[그림 2-3]에서 보는 바와 같이 아빠와 아들의 대화에서 "혹시 아빠 핸드폰 못 보았니?"라고 묻는 아빠에게 "못 봤는데요. 찾아볼게요."라고 대답했다면 정보를 원하는 사람에게 객관적인 정보를 제공함으로써 성인 대 성인 자아상태의 교류가 이루어질 수 있지만, 아들이 "저는 아빠 핸드폰을 만지지 않았는데요."라고 책임을 회피하고 처벌을 면하려는 부모 자아상태에 호소한다면 교차적 교류가 일어난다.

일반적으로 교차적 교류는 수신자에게 놀라움과 실망감, 그리고 심할 경우에는 마음의 상처까지 줄 수 있으므로 대인관계에서 극히 주의를 요하는 부분이다.

❸ 이면적 교류

이면적 교류(ulterior transaction)는 외적으로 나타나는 자아상태와 이면에서 실제적으로 작용하는 자아상태가 다른 경우를 말한다. 겉으로 드러난 메시지에는 심리적 내용이 담겨 있기 때문에 상대방이 감추어진 의미를 인식하고 반응한다는 것이다. 즉, 상호작용을 할 때 한편으로는 어휘의 표면적인 의미로 전해지는 분명한 메시지가 있고, 다른 한편으로는 표현 속에 다른 의미가 숨겨져 있는 경우 실제로 전달하고자 하는 메시지가 은폐된 교류를 말한다.

이면적 교류는 의사표현에서 사회적 수준보다 심리적 수준이 더 중요하다는 경향을 설명하고 있다. 예를 들면, [그림 2-4]와 같이 어떤 세일즈맨이 전업주부에게 "이 정수기는 최고급품이기는 합니다만, 가격이 비싸서 손님에게 권할 수가 없습니다."라고 말한 데 대해 고객인 주부가 "내가 그것을 사겠습니다."라고 말하는 경우이다. 세일즈맨은 자기의 성인 자아로부터 주부의 성인 자아에 논리적이고 합리적으로 정수기에 대한 정보를 전달하면서 그 이면으로 주부의 충동적인 어린이 자아를 자극하여 충동구매를 유도하게 된 것이다.

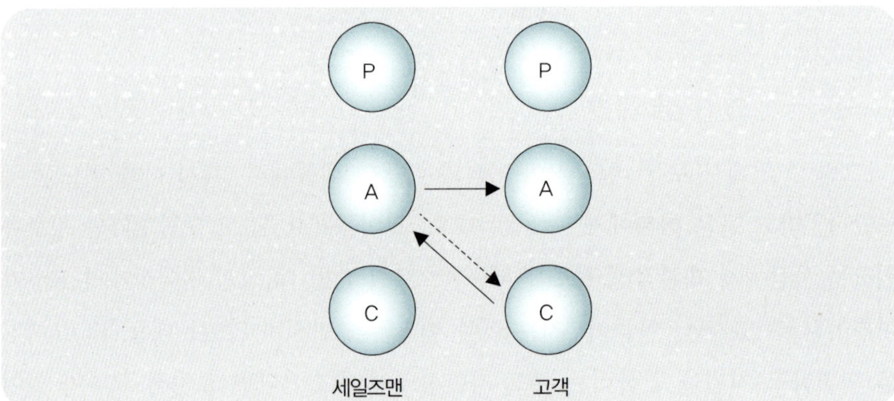

[그림 2-4] 이면적 교류

이상의 교류분석 이론은 의사소통 시에 일어나는 자아상태를 분석함으로써 인간의 내면세계를 이해하고 관계를 증진시키는 방안이며 대인관계의 개선전략으로 중요한 위치를 차지하고 있다.

02 대인관계의 심리 현상

1) 정서

인간은 감정의 동물이라는 말이 있다. 그만큼 인간생활에서 감정의 경험과 처리는 중요하다. 특히 긍정적인 감정보다 부정적인 감정과 관련해서는 더욱 그러하다. 대인관계에 있어서 사소한 감정적인 문제들이 발전하여 큰 갈등과 위기가 되고 결국에는 관계의 파괴로까지 연결되는 사태를 우리는 흔히 보게 된다. 특히 우리나라와 같은 유교 문화적 풍토에서는 전통적으로 감정에 대해 부정하고 억압하는 것을 미덕으로 교육해 왔기 때문에 일반적으로 감정처리에 미숙한 경향이 있다.

(1) 감정의 의미

감정은 흔히 느낌, 정서 등의 용어와 혼용하여 쓰인다. 일반적으로 감정은 다음과 같은 속성을 갖는 정서적 경험이라 할 수 있다(설기문, 1997).

❶ 생리적 변화

사람이 만약 특정한 정서경험을 한다면 내적인 생리적 변화가 일어날 것이다. 예를 들어, 만약 우리가 불안하거나 공포를 느낀다면 가슴이 뛰는 것을 경험하게 된다. 또한 혈압이 상승하거나 소화기능이 떨어지고 눈동자가 커지게 된다. 이와 반대로 행복한 정서를 느낀다면 신체의 긴장이 이완되고 소화기능이 회복되며 엔도르핀이 분비된다.

❷ 비언어적 반응

감정은 생리적 변화를 수반할 뿐만 아니라 외적인 신체로 표출되는 비언어적 반응으로 나타나기도 한다. 예를 들면, 당황하거나 놀랄 때 얼굴이 붉어지거나 땀이 난다. 또한 얼굴이 찡그려지거나 목소리가 떨리기도 할 것이다. 그 때문에 우리는 상대방의 표정이나 자세, 몸짓 등을 보고 그의 정서 상태를 판단할 수 있다.

❸ 인지적 해석

특정의 정서를 경험하게 되면 우리의 인지적 해석도 영향을 받게 된다. 예를 들어, 유아가 혼자 자는 것에 대한 불안을 느낀다면 작은 소리에도 '혹시 마녀가 나타났을지도 모른다.'라는 식으로 자신의 불안을 정당화하거나 강화하는 방향으로 인지적 해석을 하게 된다.

사람은 특정한 정서경험을 할 때 사소한 외적 상태라 할지라도 그것에 대하여 현재 경험하는 정서와 같은 맥락에서 인지적 해석을 내리는 경향이 있다. 그런데 이 반대의 경우도 성립한다. 즉, 그가 어떤 외적 상태를 경험할 때 그것을 어떻게 해석하느냐에 따라 그의 정서가 달라질 수 있다. 그러므로 밖에서 나는 소리가 바람이라고 생각하면 아무렇지도 않게 느끼지만 마녀라고 생각하면 소름이 돋고 오싹해지는 공포를 경험하게 된다.

(2) 감정 표현

유교적 동양문화권에 사는 우리는 감정표현에 어려움을 많이 느끼는 경향이 있다. 우리들이 감정표현을 잘 하지 못하는 이유는 다음과 같다.

❶ 사회적 규칙

일반적으로 사회에서 감정을 직접 표현하는 것을 금기시해 왔다. 그래서 감정을 솔직히 표현하기보다 완곡하게 빗대어서 나타내는 것이 보통이다. 특히 부정적인 감정표현은 더욱 그러하다. 결과적으로 우리는 싫어도 싫다는 표현을 잘 하지 못하고 화가 나도 화났다는 사실을 잘 나타내지 못한다.

❷ 사회적 역할

예를 들면, 일반적인 사회적 역할에 대한 기대 때문에 영업사원은 고객 앞에서 웃음을 잃지 않을 필요가 있으며, 교사는 모든 학생들을 골고루 사랑하는 모습을 보여야 하고 자녀는 부모 앞에서 거절하는 모습을 보이면 곤란하다. 이 모든 것이 결국은 사회적 역할에 따른 제약이라고 할 수 있다.

❸ 감정 확인의 어려움

감정을 억제하고 표현하지 않다보면 점차로 자기 속에 있는 감정을 인식하지 못하게 되고, 또 자신이 특정의 감정을 경험하는 상태에서 그것이 어떤 감정인지 확인해 내지 못하게 된다. 즉, 감정을 오래 묻어 두거나 표현을 하지 않게 되면 차츰 감정에 대해 무뎌지고 자신 속에 있는 감정이라 하더라도 인식하지 못하게 된다.

❹ 자기노출에 대한 두려움

우리는 누구나 솔직한 자기노출을 두려워하는 경향이 있다. 실제로 솔직하게 자기노출을 하다보면 위험이 따르기도 한다. 혹시 다른 사람들이 자신을 얕보지나 않을까, 다른 사람들로부터 인정받지 못하면 어떻게 하는가와 같은 염려와 불안 때문에 우리는 자기노출을 두려워하는 경향이 있다. 교사가 학생들 앞에서, 부모가 자녀 앞에서, 성직자가 신도들 앞에서 특히 부정적인 감정에 대한 자기노출을 한다는 것은 더욱 어려울 것이다.

(3) 감정과 이성

인간은 감정의 동물이기도 하지만 동시에 이성의 동물이기도 하다. 왜냐하면 인간에게는 감정과 이성이 함께 존재하기 때문이다. 이처럼 동시에 공존하는 감정과 이성, 이성과 감정이 적절한 조화를 이룰 때 대인관계는 보다 생산적으로 이루어지지만 그 조화가 깨어질 때 많은 문제가 생긴다.

일반적으로 감정은 주관적이고 무의식적이며 맹목적인 특성을 가지고 있다. 예를 들어, 사람들은 부끄러움을 느끼는 순간 얼굴이 붉어지거나 가슴이 두근거리는 반응을 경험할 수 있으며 화가 날 때는 혈압의 상승을 경험하게 된다. 마찬가지로 불안과 걱정을 많이 하게 되면 호흡과 맥박이 빨라지고 손에 땀이 나며 소화가 잘 안 되는 어려움을 겪는다.

일상생활 속에서 인간은 감정 상태를 항상 경험하지만 그러한 감정 상태에 빠지거나 지배를 받지는 않는다. 그 이유는 이성이 발달되어 이성이 감정을 지배하기 때문이다. 이성은 객관적이며 논리적이고 의식적이며 목적적인 특성을 지니고 있으므로 자신이 처한 현실에서 상황에 적절하지 않다고 판단될 때 감정의 표현을 억제하는 힘을 갖고 있다. 또한 교육과 문화의 영향으로 감정을 억압하는 법을 배우기 때문에 내적으로는 감정을 경험하지만 겉으로는 표현하지 않는다. 그렇기 때문에 대부분의 사람들은 별다른 문제를 일으키지 않고 살아가는 적응된 모습을 보인다.

❶ 감정의 특성

첫째, 감정이란 그 원인이 없어지거나 적절한 방법으로 각성되고 표출되기 전에는 해소되지 않는 특성이 있다. 그래서 화가 난 사람은 그 화를 불러일으킨 원인이 사라지거나 겉으로 화를 내기 전에 그 화가 없어지지 않는 경향이 있다. 그러나 감정의 강도가 작은 경우에는 이성의 힘에 의하여 통제되어 겉으로 나타나지 않을 수 있다.

둘째, 감정은 누가적인 특성이 있어서 어떤 형태로든 처리되기 전에는 없어지지 않고 쌓이게 된다. 그래서 화를 한 번 참고 두 번 참는 것은 어느 정도 가능하지만 계속해서 참게 되면 나중에는 쌓여 폭발하게 된다. 즉, 감정을 통제하던 이성이 힘을 잃게 되고 감정이 주도권을 행사하게 된다. 그리하여 사람이 감정적으로 격해지면 이성을 잃고 감정적인 인간이 되는 것이다. 예를 들면, 홧김에 상대방에게 폭력도 행사하고 이혼도 하는 것이다.

셋째, 감정이 폭발하면 감정은 해소 된다. 감정이 해소되어서 좋지만 문제는 그 부작용이다. 즉, 결과적으로 주변에 대한 피해가 클 수 있기 때문에 평소의 적절한 감정처리가 중요하다. 그런데 감정이 해소되면 이성이 회복되어 정신이 들게 된다. 그래서 사고를 일으킨 후 자신의 행동에 대해 '내가 정신이 나갔지, 어쩌다가…', '큰일이군…'과 같은 후회를 하게 된다.

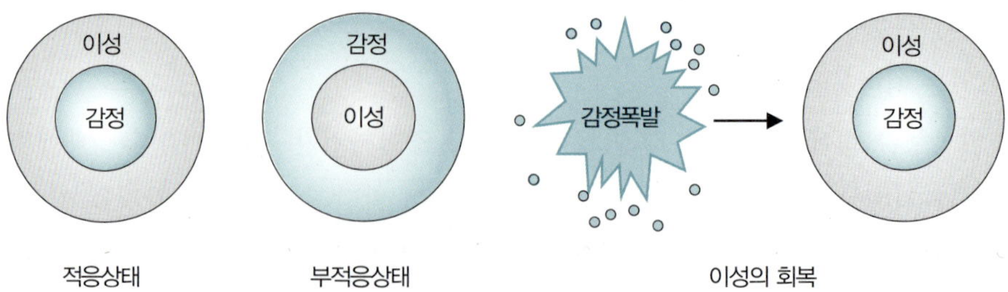

[그림 2-5] 감정과 이성의 관계(설기문, 1997)

❷ 효과적인 감정표현을 위한 지침

감정을 적절하게 표현하는 것은 정신건강에 도움이 되므로 효과적으로 자신의 감정을 표현하는 방법을 알아서 실천하는 것이 중요하다.

첫째, 자신이 어떠한 감정 상태에 있는지를 확인해 본다. 문제를 가진 사람들 중에는 감정이 제대로 처리되지 않아 문제를 경험하는데도 그런 사실을 잘 인식하지 못하는 경우가 있다. 그러나 그 감정을 확인하고 적절히 표현했을 때 문제가 해결될 수 있다.

둘째, 감정을 표현할 적절한 용어를 생각하고 표현한다. 자신이 특정한 감정을 경험하면서 그것이 어떤 감정인지 정확하게 표현하지 못해 어려움을 겪는다. 즉, 감정을 표현할 적절한 용어를 찾아내어 표현하는 것이 힘든 경우이다. 이를 통해 일상생활 속에서 사용하는 감정을 표현하는 용어가 매우 제한되어 있음을 깨닫게 된다.

셋째, 복합적인 감정에 주의해야 한다. 감정에는 단일감정도 있지만 복합감정도 있다. 즉, 다른 사람에게 칭찬을 받으면 기쁘다. 이것은 단일 감정이다. 반면에, 남편이 저녁 8시면 어김없이 퇴근했는데 어느 날 12시가 넘어서 귀가했을 때 아내가 느끼는 감정은 복합감정이기 쉽다. 즉, 사고가 난 줄 알았는데 무사히 집에 돌아와 기쁘기도 하지만 아무 연락도 없이 갑자기 늦게 귀가하여 자신을 불안에 떨게 한 것을 생각하면 화가 날 수도 있다.

넷째, 감정을 경험하는 것과 행동하는 것은 별개이다. 흔히 사람들은 특정의 감정을 경험하는 것과 그 감정과 연결된 행동을 실제로 하는 것을 동일시하는 경향이 있다. 예를 들면, 남에게 친절하고 화를 내지 않도록 교육받지만 대인관계를 하다보면 화가 날 때도 있다. 그런 경우에 화를 마음으로 느끼고 경험하게 되는데, 그것은 화를 바깥으로 분출하는 것과 별개임에도 불구하고 사람들은 화를 느끼고 경험하는 것 자체를 화내는 행동과 동일시함으로써 죄책감을 느끼게 된다. 그러나 마음속에서 화를 느끼고 슬픔을 느끼는 것은 기쁨을 느끼고 행복한 기분을 느끼는 것과 같이 자연스런 일이다. 마음속에서 감정을 느낄 때 자연스럽게 받아들이고 경험하면서 동시에 그 감정을 말로 표현할 수 있을 때 그 감정은 해소될 수 있다. 오히려 내적 감정을 느끼지 않으려고 억압하다 보면 후에 그것이 쌓여 폭발하는 경우를 볼 수 있다.

감정을 처리하는 방법에는 세 가지가 있는데 첫째, 감정을 말로 표현하는 것, 둘째, 간접적으로 표현하거나 남을 비판하는 것, 셋째, 과격한 언동을 통하여 직접적으로 표현을 하는 것이다. 여기에서 첫 번째 방법이 가장 건설적인 방법이라고 할 수 있다.

다섯째, 자신의 감정에 대하여 책임을 지고 수용하여야 한다. 대인관계 속에서 어떠한 감정을 경험하든 그 감정에 대한 책임은 궁극적으로 자신에게 있다는 사실을 인식하지 못하는 것 같다. 예를 들어, 친구가 약속시간보다 늦게 나타났을 때 화가 날 수 있다. 이 때 상대방에게 자신을 화가 나게 만드느냐고 하기보다 상대방의 행동으로 인해 자신이 화가 난다고 말해야 정확할 것이다. 왜냐하면 어떤 사람은 성격이 느긋하거나 깊은 우정으로 늦게 나타나도 화가 나지 않을 수 있다. 결국 상대방에게 화를 낸 것은 자신의 성격이나 생각 등 때문에 화가 났던 것이라고 해야 정확할 것이다. 따라서 특정 감정에 대한 원인과 책임이 자기 자신에게 있다는 것과 그 특정 감정이 바로 자기 자신 속에 있어 자신이 그것을 경험하고 있다는 두 가지 사실을 나타낸다고 할 수 있다.

마지막으로 자신의 감정을 상대방에게 표현할 수 있는 최적의 시간과 장소를 선택해야 한다. 사람들은 기분이 나쁠 때 곧바로 속상한 감정을 나타내 버리는 경향이 있다. 감정이 격해 있을 때, 즉시 자신의 부정적인 감정을 표현하는 것은 사태를 악화시킬 위험이 크기 때문에 조금이라도 여유를 갖는 것이 필요하다. 감정이 생겼을 때 바로 표현하기보다 상대방에게 자신의 감정 상태에 대해 잘 알 수 있도록 하려면 어떻게 표현하면 좋을지 생각하고 그 때까지 기다릴 필요가 있다는 점을 기억할 필요가 있다. 그리하여 감정을 표현할 수 있는 가장 적절한 시간과 장소를 택하여 적절한 방법으로 표현할 수 있어야 한다(설기문, 1997).

❸ 생산적 감정과 비생산적인 감정

감정에는 정신건강과 대인관계 발전에 도움이 되는 생산적 감정도 있지만 반대로 해가 되는 비생산적인 감정도 있다.

생산적인 감정에는 기쁨, 즐거움, 행복함과 같은 긍정적인 감정들이 있고 비생산적인 감정에는 불안, 우울, 슬픔, 분노와 같은 부정적인 감정이 속한다. 그러나 아무리 긍정적인 감정일지라도 그것이 지나치면 해가 될 수 있으며 부정적인 감정이라도 적절한 수준에서는 오히려 생산적으로 기여할 수 있다. 예를 들어, 기쁨과 즐거움은 생활의 활력소가 되기도 하지만 지나치면 비현실적이 되고 오히려 생활의 적응에 문제가 생긴다. 마찬가지로 학생의 경우 적절한 수준의 불안은 학업성적을 상승시키는 데 도움이 될 수 있다.

특정의 감정이 생산적인지 비생산적인지를 구분하는 기준은 다음과 같다.

첫째, 감정의 강도이다. 감정이 얼마나 강한지에 따라 생산적인 것으로 해석될 수 있고 비생산적인 것으로 해석될 수 있다.

둘째, 감정의 지속성이다. 부정적인 감정이라도 잠시 동안 경험하는 것은 자연스러운 것이며 자기를 성찰하는 데 도움이 될 수 있지만 장시간 계속된다면 자신뿐만 아니라 관계하는 타인에게도 피해를 주는 결과를 초래할 수 있다.

비생산적 감정을 초래하는 비합리적 생각을 몇 가지 정리하면 다음과 같다(설기문, 1997).

- **완전주의**: 조금이라도 불완전한 자신을 받아들이지 못하고 반드시 완전해야 한다고 믿는다.
- **인정**: 모든 사람들로부터 반드시 인정받아야 한다고 믿는다.
- **당위성**: 만사는 반드시 일정한 어떤 식으로 또는 어떤 방향으로 이루어져야 한다고 믿는다.
- **과잉 일반화**: 제한된 증거를 바탕으로 전체로 확대하여 일반화하는 경향을 갖고 있다.

- **무력감**: 스스로 달리 어떻게 해 볼 수 있는 일인데도 절대로 그렇게 할 수 없다고 믿는다.
- **부정적 예언**: 자기 자신이 하고자 시도하는 일은 결과적으로 제대로 되지 않을 것이라고 믿는다.

2) 방어기제

인간은 누구나 살아가면서 욕구를 갖게 되고 또 그것을 충족하기 위하여 노력한다. 욕구가 충족되면 기분이 좋고 행복하지만 그렇지 않은 경우에는 불쾌하고 화가 나며 불행하게 느낄 수 있다. 자신의 욕구가 충족되지 않을 때 느끼는 심리상태를 욕구불만 또는 욕구좌절이라고 한다.

사람은 대인관계 속에서 타인으로부터 욕구가 충족되지 않아 갈등하기도 하고 자존심이 상하는 경험도 하게 된다. 누구나 자신의 실수나 단점 때문에 긴장하거나 불안해한다. 때로는 타인의 비판을 받기도 하고 공격을 받아 심리적으로 상처를 입기도 한다. 그래서 사람은 자존심을 지키고 외부의 공격이나 비난으로부터 자아를 지키기 위하여 진정한 자아를 숨기고 심리적 방어를 하게 되는데 그것이 곧 방어기제(defense mechanism)이다. 이는 일시적으로 불안이나 긴장을 해소하게 하는 무의식적이고 습관화된 심리적 작용이다. 이 방어기제를 통하여 사람들은 체면을 유지하고 자존심을 지키는 것이다. 적당한 방어기제의 사용은 사회생활에서 불가피한 것이나 빈번한 방어기제의 사용으로 인해 참자아는 감추고 가식적인 자아만 강화된다.

(1) 합리화(rationalization)

용납될 수 없는 실수나 사건에 대하여 그럴 듯한 구실을 붙여 둘러대고 정당화하는 것, 즉 변명을 하는 것을 말한다. 예를 들어, 시험성적이 낮은 학생이 그 시험문제가 어려웠기 때문에 낮은 성적을 받았다고 한다면 합리화의 방어기제를 사용한 것이다.

(2) 투사(projection)

자기 마음속에 있는 무의식적인 생각이나 감정인데도 남의 것인 양 전가하는 것이다. 예를 들어, 자신의 성격이 권위주의적이면서 그러한 성격을 깨닫지 못하고 오히려 다른 사람을 비난하는 경우가 있다. 또한 자신의 실패를 남의 탓으로 돌리는 경우도 이에 해당한다.

(3) 대치(displacement)

대치 혹은 치환은 특정의 감정을 엉뚱한 곳에 투사함으로써 해소하려는 방어기제이다. 예를 들면, 직장에서 상사에게 야단을 맞은 사람이 아내에게 사소한 일에 화를 내고, 또 아내는 남편에게 화를 억누르다가 사소한 일로 자녀에게 매우 크게 화를 내는 경우이다.

(4) 부정(denial)

현실적으로 어려운 감정이나 생각 등은 일단 부정의 방어기제를 통하여 처리되기 쉽다. 왜냐하면 그 감정이 너무나 엄청난 것일 때 감당하기 어렵고 자칫 충격을 받을 수 있기 때문에 부정함으로써 현실로 받아들이지 않는 것이 더 나은 경우이다. 예를 들어, 사랑하는 사람이 암이나 교통사고로 사망했다는 소식을 들었을 때 '아니야, 그럴 리가 없어!', '뭔가 잘못된 거야.'라는 말을 하게 되는데 이것은 부정의 방어기제이다.

(5) 퇴행(regression)

오랜 과거나 어린 시절에 행동했던 유치한 행동방식으로 후퇴하는 현상을 퇴행이라고 한다. 예를 들면, 동생을 보게 되면서 컵으로 우유를 먹던 아이가 우유병으로 우유를 먹거나 혹은 대소변을 잘 가리던 아이가 실수를 하는 경우이다.

(6) 고착(fixation)

퇴행이 굳어진 형태이다. 예를 들어, 아이가 손가락을 빠는 행동은 어릴 때 젖을 빨 때의 행동이 고착된 것이라고 볼 수 있다.

[그림 2-6] 대치의 예(김진숙 · 김지은, 1997)

(7) 억압(repression)

억압(repression)은 고통스럽거나 죄의식이 드는 생각이나 감정을 무의식적으로 억누르는 기제이다. 예를 들어, 질병에 대해 지나치게 두려워하는 사람은 손을 자주 씻는 등의 행동을 하는데 이때 손을 씻음으로써 그 불안으로부터 자유로워지는 것이다.

(8) 승화(sublimation)

승화(sublimation)는 바람직하지 않은 욕망을 사회적으로 용납되는 방법으로 전환시키는 기제이다. 예를 들어, 청소년이 성적 욕망을 강렬한 스포츠로 충족시키는 것이다.

3) 자기노출

(1) 자기노출의 의미

대인관계를 하다 보면 자연스럽게 자신의 생각이나 감정 또는 경험 등에 대해서 남에게 이야기하게 된다. 이를 통해 자신을 남에게 알리기도 하고 자신의 답답한 마음을 해소하기도 한다.

자기노출이란 자신의 생각, 감정, 경험 등 자신에 관한 정보를 언어적 혹은 비언어적으로 남에게 표현하는 것이다. 즉, 자기노출이란 '남에게 알려지지 않은 진실된 자신에 관한 사적인 정보, 곧 과거나 현재의 생각, 감정, 경험, 욕구, 관심 등에 대해 의도적으로 의사소통하는 것을 의미한다.

자기노출을 하다보면 상대방으로부터 어떤 반응을 얻을지, 혹은 비판을 받거나 거부되지 않을지에 대한 염려가 따르게 된다. 실제로 자기노출의 역효과로 오히려 관계가 악화되거나 상대방으로부터 나쁜 평가를 받게 되는 경우도 있다. 그리하여 자기노출을 적절한 방법으로 하는 것이 필요하다. 적절한 자기노출의 효과는 다음과 같다.

첫째, 자기이해의 증진을 가져온다. 자신이 어떤 생각을 하고 있는지 또는 어떤 감정을 느끼고 있는지 잘 모르거나 의식하지 못할 때가 있다. 다른 사람에게 자신의 마음을 이야기하다 보면 조금씩 정리 되어 자신의 감정이나 생각을 객관적으로 이해하게 된다.

둘째, 관계가 친밀해진다. 서로가 자기노출을 하면 공감대가 확대되면서 점차 서로에 대한 거리감이 줄어들고 친밀감이 커지게 된다.

셋째, 의사소통의 증진을 가져온다. 자신의 자기노출은 상대방의 자기노출을 초래하여 결과적으로 상호 간의 의사소통을 증진시키는 효과를 가져 온다.

넷째, 죄책감의 감소가 생긴다. 어떤 실수나 잘못에 대하여 자기노출을 하게 되면 죄책감이 줄어드는 경험을 할 수 있다. 이는 감정 정화의 효과와 같은 것으로 기독교의 고해성사나 간증과 같다.

다섯째, 에너지의 증진을 가져온다. 남에게 숨기고 털어놓지 못하는 것은 괴로운 일이며 에너지를 비생산적으로 소모시키는 일이다. 예를 들면, 직장에서 해고된 남편이 아내와 자녀가 알까봐 전전긍긍하다가 사실대로 털어놓았을 때 얻게 되는 에너지의 충전은 바로 자기노출의 효과이다.

(2) 자기노출의 모형

미국의 심리학자 조세프 루프트(Joseph Luft)와 해링턴 잉햄(Harrington Ingham)은 두 사람의 이름을 합성하여 조해리(Joe+Harry=Johari)의 마음의 창문(window of mind)이라는 자기노출의 모형을 개발하였다. 이 창문 속에는 자신의 생각, 감정, 경험, 소망, 기대, 가족사항, 취미, 종교, 교우관계, 장단점 등 '자신에 관한 모든 것'이 다 포함되어 있다(권석만, 1997).

❶ 개방영역

개방영역(open area)은 자신도 알고 남도 아는 자신의 모습이다. 예를 들어, 이름, 성별, 직업 등 남들이 잘 아는 부분이 있는 영역을 지칭한다.

❷ 맹인영역

맹인영역(blind area)은 남들은 잘 알지만 자기 자신은 모르고 있는 자기의 모습이다. 예를 들어, 자신의 성격이나 습관, 장단점 등에 대해 스스로는 잘 안다고 생각하지만 막상 남들이 아는 객관적인 자기는 잘 모르는 경우가 많다.

❸ 은폐영역

은폐영역(hidden area)은 자기만 알고 남들은 잘 모르는 자신의 모습이다. 별로 친하지 않은 관계에서는 상대방이 자신에 대해 잘 모르는 것이 당연하다.

❹ 미지영역

미지영역(unknown area)은 남들은 물론 자기 스스로도 잘 모르는 자신의 모습이다. 예를 들면, 무의식이나 어린 시절의 심리적 상처 등 남들이 잘 모르는 것은 당연하지만 자신도 잘 모를 수 있다.

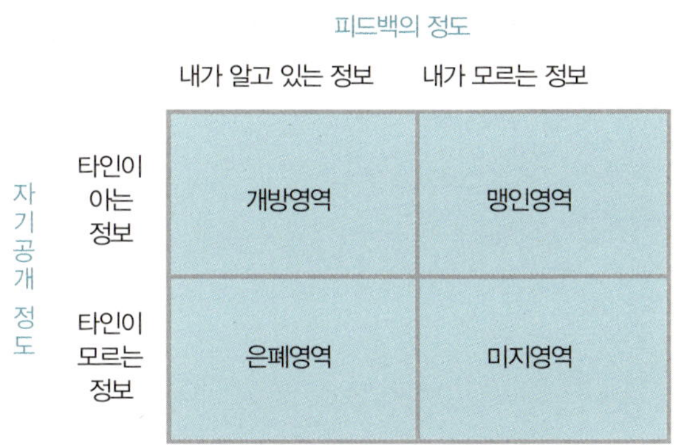

[그림 2-7] 조해리 창문(권석만, 1997)

(3) 효과적인 자기노출

자기노출은 적절하게, 즉 상황과 때에 맞게 할 수 있는 지혜가 필요하다. 예를 들어, 만난 지 얼마 되지 않은 사람에게 자기노출을 너무 많이 하는 것은 상대방을 당황하게 만드는 요인이기도 하다. 또한 서로 간의 관계가 깊어졌음에도 자기노출을 하지 않는다면 그것 또한 문제가 된다. 따라서 상황에 맞게 적절한 양과 수준의 자기노출을 하는 것이 중요하다. 효과적인 자기노출을 위해서는 다음과 같은 점을 고려해야 한다(설기문, 1997).

첫째, 상대방이 자신에게 중요한 사람인지 검토하여 자기노출의 내용과 깊이가 달라져야 한다.

둘째, 자기노출에 위험부담이 따른다는 점을 고려하여 지나친 양과 수준으로 인해 후회하지 않도록 유의한다.

셋째, 상대방의 연령, 경험, 사고나 감정 수준 등에 맞추어 적절하게 이해할 수 있는 수준으로 자기노출을 하는 것이 필요하다.

넷째, 시간적인 적절성을 고려하여 적절히 이루어져야 한다. 관계가 성숙되기 이전에 과다한 자기노출을 하는 것은 효과적이지 못할 수 있다.

Chapter 03

의사소통의 이해

01 의사소통의 의미

1) 의사소통의 개념 및 구성요소

(1) 의사소통의 개념

일반적으로 의사소통은 '한 사람 또는 그 이상의 사람으로부터 다른 사람(들)에게 정보와 이해가 전달되는 과정으로 두 사람 사이의 사실, 감정, 태도, 신념, 생각 등을 전달하는 것'으로 정의할 수 있다. 의사소통을 잘 한다는 것은 말하는 사람이 정보를 정확히 잘 전달하고 듣는 사람이 말하는 사람의 말을 정확히 잘 듣는 것을 의미한다(김혜숙 외, 2000).

의사소통은 어떤 사람이 타인에게 영향을 주고 타인을 이해하는 데 사용되는 모든 수단을 포함한다. 즉, 개인의 감정, 태도, 신념 및 사실을 전달하는 과정이다. 이때 언어가 일차적인 수단으로 사용될 수 있으나 얼굴표정, 몸짓, 눈짓 혹은 침묵과 같은 비언어적 신호나 단서를 통해서도 의미를 주고받을 수 있다(권석만, 1997).

(2) 의사소통의 구성요소

의사소통은 다음의 4가지 요소가 작용한다(김혜숙 외, 2000).

❶ 송신자

생각, 감정, 정보 등의 메시지를 전달하는 사람이다. 송신자의 음성, 감정 상태 등으로 인해 메시지가 전달되는 과정에서 왜곡, 변형, 삭제 및 소멸 등의 현상이 나타나 정확한 내용의 전달을 어렵게 할 수 있다.

❷ 수신자

송신자가 전달하는 메시지를 듣고 받아들이는 사람이다. 전달된 메시지의 종착점이라 할 수 있으며 청취, 이해, 기억, 반응의 요소가 포함된다.

❸ 피드백

피드백은 송신자 수신자를 연결하여 송신자의 메시지가 수신자에게 제대로 전달되고 정확히 이해될 수 있게 한다. 대화중에 미소를 짓거나 고개를 끄덕거림(긍정적 피드백), 찡그리거나 시선을 멀리하거나, 고개를 가로저음(부정적 피드백)과 같은 비언어적 방법과 질문을 한다거나 이해한 것이 맞는지를 확인해 보는 것과 같은 언어적 방법이 사용될 수 있다.

❹ 메시지

의사소통 과정에서 주제가 되는 메시지는 언어적 혹은 비언어적 형태를 취할 뿐 아니라 내용과 관계라고 하는 두 가지 요소가 포함된다. 내용 요소는 전달하고자 하는 메시지의 주제를 가리키며, 관계 요소는 송신자의 수신자에 대한 관계, 즉 소속, 통제, 애정 등의 욕구가 내재된 형태를 의미한다. 관계 메시지가 사용되는 경우를 예로 들면, 마음에 드는 이성을 보고 옆에 가서 “시간 있으세요?”라고 묻는 경우에 중요한 점은 상대의 시간이 있는지의 여부가 아니라 “함께 시간을 보내고 싶다.”라는 의미를 지니고 있는 데서 찾을 수 있다. 효과적인 의사소통을 위해서는 상대방이 전달하고자 하는 메시지의 내용 요소뿐만 아니라 관계 요소까지 정확히 간파할 수 있어야 한다.

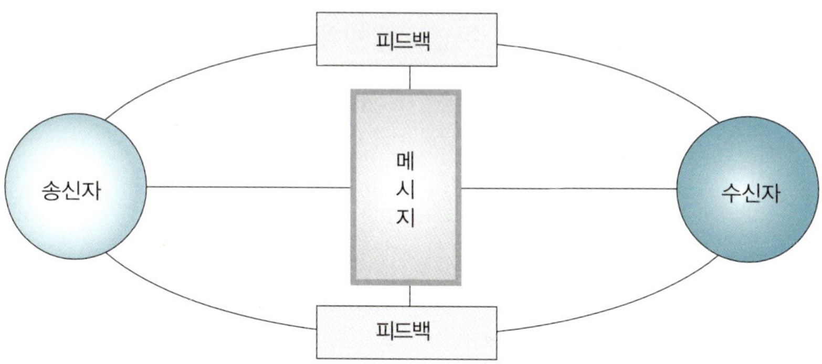

[그림 3-1] 의사소통 구성요소

의사소통에서 중요한 문제는 메시지를 송신(sending)하고 수신(receiving)하는 두 가지의 활동이 포함된다는 점이다. 즉, 의사소통은 쌍방적 과정이다. 또한 의사소통에서 볼 때 메시지에는 '내용'(사용된 말)과 그 말 속에 내포된 감정을 가리키는 '관계'의 두 가지 정보가 있다. 따라서 쌍방적 의사소통은 내용정보와 관계정보에 대한 송신과 수신의 과정이라 할 수 있다(김혜숙 외, 2000).

2) 의사소통의 모형

의사소통 과정을 설명하는 세 가지 의사소통 모형의 특성을 살펴보면 다음과 같다(설기문, 1997).

(1) 직선적 모형

직선적 모형(straight model)은 어느 한쪽 방향으로만 일방적으로 이루어지는 의사소통 형태이다. 송신자의 생각과 감정 등을 메시지 형태로 부호화하여 수신자에게 일방적으로 주입하는 것이라 할 수 있다. 직선적 모형에서는 의사소통이 이루어지는 과정에 방해가 되는 소음이 작용한다고 가정한다. 소음은 의사소통 과정의 각 단계에서 발생할 수 있으며, 외적 소음, 생리적 소음, 그리고 심리적 소음의 세 가지 종류가 있다.

- **외적 소음**: 물리적 환경에서 야기되는 것으로 수신자의 외부에 존재하며 수신자가 메시지를 정확히 청취할 수 없도록 방해한다.
- **생리적 소음**: 수신자의 정확한 청취를 방해하는 생물학적 요소들로 수신자의 청력장애, 질병 등이 해당된다.
- **심리적 소음**: 메시지를 정확하게 표현하고 이해하는 데 방해가 되는 심리적 요소로, 심리적 내적 조건(개인의 자아개념 형태 등)에 따라 의사소통을 왜곡시킬 수 있다.

직선적 모형은 메시지에 대한 수신자의 반응이 무시된다는 점과 일방적으로 의사소통이 이루어지기 때문에 송신자와 수신자 간의 상호작용이 일어날 수 없다는 것이 단점으로 작용한다.

(2) 상호작용적 모형

인간관계에서 수신자와 송신자 간에 상호작용이 이루어지고, 피드백이 작용하는 의사소통 형태이다. 그러나 수신자와 송신자가 서로 다른 환경에 속해 있기 때문에 의사소통 과정에서 오해가 생겨날 수 있다. 상호작용적 모형은 피드백과 환경적 요소가 고려되지만 의사소통 과정을 정적인 활동으로 보고 수신과 송신의 행위가 구별되면서 송신자의 메시지가 수신자에게 영향을 미쳐 특정한 순간에 한 사람은 송신자이거나 수신자가 된다는 점에 이 모형의 한계가 있다.

(3) 상호 교류 모형

상호 교류 모형(transaction model)의 특성은 의사소통자가 메시지를 동시에 보내고 받는다는 점이다. 상호작용 모형에서처럼 특정한 순간에 송신자와 수신자가 구별되는 것이 아니라 함께 참여하는 '참여자'로서 기능한다. 특정 순간에 타인의 메시지를 수신하고 해독하며 반응하는데, 이때 상대방 또한 메시지에 대해 수신하고 반응한다.

3) 의사소통 기술의 특징

미켈슨(Michelson) 등은 의사소통 기술의 특징을 다음과 같이 4가지로 정리하고 있다(권석만, 1997 재인용).

첫째, 의사소통기술은 기본적으로 학습을 통해 획득되는 것이다. 의사소통 기술은 출생 후의 성장과정에서 후천적 경험을 통해 의식적 또는 무의식적으로 배워 습득한다.

둘째, 의사소통 기술은 언어적 행동과 비언어적 행동으로 구성된다.

셋째, 의사소통 기술의 적절성과 효과는 행위자, 상대방 그리고 상황의 특성에 의해 결정된다.

마지막으로, 의사소통 기술은 타인으로부터의 사회적 보상을 극대화한다.

4) 우리나라 가족의사소통의 특징

(1) 가족의사소통의 일반적 특징

우리나라 사람들의 의사소통 특징은 다음과 같다(유영주 외, 2009 재인용).

- 이성적이기보다 감성적인 경향이 있다.
- 일방적인 의사소통을 한다.
- 비언어적인 의사소통을 선호한다.
- 의사소통의 내용에서 과거지향적인 경향이 있다.

이 외에 우리나라 가족들의 의사소통에서 나타나는 몇 가지 특징에는 눈치, 의례적인 언행, 핑계 대기, 간접적인 의사소통 등이 있다(유영주 외, 2009).

❶ 눈치

우리나라 사람들은 의사소통을 할 때 직설적으로 표현하기보다 우회적인 표현을 많이 사용한다. 예를 들면, "적당히 알아서 하세요.", "서너 개쯤 주세요.", "갖은 양념을 넣으세요."와 같은 표현들은 일상생활 속에서 자주 접하는 표현들이다. 이런 말을 들었을 때 우리는 어떻게 해야 하는가? 이 때 가장 필요한 것이 바로 눈치다. 의사소통 기제로서 눈치는 상황에 따라 각기 다른 목적으로 기능한다. 만약 상대방의 의도를 제대로 파악하지 못하면, 눈치도 없는 답답한 사람으로 평가받게 되고, 가족관계에서는 상대방에 대한 사랑이 부족한 것으로 오해받기도 한다.

❷ 의례적인 언행

의례적인 언행이란 상대방이나 자신의 욕구를 충족시키면서 동시에 상대방과의 우호적인 관계를 유지·증진시키기 위해 속마음과는 달리 상황에 적합하게 취하는 말과 행동을 말한다.

가족의 의사소통에서도 이런 특징들이 그대로 반영되며, 특히 친척들과의 관계에서 자주 나타난다. 의례적인 언행은 그 과정이 무척 복잡하기 때문에 갈등을 일으키기 쉽다. 예를 들어, 시어머니가 담근 김치를 맛본 며느리와 시어머니의 대화를 살펴보자.

며느리: 어머니, 김치가 정말 맛있어요. 솜씨가 너무 좋으시네요.

시어머니: 그래? 그럼 좀 싸줄까?

며느리: 아뇨, 괜찮아요.

만약 김치를 싸 주지 않아도 된다고 한 말이 의례적인 언행이라면 시어머니는 며느리에게 김치를 싸 주는 것이 눈치 있는 행동이다. 그러나 김치가 맛있다는 말이 의례적인 언행이었다면 김치를 싸 주는 행동은 눈치 없는 행동이고, 며느리에게 부담만 될 것이다. 이처럼 우리나라 가족들의 의사소통에는 의례적 언행이 많이 섞여 있으며, 눈치로 이것을 포착해야 하므로 오해와 갈등이 자주 일어난다.

❸ 핑계

"핑계 없는 무덤 없다." 등의 속담에서 볼 수 있듯이 우리나라 사람들은 핑계를 잘 댄다. 핑계는 자기 행위에 대한 책임 회피적인 변명이라고 볼 수 있으며 기능적으로 볼 때, 자신의 잘못에 대한 책임을 모면하기 위해 제시하는 해명성 핑계와 인간관계를 원활히 하고 상대방의 체면과 자존심을 유지해 주기 위해 제시하는 의례성 핑계로 나눠 볼 수 있다(한규석·최상진, 1998). 핑계를 제대로 파악하고 반응하기 위해 눈치가 필요하다. 예를 들면, 시어머니가 아들 내외의 얼굴이 보고 싶을 때 "주말에 와서 밥도 먹고 김치도 가져가라."와 같이 김치를 핑계로 많이 든다. 이런 경우 며느리는 시어머니의 의도를 정확히 눈치 채야 한다. 시어머니의 의도가 주말에 집에 오라는 것을 정확히 알아냈다면 "주말에 갈게요." 또는 "이번 주말에는 좀 바쁘니까 다음 주에 갈게요."와 같이 의도에 맞는 대답을 할 것이다.

❹ 간접적인 의사소통

우리나라 사람들은 조화로운 인간관계를 매우 중요시하기 때문에 반대의견을 직접적으로 표현하거나 상호 체면을 손상시킬 수 있는 표현은 가능한 피하려고 한다. 따라서 직접적인 자기표현보다 소극적이고 간접적인 방식으로 자신을 표현하는데, 이런 특징은 가족의 의사소통에 자주 나타난다.

02 의사소통의 유형

1) 비언어적 의사소통기술과 언어적 의사소통기술

(1) 비언어적 의사소통기술

의사소통기술은 크게 비언어적 의사소통기술과 언어적 의사소통기술로 나누어 볼 수 있다. 비언어적 의사소통기술은 비언어적인 행동을 통해 자신의 의사와 감정을 표현하는 기술을 의미한다. 동양 문화권에 속하는 한국사회는 서구사회에 비해 언어적 행동보다 비언어적 행동을 통해 의사소통을 하는 비언어적 문화를 지니고 있다. 따라서 비언어적 행동을 잘 구사하여 자신의 의사를 표현하는 기술이 중요하다. 비언어적 의사소통기술로서 활용할 수 있는 비언어적 소통수단은 매우 다양하다. 첫째, 몸의 움직임은 의사소통의 중요한 수단이 된다. 둘째, 인간은 신체적 접촉을 통해 타인에 대한 감정과 태도를 표현한다. 셋째, 머리모양, 옷차림새, 장신구, 화장, 향수와 같은 외모의 치장을 통해 많은 의미를 표현할 수 있다. 넷째, 공간의 사용 역시 여러 가지 의미를 전달하는 수단이 될 수 있다. 마지막으로, 말의 강약, 완급, 음색, 말하는 방식 등 언어적 의미가 없는 음성적 행동도 의미를 전달하는 중요한 수단이 되는데 이를 부언어(paralinguistics)라고 한다(권석만, 1997).

❶ 얼굴표정

얼굴표정은 인간이 감정을 표현하는 주된 비언어적 수단이다. 사람들은 얼굴에 웃음을 지어 상대방에 대한 호의나 만족감을 표현하는 반면, 상대방에 대해 분노나 불쾌감을 표현할 때 얼굴을 찡그리거나 험한 인상을 짓는다. 대인관계 상황에서는 상대방에 대한 사고나 감정의 내용에 따라 얼굴근육이 특정한 패턴으로 움직여서 독특한 얼굴표정을 만들어 낸다. 때로 감정을 겉으로 드러내지 않아야 할 때도 있고 때로는 감정을 좀 더 분명하게 드러내야 할 때도 있다. 이렇듯, 필요에 따라 원하는 얼굴표정을 잘 조절하는 능력은 매우 중요한 비언어적 의사소통기술이다. 얼굴표정을 잘 조절하는 것뿐만 아니라 상대방의 얼굴표정을 잘 지각하는 것 역시 중요한 의사소통기술이다.

특히, 한국사회와 같은 비언어적인 문화에서는 상대방의 얼굴표정을 포함한 비언어적 단서에 의해 상대방의 마음을 잘 읽는 것이 중요하다. 얼굴표정의 변화를 정확하게 탐지하는 것은 노력과 훈련에 의해 향상될 수 있다. 감정은 얼굴 전체를 통해서 전달되지만, 특히 입과 눈썹이 가장 중요한 역할을 한다. 따라서 상대방의 감정을 파악하고자 할 때 입과 눈썹의 미세한 움직임에 주목할 필요가 있다.

❷ 눈 마주침

눈은 '마음의 창'이라는 말이 있듯이, 눈은 인간의 감정을 표현하는 주요한 통로이다. 인간은 눈을 통해 자신의 마음을 전달하고 또 상대방의 마음을 읽는다. 상대방에 대해 관심과 호감을 지니게 되면 우리는 상대방을 주목한다. 그러나 상대방에게 적대감을 지니고 있을 때는 상대방을 강렬하게 노려본다. 눈 마주침은 눈빛과 쳐다보는 시간에 따라 다양한 의미를 전달한다. 특히 강렬한 눈빛으로 오래 쳐다보는 응시(gaze)는 강렬한 관심과 감정을 나타내는 주요한 소통수단이다. 따라서 대인관계 상황에서 상대방과 적절하게 눈빛을 주고받는 일은 매우 중요하다. 그러나 이러한 눈빛 처리에 어려움을 느끼는 사람들이 있다. 어떤 사람은 대화할 때 상대방의 눈을 빤히 쳐다보는 일이 매우 어색하고 불편해서 땅을 내려다보거나 시선을 피하기도 한다. 이런 사람은 자신감이 없거나 상대방에게 무관심한 사람으로 비쳐질 수 있다. 이와는 반대로, 상대방을 지나치게 빤히 쳐다봐서 상대방을 불편하게 하는 사람도 있다. 특히 동양 문화권에서는 윗사람의 눈을 오래도록 빤히 쳐다보는 일은 무례한 행동이 될 수 있다. 인간은 대화할 때 적절한 시간 동안 상대방과 눈을 마주치며 쳐다보기도 하고 때로는 눈을 깜빡이기도 하고 때로는 눈빛을 다른 곳에 주기도 하는 것이 자연스러운 행동이다.

❸ 몸동작

훌륭한 연설가나 웅변가는 대부분 적절하고 강력한 제스처를 활용하여 연설의 효과를 극대화할 줄 아는 사람들이다. 이렇듯, 몸동작은 언어적 의미전달을 돕는 보완적 수단이다. 인간은 대화하는 동안 손, 팔, 머리, 몸통을 끊임없이 움직인다. 몸의 움직임을 통해 인간은 많은 것을 표현하고 전달한다. 몸동작을 통해 의사를 표현하는 제스처는 신체언어(body language)의 주요한 범주이다.

사람들은 자신의 이야기를 강조할 때 손을 번쩍 들거나 주먹을 불끈 쥐어들고, 상대방의 이야기를 반대하거나 중단시킬 때 손을 내젓는다. 상대방의 의견에 대해 고개를 끄덕여서 동의를 표현하기도 하고 고개를 가로저어 반대를 나타내기도 한다. 물건의 형상이나 크기를 나타내기 위해 손과 팔을 사용하기도 한다.

인간관계에서 특히 중요한 몸동작은 인사행동이다. 인사행동은 상대방에 대한 반가움, 호감, 경의, 존경 등을 표현하는 행동이다. 인사예법에는 정교한 규칙이 있으며 특히 상대방의 지위에 따라 인사행동이 달라진다. 예를 들어, 윗사람에게 고개를 숙여 인사할 때 아랫사람이 먼저 고개를 숙여야 하며 고개를 숙이는 각도나 고개를 숙이고 있는 시간에 의해 상대방에 대한 존경의 정도가 다르다. 명절에 집안어른이나 윗사람에게 극진하게 인사할 때는 무릎을 꿇고 엎드려 절을 하는 것이 일반적이다.

대화를 할 때 팔짱을 끼거나 다리를 꼬고 몸을 숙이는 각도를 달리하는 등 여러 가지 자세를 취한다. 상대방에 대해 호의와 관심을 지니고 있을 때 그를 향해 몸을 앞으로 기울이는 경향이 있다. 자신을 과시하려 하거나 상대방에 대해 지배적 태도를 나타내려는 사람은 가슴을 펴고 목에 힘을 준 상태로 몸을 약간 뒤로 젖히는 자세를 취한다. 특히 한국문화에서는 윗사람과 대화를 나누는 상황에서 팔짱을 끼거나 다리를 꼬고 몸을 지나치게 뒤로 젖히는 자세를 취하는 것은 결례로 무례하고 건방진 사람으로 오인될 수 있다.

❹ 신체적 접촉

신체적 접촉을 통해 상대방에 대한 감정과 태도를 표현한다. 신체적 접촉은 감정을 표현하는 가장 원초적인 방식인 동시에 가장 직접적인 방식이다. 인생의 초기에 인간은 부모와 신체적 접촉을 통해 의사소통한다. 안아 주고 비비고 쓰다듬어 줌으로써 애정을 표시하고 때로는 때리거나 밀치거나 꼬집는 방식으로 야단을 치기도 한다. 신체적 접촉은 성인에게 여러 가지 감정을 표현하는 중요한 수단이다.

첫째, 친밀감은 흔히 신체접촉을 통해 표현한다. 가까운 친구 사이에는 서로 손을 만지고 몸을 기대고 어깨동무를 한다.

둘째, 신체접촉은 강한 애정을 표현하는 가장 중요한 수단이다. 신체접촉은 말이나 몸동작에 비해 강렬한 감정을 가장 직접적으로 표현하고 전달하는 방식이다. 그래서 애인들은 팔짱 낌, 키스, 포옹, 애무와 같이 몸과 몸을 맞대는 신체접촉을 통해 애정을 표현한다. 또한 오랜만에 만난 친한 친구나 애정이 각별한 부모와 자녀는 서로 꼭 껴안는 신체접촉을 통해 강한 애정을 표현한다.

셋째, 신체접촉은 지배와 종속의 관계를 나타내는 방식으로 사용되기도 한다. 어른은 아이의 머리를 쓰다듬거나 등을 두드림으로써 격려와 아울러 지배적 위치에 있음을 나타낸다.

❺ 공간 활용

인간은 심리적으로 가까운 사람과 물리적으로 가깝게 위치한다. 그래서 친밀한 사람과 대화를 나눌 때 서로 가깝게 앉는다. 그러나 낯선 사람과는 어느 정도의 거리를 유지한다. 사람은 이렇게 공간행동을 통해서 의사소통을 한다.

두 사람 사이의 물리적 거리는 친밀감이 높을수록 좁아지는 경향이 있다. Hall에 따르면, 사람들이 주위공간을 자신을 중심으로 친밀역(0~60cm), 개인역

(60~120cm), 사회역(120~330cm), 공공역(330cm이상)으로 나누고 매우 친밀한 사람은 친밀역 안으로 들어오는 것을 허용한다(권석만, 1997 재인용).

물리적 거리뿐만 아니라 서로 앉는 방향도 상대방에 대한 태도를 표현하는 중요한 수단이 된다. [그림 3-2]와 같이 A와 B 두 사람이 직사각형의 탁상에 앉아 서로 대면하는 방식은 여러 가지 경우가 있다. 예를 들어, A가 먼저 와서 앉아 있는 경우, 나중에 나타난 B가 앉는 위치는 A와의 심리적 관계를 나타낸다. A와 B가 서로 매우 친밀한 사이이거나 서로 협동적인 일을 할 경우에는 B1의 자리를 택할 것이다. 특히 두 사람이 이성친구인 경우에 B가 B1에 앉는다면, B는 A에 대해 상당히 친밀한 애정을 느끼고 있음을 나타낸다. 반면, 정면으로 마주보는 자리 B2는 두 사람이 서로 낯선 사이거나 또는 면접이나 협상을 하는 경우에 선택하게 되는 자리이다. A와 대각선으로 위치한 자리 B3는 가장 먼 물리적 거리이며 심리적으로도 가장 거리가 먼 것을 의미한다.

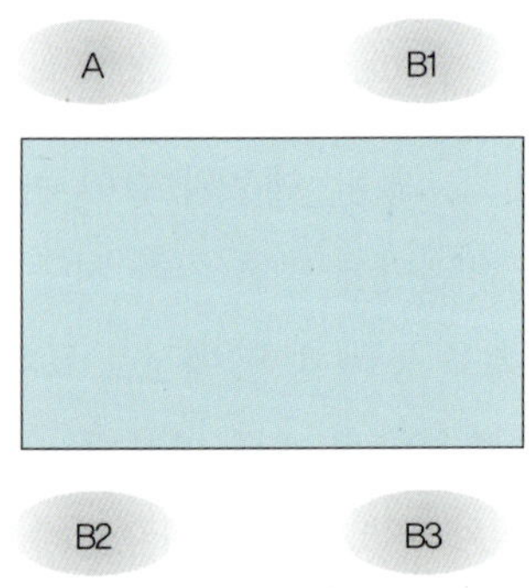

[그림 3-2] 대인관계와 앉는 위치

(2) 언어적 의사소통기술

인간의 의사소통에서 비언어적 행동이 중요한 기능을 하지만, 주된 의사소통의 통로는 언어이다. 언어는 인간의 내면적인 상태와 의도를 전달하는 가장 효과적이고 강력한 의사소통수단이다. 대인관계를 촉진하는 언어적 의사소통 기술을 몇 가지 요소로 나누어 살펴보면 다음과 같다(권석만, 1997).

❶ 경청

언어적 의사소통에서 상대방의 이야기를 잘 듣는 것은 중요하다. 경청하기(listening)는 의사소통의 기본적 과정이며 상대방이 보내는 소통내용에 주의를 기울이고 이해를 위해 노력하는 행동을 의미한다.

상대방의 눈을 응시하고 상대방 쪽으로 몸을 기울이며 상대방의 이야기 중 중요한 부분에 대해 고개를 끄덕이는 비언어적 행동은 주의를 집중하여 열심히 듣고 있다는 행동적 표현이 된다.

특히 반영적 경청을 통해 상대방이 자신의 이야기에 깊은 관심과 공감을 나타낼 때 인간은 이해받고 있다는 느낌을 갖는다. 이런 점에서, 다른 사람의 이야기를 잘 경청하는 것은 매우 중요한 의사소통기술이다.

❷ 질문

대인관계는 상호작용으로 서로 다양한 정보를 교환하는 과정이라 할 수 있다. 질문하기(questioning)는 이러한 상호작용을 촉진하는 중요한 의사소통기술이다.

질문하기는 기본적으로 상대방에게 추가적인 정보를 요청하고 상대방의 태도, 감정, 의견을 확인하는 행동이다. 이러한 행동은 상대방과 그의 화제에 대한 관심과 호기심을 표현하는 것이기도 하며 때로는 의사소통 과정을 통제하는 수단이 될 수 있다.

질문은 언어적 의사소통에서 매우 중요한 기능을 한다. 상대방과의 철학적 논쟁에서 자신의 의견을 제시하기보다 상대방의 주장에 대해 적절한 질문을 던짐으로써 상대방으로 하여금 자기주장의 모순과 비합리성을 자각하도록 유도한다. 질문은 상대방에게 정보를 요청하는 소극적인 기능뿐만 아니라 상대방의 의견을 변화시키는 적극적인 기능도 지니고 있다. 그러나 적절치 못한 질문은 상대방을 당혹스럽게 하거나 조롱과 비난으로 받아들여져 관계를 악화시킬 수도 있다. 질문은 상대방에 대한 관심과 호기심의 표현이지만 적절한 내용으로 하는 것이 중요하다.

질문을 할 때는 적절한 시기를 포착하는 것도 중요하다. 상대방이 한창 중요한 이야기를 하는 중간에 질문을 하기 보다 이야기의 한 마디가 끝났을 때 궁금했던 점을 묻는 것이 자연스런 대화를 위해 효과적이다.

❸ 반영하기와 공감하기

대화에는 상대방이 필요하다. 왜냐하면 자신의 이야기를 듣고 이해해 줄 사람이 필요하기 때문이다. 인간은 대화를 통해서 자신이 한 이야기에 대해 이해받고 공감 받고자 하는 내면적 욕구를 지닌다. 따라서 인간은 자신을 잘 이해해 주는 사람을 좋아하고 깊은 관계를 맺고자 한다. 상대방의 메시지를 정확하고 깊이 있게 이해하며 감정적으로 공감하는 반응을 보여 주는 것은 깊이 있는 관계를 촉진하는 필수적 요소이다.

반영하기는 상대방의 표현내용에 대한 자신의 이해 정도를 전달하며 자신의 이해내용이 정확한지를 확인하는 기능을 한다. 대화과정에서 반영하기를 통해 상대방은 자신의 메시지가 관심을 받고 있을 뿐 아니라 충분히 이해받고 있다는 느낌을 갖게 됨으로서 대화와 인간관계에 대한 참여 정도가 높아진다.

공감하기는 상대방이 자신의 상황과 감정을 잘 이해하며 수용하고 있다는 느낌을 준다. 즉, 공감하기는 '내 마음을 나와 같이 알아준다.'는 느낌을 주어 상대방에 대한 신뢰가 증대되고 자기 공개가 촉진된다.

❹ 설명

대인관계 속에서 자신의 입장, 생각, 지식을 상대방에게 전달해야 하는 상황에 자주 부딪히게 된다. 설명하기는 자신이 소유하고 있는 정보를 상대방에게 제공하고 공유하기 위한 중요한 의사소통기술이다.

설명하기를 잘하기 위해서는 몇 가지 노력이 필요하다. 첫째, 설명하는 상황과 대상에 대한 고려가 필요하다. 둘째, 설명할 내용, 순서, 방식 등에 대해 미리 계획하고 준비하는 노력이 필요하다. 셋째, 설명할 내용을 간결하고 분명하며 정확하고 체계적으로 표현하는 것이 바람직하다. 마지막으로, 보조적인 발표도구를 활용하는 것, 즉 시각적 자료를 사용하여 제시하는 것도 효과적인 설명에 중요하다.

❺ 강화

대인관계는 보상적일 때 촉진된다. 타인에 대한 강화는 대인관계에서 중요한 역할을 한다. 강화는 타인에 대한 인정, 긍정, 칭찬, 격려, 지지를 전달하는 언어적 표현을 의미한다. 강화는 상대방으로 하여금 자신이 따뜻하게 이해받고 수용되고 있다는 느낌을 갖게 함으로서 현재의 대인관계에 대한 관심과 참여를 높인다.

❻ 자기공개

대인관계의 심화에 중요한 의사소통 기술이 자기공개이다. 자기공개는 상대방으로 하여금 경계심과 두려움을 완화하고 신뢰감을 증진하며 자기공개를 촉진하는 효과를 지닌다. 좀 더 솔직하고 깊이 있는 대화가 가능하며 서로 사적인 정보를 공유하게 된다. 따라서 상대방에 대한 개방성과 신뢰가 높아지게 되어 관계가 심화된다.

❼ 자기주장

자기주장은 심리치료자들에 의해 오래 전부터 주목되어 온 의사소통 기술이다. 자기주장은 자신의 개인적인 권리를 옹호하고 향상시키기 위해 타인의 권리를 존중하면서 동시에 자신의 사고, 감정, 신념을 직접적이고 솔직하게 표현하는 행동을 의미한다.

자기주장의 주된 내용을 라자러스(Lazarus)는 4가지로 구분한 바 있는데, 첫째는 들어주기 어려운 타인의 요청을 거절하는 것, 둘째는 타인에게 부탁을 하거나 요청을 하는 것, 셋째는 긍정적 감정과 부정적 감정을 표현하는 것, 넷째는 대화를 원하는 때 시작하고 원하는 때 종결하는 것 등을 들고 있다(권석만, 1997 재인용).

❽ 유머

유머(humor)는 유쾌한 익살, 해학, 농담으로 대인관계를 촉진하는 양념과 같은 것이다. 유머는 관계 속에 내재하기 쉬운 긴장을 해소하여 편안함을 제공한다. 아울러 유머를 통해 함께 웃음으로써 대인관계를 유쾌하게 만든다. 적절하게 재미있는 이야기를 통해 만남을 편안하고 유쾌하게 만드는 것은 중요한 의사소통 기술이다.

그러나 부적절한 상황에서 농담을 하게 되면 오히려 역효과를 가져올 때가 많다. 특히 유머나 농담의 주제는 성적인 내용과 공격적인 내용이 많다. 악의 없이 무심코 던진 농담이 때로는 상대방의 감정을 상하게 하여 관계를 악화시키는 경우도 종종 있다. 농담을 지나치게 자주 사용하는 것은 관계에 부정적인 영향을 미칠 수 있다. 따라서 유머와 농담은 때와 장소 그리고 대상을 고려하여 적절하게 하는 것이 중요하다.

또한 평소에 유머에 대한 관심을 기울이는 것이 필요하다. 다른 사람들로부터 들은 재치 있고 기분 좋은 유머를 기억해 두었다가 적절하게 활용하는 것도 좋은 방법이다.

2) 부적응적 의사소통기술

의사소통 기술이 부족한 사람은 친구를 사귀고 싶은 대인동기가 강해도 어떻게 행동해야 하는지 잘 모른다. 따라서 타인에게 접근하여 대화를 나누는 것에 대해 매우 어색해하고 자신감이 없다. 또 이런 사람들은 타인에게 미숙한 행동을 하여 타인으로부터 거부당하는 결과를 초래하기도 한다. 의사소통 기술의 문제로 부적응을 겪는 사람은 크게 의사소통기술 미숙형과 의사소통기술 억제형으로 나누어 볼 수 있다(권석만, 1997).

(1) 의사소통기술 미숙형

성장과정에서 적절한 의사소통 기술을 습득하지 못한 사람들이다. 이런 사람들은 언어적 또는 비언어적 기술이 부족하여 대상과 상황에 적절하게 행동하지 못한다. 의사소통기술 미숙형은 타인이 호감을 느끼도록 자신을 나타내지 못하고 타인의 행동에 적절하게 반응하지 못한다. 예를 들어, 사람을 만나면 무슨 말을 해야 할지 적절한 화제를 찾지 못하고 자신의 의사를 명료하고 정확하게 표현하지 못하는 사람이 있다. 상대방의 이야기를 진지하게 경청하지 못하고 화제를 자기 멋대로 돌리거나 부적절한 화제를 내놓는 사람도 있다. 때로는 만나는 상대나 상황에 부적절한 옷차림새로 상대방에게 거부감이나 불쾌감을 주는 사람도 있다.

(2) 의사소통기술 억제형

적절한 의사소통 기술을 갖추고는 있으나 특정한 상황에서 이러한 기술이 억제되어 적절한 대인행동을 하지 못하는 사람들이다. 의사소통 기술이 억제되는 주된 이유는 심한 긴장, 불안, 두려움 등의 심리적 요인 때문이다. 의사소통기술 억제형에 속하는 사람은 가족이나 친한 친구와 같이 익숙하고 편안한 대상에게는 자기표현도 잘하고 상대방에 대해 적절한 대인행동을 나타낸다. 그러나 익숙지 않고 위협적인 상황, 예를 들면, 낯선 사람을 만나 부탁을 해야 하는 상황, 낯선 이성을 만나는 미팅상황, 자신이 평가되는 면접상황, 여러 사람 앞에서 발표를 해야 하는 상황 등에서는 긴장하고 불안하여 적절한 행동을 하지 못한다. 말을 더듬고 할 말을 찾지 못하거나 당황하여 횡설수설하는 등 자기표현을 제대로 하지 못할 뿐만 아니라 손발이 떨리고 땀이 나고 몸이 굳는 등 심한 긴장과 불안을 경험한다. 따라서 이러한 상황을 두려워하여 회피하게 된다. 의사소통 기술은 성장과정에서 자연스럽게 학습되기도 하지만 의식적인 노력을 통해 개선되고 향상될 수 있다.

3) 호킨스(Hawkins)의 유형

호킨스(Hawkins)는 언어화 정도와 감정노출의 두 차원을 조합하여 네 가지 의사소통 유형을 제시하였다(이정덕 외, 1998 재인용).

(1) 차단형

문제를 숨기거나 피하여 명백하게 언어로 표현하지 않는 유형이다. 이 유형의 사람들은 감정노출이 없어서 정서적인 표현이 거의 이루어지지 않으며, 가벼운 농담이나 날씨 등 자신의 개인적인 문제와는 상관없는 내용으로 대화하려고 한다.

(2) 억제형

감정 상태를 암시적으로 잘 드러내므로 화가 나 있거나 격앙된 상태임을 쉽게 알 수 있다. 그러나 이것을 명확하게 언어로 표현하지 않기 때문에 문제점을 분명하게 알기 어렵다.

(3) 분석형

언어 표현을 많이 하지만 자신의 감정을 노출시키기보다 주로 사실에 대한 분석적인 지적이나 문제의 여러 측면을 탐색하여 제시한다.

(4) 친숙형

정서적인 노출이 잘 이루어지며 이것을 직접적인 말로 표현하는 유형이다.

03 부적응적 의사소통

유교적 전통을 가진 우리나라에서는 솔직하게 자신의 생각을 표현하는 것보다 말을 아끼는 것이 미덕이기 때문에 수줍음이나 사회공포증과 같은 대인관계 문제가 발생하게 될 소지가 많다.

수줍음과 사회공포증은 자연스러운 관계를 가로막는 가장 큰 원인들 중 하나이다. 사회공포증까지는 아니더라도 수줍음이 심하면 자신이 원하는 사람과 사귀는 것도 힘들 뿐 아니라 자신의 진정한 모습을 상대방에게 전하기 어렵다. 수줍음과 사회공포증의 원인과 그 대안에 대해 살펴보기로 한다(이태연 외, 2006).

1) 수줍음

일상적인 수줍음은 '상황적 수줍음'(situational shyness)이라고 하며 행동적 문제로 간주하지 않는다. 그러나 거의 모든 상황에서 느끼는 수줍음은 '만성적 수줍음'(chronic shyness)이라고 하여 이것은 대인관계에 부정적 영향을 미친다.

만성적 수줍음을 나타내는 증상으로는 더듬거리거나 서투른 말투, 자기중심적 표현이 거의 없거나, 명확한 열등감, 성적 어려움(sexual difficulties)과 내향적인 관심사, 매우 좁은 범위의 친구들, '중앙 무대(center stage)'를 회피하는 경향 등이 있다.

(1) 수줍음의 원인

① 열등감

② 유교문화의 영향

③ 외상적인 경험

④ 비합리적인 신념

(2) 수줍음을 증가시키는 사고방식

① 과도한 부담과 자신에 대한 과소평가

② 과도한 자기집중

③ 결과에 대한 부정적 예상

④ 회피행동

(3) 수줍음에 대한 대처

① 자신의 과거 경험을 뒤돌아본다.

② 자신이 느끼는 열등감이 진실된 것인지 평가해 본다.

③ 스스로에게 너무 빨리 너무 많은 것을 요구하지 않는다.

④ 수줍음도 하나의 습관이라는 것을 잊지 않는다.

2) 사회공포증

사회공포증은 대인공포증이라고 하며 남들이 자기를 지켜볼지 모르는 상황에서 어떤 일이나 행동을 할 때 몹시 불안해하는 현상을 말한다.

(1) 사회공포증의 원인

사회공포증의 원인은 크게 생물학적인 원인과 환경적인 원인으로 나누어 볼 수 있다. 생물학적 요인으로는 생화학적인 불균형, 유전적 성향, 타고난 민감성을 들 수 있다. 환경적 요인으로 중요한 것은 수줍음과 마찬가지로 과거의 외상적 경험, 부모의 교육방식, 관찰학습 등을 들 수 있다.

(2) 사회공포증의 세 요소

❶ 신체반응

신체반응이란 여러 사람들 앞에서 발표를 할 때나 식사를 할 때 얼굴이 달아오르고 손이 떨리거나 식은땀이 나는 것과 같은 여러 가지 신체적 변화들을 의미한다.

❷ 사고

불안할 때 우리는 여러 가지 생각을 하게 된다. 우리가 처한 상황이 어떤지 판단해 보고, 자신의 행동에 대한 평가를 내리고 또 앞으로 어떤 일이 닥칠지 예상해 보기도 한다.

❸ 행동

불안할 때 우리는 안절부절못하고, 시선을 어디에 두어야 할지 몰라 헤매기도 하고, 말을 더듬기도 한다.

(3) 사회공포증의 치료

인지행동치료는 인지치료와 행동치료를 함께 시행해서 생각과 행동의 교정을 통해 사회공포증의 증상을 호전시키는 치료방법이다.

Chapter 04

효과적인 의사소통

인간생활에서 말의 힘에 의해 영향을 받는 경우는 자주 볼 수 있다. '가는 말이 고와야 오는 말이 곱다.'라는 말이 있듯이 한마디 말에 의해 오해가 되어 싸우기도 하고, 오해가 풀려서 더 친밀한 관계로 발전하기도 한다. 따라서 효과적인 의사소통은 인간관계에서 매우 중요한 기본적인 요소라고 할 수 있다.

01 효과적인 의사소통의 중요성

1) 효과적인 의사소통의 중요성

개인이 심리적으로 건강하려면 필수적으로, 의사소통을 효율성 있게 하는 방법부터 배워야 한다. 심리적으로 건강한 사람은 건강하지 못한 사람보다 자신의 감정, 태도, 가치, 신념을 분명히 알고 있다. 집단도 마찬가지로 집단구성원끼리 서로 의사소통하지 않는 집단은 비효율적 집단이라고 한다. 이런 집단에서는 문제를 쉽게 해결하지 못할 뿐만 아니라 자신들의 문제가 무엇인지 파악하지 못한다. 집단의 건강상태 역시 개인의 경우처럼 집단구성원들의 효율적인 의사소통에 달려있는 것이다.

학교, 기업, 단체 등과 같은 조직체에 있어서도 의사소통은 매우 중요하다. 산업체에 발생되는 대부분의 문제들을 최종적으로 잘 분석해 보면 대개 의사소통의 문제로 집약된다고 한다. 건설적인 조직 변화를 가져온 성공사례들은 다양한 조직부서 간의 의사소통 촉진을 위한 새로운 방법을 도입한 것으로 기록되어 있다.

효과적인 의사소통과정은 명확하게 보내기와 정확하게 받아들이기의 2가지 요소로 구성되어 있다. 즉, 메시지를 명확하게 보내고 정확하게 받아들여야 한다. 명확하게 보내기 위해서 말하는 사람은 듣는 사람이 잘 알아들을 수 있도록 크게 말해야 한다. 또한 듣는 사람에게 익숙한 말로 메시지를 부호화해야 한다. 듣는 사람은 여러 가지 메시지를 한꺼번에 전달받는 것보다 한 번에 한 가지씩 메시지를 전달받는 것이 훨씬 더 이해하기가 쉽다. 또한 말하는 사람이 변명, 군더더기 말, 조건적 진술, 보충자료, 예증, 증거서류 제출, 일화 등을 사용해서 떠들면 결국 내용의 초점을 잃게 된다(Linda, 1987).

2) 의사소통에 따르는 위험부담

말하는 사람이 듣는 사람에게 자신이 진짜 어떤 사람인지를 드러내어 알려 주는 것, 그 자체가 바로 일치하는 의사소통을 하는 데 위험부담이 되는 것이다. 즉, 자신의 참모습을 드러내어 있는 그대로의 자신을 보여 줄 수 있는 용기를 가지고 있어야 자신이 느끼고 생각하는 바를 솔직하게 의사소통할 수 있다. 의사소통은 예측할 수 없는 다른 사람의 반응에 자신을 노출시키게 될 때 위험부담이 된다.

의사소통을 할 때는 말하는 사람뿐만 아니라 듣는 사람도 정직해야 한다. 보통 사람들은 말하는 사람이나 듣는 사람이 모두 정직해야 한다는 사실에 대해 위협을 느낀다. 그래서 어떤 사람들은 솔직하게 이야기하는 사람이 두려워서 피하기도 한다. 이것은 명확한 전달에 수반되는 또 다른 위험부담이다.

경청기술은 수신자의 정확한 경청에 매우 중요하다. 그중에서 반영적 경청기술은 듣는 사람이 소극적이 아니라 적극적으로 말하는 사람의 메시지를 이해하려고 주의를 집중하는 것을 말한다. 즉, 듣는 사람이 말하는 사람의 메시지가 가진 의미를 듣는 이의 말로 바꾸어서 상대방이 말하고자 하는 것에 대해 확인해 주는 피드백(feedback)의 의미이다. 반영적 경청을 하는 사람은 상대방의 메시지에 정신을 집중하여 잘 들으려면 자신의 생각이나 느낌, 평가, 판단 등은 보류하여야 한다. 그래야만 말하는 사람이 의미했던 바를 들을 수 있게 된다. 반영적 경청을 하는 것도 위험부담이 따른다. 듣는 사람은 상대방의 관점에서 그가 어떻게 생각하고 느끼는지 정확하게 이해하기 위하여 잠시나마 자신을 상대방의 입장에 세워 보아야 한다. 이때 자신의 의견과 태도를 변화시켜야 하는 위험에 처하게 된다.

따라서 효과적인 의사소통을 하기 위해서는 명확하게 전달하기와 정확하게 받아들이기(반영적 경청)가 필수적이다. 효과적인 의사소통에는 다음과 같은 2가지

위험부담을 감수해야 한다. 첫째, 있는 그대로 자신을 다른 사람에게 개방하는 데 따른 위험부담이다. 둘째, 자신이 변화될 수 있는 가능성에 대한 위험부담이다. 누구도 이런 위험부담을 감당하기가 쉽지 않기 때문에 의사소통을 효율적으로 하려면 내적인 안정감과 개인적 용기가 반드시 필요하다(Linda, 1987).

02 대인관계의 유형

1) 개인적인 책임

개인적 책임이란 자신의 삶을 스스로 통제하고, 자신의 욕구, 가치 및 목표에 대하여 스스로 결정하고 자신의 욕구를 충족시키기 위해 주도권을 갖는 것을 말한다. 그러나 인간관계에서 자신이 원하는 행동은 다른 사람의 협력이 필요하다(Linda, 1987). 개인적 책임에 따라 인간은 외적 통제와 내적 통제의 두가지 유형으로 구별된다.

(1) 외적 통제

외적 통제의 유형에 속하는 대부분의 사람들은 다양한 이유로 인해 자신의 삶을 스스로 통제할 수 없다고 느끼며 불행한 삶을 살아가게 된다. 이런 유형에 속하는 사람은 자신의 삶을 타인의 환경이나 운명, 신의 섭리, 운수 등에 의해 결정되는 것이라고 여긴다. 특히 과거에 여성들은 자기 자신에 대한 책임감을 갖지 않고 다른 사람이 자신을 위해 결정할 수 있다고 교육받아 왔다. 그리하여 여성은 미래에 일어날 일에 대해 막연히 기대하며 타인이나 환경의 도움을 받아 자신의 삶이 향상되리라고 기대한다.

(2) 내적 통제

내적 통제에 속하는 유형의 사람들은 자신의 삶에 일어나는 일을 스스로 통제할 수 있고 통제한다는 견해를 가지고 있다. 즉, 내적 통제형의 사람은 자신의 욕구를 충족시키는 데 주도권을 가지고 있다. 이 유형의 사람들은 자기 자신을 위해 행동하며 자신의 현재와 미래의 목표에 대해 스스로 결정한다.

인간은 모두 어느 정도는 타인, 환경, 자연의 힘에 의존하고 있기 때문에 자신의 삶을 완전히 통제할 수는 없지만 중요한 개인적 삶의 욕구를 충족시키기 위해 개인의 자유를 확대할 수 있는 기술을 습득해야 한다.

2) 대인관계의 유형

인간관계의 유형은 의사소통과정에서 자기표현의 양상에 따라 다음과 같이 분류될 수 있다(Linda, 1987).

(1) 비자기표현형

과거 전통 사회에서 여성은 예의바르며 얌전하게 복종하는 것을 미덕으로 알게끔 교육되었다. 이런 비자기표현형의 사람은 먼저 이야기하거나 행동하기보다 남이 이야기하거나 행동하는 것에 대해 반응하도록 학습되었다. 이런 사람들은 대개 자신의 욕구보다 타인의 욕구를 중요하게 생각한다.

비자기표현적인 사람들은 다른 사람이 자신을 비판하거나 싫어할 것을 염려하면서 다른 사람과의 충돌을 피하기 위해 철저하게 행동한다. 결과적으로 비자기표현적인 사람들은 화가 나고, 좌절하며 분개하게 된다. 비자기표현적인 유형에 속하는지를 알 수 있는 쉬운 방법은 자신이 다른 사람과 상호작용을 한 후 감정이 계속 불안하고 불만스럽고, 불편하고 화가 나는지를 살펴보면 된다.

예를 들어, 전업주부가 오늘은 집에서 요리하는 대신 외출해서 저녁식사를 하고 싶지만 가족에게 이런 사실을 말하지 않고 계속 저녁식사 준비를 하기 위해 요리를 하게 된다면 그때 매우 화가 날 것이다.

(2) 공격형

공격적인 사람들은 자신의 욕구를 충족시키지만 다른 사람과의 관계는 상당히 나빠진다. 이 유형의 사람들은 자신의 감정이나 견해, 욕구를 솔직하게 나타내고, 타인의 욕구에는 무감각하거나 철저하게 무시한다. 공격적 행동이 항상 소란스럽게 눈에 띄는 것은 아니다. 몇몇 사람들은 소극적인 방식으로 자신의 욕구를 충족시킨다. 즉, 완강하고 침묵과 같은 조용한 저항을 통해 충족시키는 것이다. 이 유형에 속하는지는 자신의 죄책감이나 당혹감과 같은 것으로 알 수 있지만 다른 사람들이 나타내는 회피, 분노, 역공격 등의 반응을 통해서도 알 수 있다.

예를 들면, 전업주부가 '요즘 외식을 한 적이 전혀 없어. 아무도 내가 요리하는 것이 얼마나 힘든지 몰라. 정말 인정 없는 사람들이야.'라고 가족들에게 말하는 것이다.

(3) 자기표현형

자신이 원하는 것을 잘 알고, 다른 사람에게 자신의 욕구를 적절하게 표현하며 정직하고 직접적인 방법으로 대화한다. 자신의 권리뿐 아니라 다른 사람의 권리나 욕구도 침해하지 않는다. 자기표현적인 사람은 남과 잘 어울리며 신뢰할 수 있고 솔직하다.

이 유형의 사람은 다른 사람과의 관계에서 갈등이 생기면 쌍방이 만족할 수 있는 방법을 찾는 데 적극적이다. 자신의 욕구를 충족시킬 때 다른 사람들의 협력을 원하고, 타인들이 자신의 욕구를 충족시키려고 애쓸 때 대체로 기꺼이 협력하고 도와준다. 그리하여 불안이 감소되고 다른 사람들이 긍정적으로 반응하여 서로의 관계가 강화된다.

예를 들면, 전업주부가 '난 오늘 저녁에는 밖에서 식사하고 싶어요. 집에만 있으니깐 답답해서 시원한 바람도 쏘이고 쉬었으면 좋겠어요.'라고 말한다.

[그림 4-1] 대인관계의 유형(Linda, 1987)

03 효과적인 자기표현기술

자기표현이란 자신의 가치관, 욕구, 바람이 무엇인지를 알고, 자신의 생각과 감정을 다른 사람에게 적절히 말함으로써 자신의 욕구를 충족시키는 주도적인 행동을 의미한다. 여기에서 자기표현기술을 나-전달법이라고 부른다. 나-전달법은 다른 사람을 평가하거나 분석하는 것이 아니고 그에 대한 자신의 감정과 경험을 전달하는 것이다(Linda, 1987).

1) 자기표현기술의 특징

인간관계에서 효과적인 의사소통을 위한 자기표현기술(나-전달법)의 장점은 다음과 같다.

첫째, 자신이 다른 사람들에게 개방적이며 솔직하게 자신이 누구이며, 무엇을 생각하고 믿고 있는지를 나타낼 때 기분이 좋아진다. 즉, 자아존중감의 증진을 가져온다.

둘째, 다른 사람에게 자기표현을 할 때 자신에게도 자기표현을 하게 되어 자기 자신의 생각이나 감정에 친밀해져서 자아인식의 증진을 가져온다.

셋째, 자신을 괴롭히는 것에 관해 자기표현적으로 행동하거나 말할 때 자신이 화내거나 좌절하는 일이 훨씬 감소하게 된다.

넷째, 자기표현은 자신이 누구이며, 자신의 생각과 감정, 좋아하는 것과 싫어하는 것 등에 관해 다른 사람들이 보다 정확하게 이해하도록 도와준다. 그리하여 자신에 대한 오해, 왜곡, 고정관념을 감소시켜 준다.

다섯째, 자신의 욕구와 바람이 무엇인지를 다른 사람들에게 알릴 때 오해와 갈등을 피할 수 있다. 그 결과 친밀한 관계가 형성된다.

마지막으로 자기표현은 자신의 중요한 욕구를 충족시킬 수 있는 기회를 크게 증가시킬 것이다. 자신의 욕구를 다른 사람이 알게 될 때 그들은 훨씬 더 잘 협조하고 도와줄 것이다.

(2) 자기표현의 단점

효과적인 의사소통을 위한 자기표현기술(나-전달법)의 단점은 다음과 같다.

첫째, 자기표현은 자신이 믿고, 생각하고, 가치를 두는 것이 무엇인지에 관해 분명하게 말하는 것이다. 결국 다른 사람들은 자신의 견해와 비교하여 차이와 가치의 충돌이 생길 가능성이 높아진다.

둘째, 어떤 사람들은 자신의 견해와 다르다는 것을 알게 되면 거리감을 느낄 수 있다. 또한 자기표현에 대해 다른 사람이 부정적인 반응을 보이면 그들에 대한 감정도 변할 것이다.

2) 나-전달법의 종류

(1) 자기개방적 나-전달법

자기표현의 가장 기본적인 형태인 자기개방적 나-전달법은 자신의 생각, 감정, 의견, 기호, 혐오 등을 다른 사람에게 알리는 방법이다.

자신을 스스로 개방하는 것은 서로의 관계와 그때의 상황에 따라서 다르다. 즉, 다른 사람들에게 자신을 개방하는 정도와 시기를 선택적으로 한다는 것이다. 자기개방은 다른 사람이 나의 경험에 공감하고 동조한다고 느낄 때 가장 쉽게 이루어진다. 다른 사람의 반대나 저항의 위험이 있을 때 자신을 표현하는 것은 훨씬 더 어렵고 불안하다. 왜냐하면 다른 사람의 비판이나 평가를 받고 싶어 하지 않기 때문이다.

자신에 대하여 개방함에 따라 다른 사람들도 그들의 경험을 더욱 개방하게 될 것이고, 서로 더욱 가까워지게 된다.

〈자기개방적 나-전달법의 예〉

- '초대해 주어서 정말 기뻐.'
- '난 골프를 좋아해.'
- '난 TV의 잔혹한 폭력장면을 싫어해.'
- '난 기후변화 대응 캠페인을 지지해.'

(2) 주도적 나-전달법

주도적 나-전달법은 자신이 다른 사람의 비수용적 요구에는 '아니오' 혹은 수용적인 요구에는 '예'라고 말할 때 사용하는 것이다. 주도적 나-전달법은 두 가지 중요한 부분으로 구성된다.

첫째, 자기표현을 진술한다. 이것은 부탁을 거절하는 스스로의 결정을 말하는 것이다. 자기표현은 다음과 같은 형태 중 하나를 취할 수 있다.

예를 들면, '아니오, 난…하고 싶지 않아요.', '난…하지 않기로 결정했어요.',

'난…하지 않기로 했어요.', '난…하지 않을 거예요.' 등에서 선택할 수 있다.

자기의 생활을 자신이 통제하지 못한다는 것을 암시하거나 자신에게 책임이 없는 것 같이 말하는 '난 할 수 없어.', '난 마음대로…하지 못해.'와 같은 말은 피하는 것이 중요하다. 자기표현은 개인적 책임감을 가지고 자신의 행동을 자기가 선택하는 것이다.

〈주도적 나-전달법의 예〉

동수: 보배야, 이번 주말 학교 행사준비에 우릴 도와줄 수 있겠니?

보배: 안 돼, 이번 주말엔 바빠.

동수: 그럼 다음 주말은 어떠니?

보배: 난 널 도와줄 수 없어. 주말마다 할머니 댁에 가야 하거든.

동수: (기분이 상해서) 네가 진작 하고 싶지 않다고 말하는 편이 좋을 뻔 했어. 그러는 편이 시간도 낭비하지 않고 훨씬 더 좋았을 거야.

둘째, 다른 사람의 부탁이 자신에게 미치는 비수용적인 영향을 진술하는 것이다. 이것은 자기표현하는 이유를 제시하거나 설명하는 주도적 나-전달법의 한 부분이다. 다른 사람에게 자기표현을 할 때 모든 결정에 대한 이유를 말하는 것이 필수적은 아니지만 자신의 중요한 욕구와 가치관을 바탕으로 한 것임을 다른 사람이 이해하는 데 도움이 된다. 또한 다른 사람에게 이유를 제시하는 것은 자신의 감정, 욕구, 바람, 혐오 등을 확인하게 되는 추가적인 장점이 있다.

〈주도적 나-전달법의 예〉

- '아니오, 전 발표하고 싶지 않습니다.(자기표현) 왜냐하면 전 몹시 긴장해서 발표를 할 수 없을 것 같아요.'(비수용적 영향)
- '아니오, 전 모금활동에 참여할 생각이 없어요.'(자기표현)
- '아니오, 전 모금활동에 참여하고 싶지 않아요.(자기표현) 귀가해서 쉴 시간이 필요해요.'(비수용적 영향)

(3) 예방적 나-전달법

예방적 나-전달법은 자신의 욕구를 충족시키기 위해서 다른 사람의 협조가 필요하다는 것을 알리는 나-전달법이다. 미래에 일어날지도 모르는 갈등을 예방하기 위해서 사용하는 것이다. 그리하여 자신의 인생을 계획하고, 책임지며, 장래의 욕구에 대비하게 된다. 예방적 나-전달법은 대체로 다음의 두 부분으로 구성된다.

첫째, 자기표현이다.

'나는 …을 원한다.', 혹은 '나는 …이 필요하다.'

둘째, 자기표현의 이유이다.

〈예방적 나-전달법의 예〉

- '나는 다음 달에 열리는 워크숍에 참가하고 싶어요. 왜냐하면 내가 일하는 데 도움이 되는 것을 배울 수 있거든요.'
- '전 적어도 일주일에 한번 부장님과 회의시간을 갖고 싶어요. 왜냐하면 부장님은 저희가 하고 있는 활동상황을 알고 계실 필요가 있거든요.'
- '난 오늘밤 혼자 있고 싶어. 왜냐하면 과제를 끝내지 못할까봐 걱정도 되고 조용한 시간이 필요하거든.'
- '전 업무를 바꿔 가면서 해 보고 싶어요. 그래야 누군가 한사람이 빠졌을 때도 업무진행에 차질이 없을 것 같아요.'

(4) 직면적 나-전달법

직면적 나-전달법(또는 대면적 나-전달법)은 자신이 다른 사람의 행동을 수용할 수 없을 때, 즉 자신의 욕구를 충족시키는 데 다른 사람의 행동이 방해가 된다는 것을 알리는 것이다. 직면적 나-전달법의 3가지 요소는 다음과 같다.

첫째, 자신에게 문제가 되는 행동을 진술한다.

둘째, 문제가 되는 행동이 자신에게 어떤 영향을 미치는지를 진술한다.

셋째, 문제가 되는 행동 및 영향으로 인해 자신은 어떤 감정을 갖게 되는지 진술한다.

〈직면적 나-전달법의 예〉

- '당신이 켜 놓은 TV 소리 때문에 일에 집중하기가 힘들고 짜증이 나요.'
- '물건을 사용하고 난 후 제자리에 두지 않으면 물건을 찾을 수가 없어서 화가 나고, 잃어버린 게 아닌가 걱정이 되요.
- '만나기로 약속한 시간보다 늦게 나오면 기다리는 것이 힘들고 혹시 사고가 나지 않았는지 걱정도 돼요.'

이 네 가지 나-전달법 중 자기개방적 나-전달법이 가장 심리적 위험부담이 적고, 직면적 나-전달법이 가장 위험부담이 높은 방법이라고 볼 수 있다. 그렇지만 자신이 어떤 대인관계 유형에 속하는 사람인지, 또 자신이 처한 특정한 상황과 관련해서 나-전달법에 따르는 심리적 위험부담이 결정된다. 예를 들어, 어린 자녀에게 직면적 나-전달법을 보내는 것보다 직장상사에게 자기개방적 나-전달법을 보내는 것이 더욱 위험하다고 느낄 수 있다.

04 경청기술

상대방이 화가 났을 때 대처할 수 있는 경청기술은 크게 수동적 경청기술과 반영적 경청기술로 분류할 수 있다(Gordon, 1975).

1) 수동적 경청

수동적 경청기술은 수용과 인정을 나타내고 화난 사람이 계속해서 말을 할 수 있도록 격려해 주는 효과가 있다. 수동적 경청기술은 다음과 같다.

(1) 침묵

침묵은 자세와 눈 맞춤을 유지하여 비언어적으로 상대방에게 흥미와 관심을 나타내는 경청기술이다.

(2) 인정하기

인정하기는 '으흠', '오', '그래', '듣고 있어' 등과 같이 상대방에게 이해, 수용, 공감을 나타내는 간결한 말이다.

(3) 말문 열기

말문열기는 생각과 감정의 표현을 확대하거나 계속하도록 유도하며 상대방에게 관심을 나타낸다. 즉, '그것에 관해 말해 보렴.', '네 생각을 더 듣고 싶어.', '그것에 관해 더 얘기하고 싶니?' 등으로 상대방이 말을 하도록 유도한다.

2) 반영적 경청

수동적 경청기술은 수용을 나타내고 의사소통을 원활하게 하지만 상대방의 강렬한 감정을 해소할 만큼 효과적이지 못하다. 상대방에 대한 정확하고 깊이 있는 이해를 하기 위해서는 반영적 경청이 필요하다.

반영적 경청은 상대방의 감정을 주의 깊게 관찰하여 말하는 사람에게 '당신은 어떠한 사실에 대해 그렇게 느끼는 군요.'라고 말하는 것이다. 이렇게 함으로써 이해의 초점은 '외적' 사건에서 '내적' 반응이나 감정으로 옮겨지는 것이다.

만약 듣는 사람의 반영적 경청이 정확하지 않다면, 말하는 사람은 자신의 생각과 감정을 보다 정확하게 표현하려고 노력하게 될 것이다. 만약 반영적 경청이 정확하면, 말하는 사람과 듣는 사람은 둘 다 상호 간의 깊은 이해를 통해 문제해결을 쉽게 해 나갈 수 있을 것이다.

인간은 자신의 욕구를 충족시키지 못할 때 대부분 자신의 내적 상태에 관해 표현하고자 한다. 인간은 자신의 생각과 감정을 다음의 두 가지 방식으로 부호화할 수 있다.

첫째, 언어적 부호-구두 언어(말)로 자신의 내적 상태를 표현한다.

둘째, 비언어적 부호-목소리의 어조, 얼굴표현, 몸짓 등의 신체적 활동으로 자신의 내적 상태를 표현한다.

반영적 경청은 다른 사람의 부호를 받아들일 때 시작된다. 즉, 자신이 들은것(언어적 부호)과 관찰한 것(비언어적 부호)을 기초로 다른 사람의 메시지를 해독하는 것이다. 즉, 상대방의 메시지에 대한 자신의 이해를 피드백(feedback)하는 것이다. 말의 피드백을 통해서 상호 간의 이해가 촉진되고, 감정이 발산되며, 기본적 문제(욕구)가 확인되어 문제해결을 용이하게 한다.

반영적 경청의 예를 들면, 다음과 같다.

민수: 영희야, 이번 주말에 영화관에 가기로 한 것 연기해야겠어.

영희: 어머! 그래?

민수: 너 실망했구나.

영희: 그래, 난 사실 그걸 고대하고 있었거든.

민수: 나도 그래. 가능한 한 빨리 시간을 다시 잡고 싶어. 다음 주말은 어떠니?

05 바람직한 갈등해결방법

인간은 자신의 욕구와 다른 사람의 욕구가 충돌할 때 서로 갈등을 일으킨다. 사람들이 서로 다른 욕구를 가지고 있는 것은 당연하다. 이렇게 서로 다른 욕구는 사소한 차이에서 심각한 싸움까지 다양하다. 이러한 차이가 대인관계에서 갈등을 일으킨다.

개인 간의 갈등이나 집단 간의 갈등은 정상적인 것이며 당연하다. 나-전달법을 사용해서 다른 사람의 행동을 변화시키고자 할 때 갈등이 생기는 것도 물론 당연하다. 상대방은 자신의 행동이 다른 사람에게 영향을 준다는 사실을 이해해도 자기행동을 수정하려 하지 않고 저항하기도 한다. 이럴 경우 상대방의 행동을 변화시키고자 하는 자신의 의도와 상대방의 변화거부는 갈등을 유발한다. 대부분의 갈등은 욕구를 충족시키기 위해 선택한 해결책에 대한 갈등이지 두 사람의 욕구 자체에 대한 갈등은 아니다. 예를 들어, 사무실에서 두 사람 간에 일어난 욕구갈등을 보면 다음과 같다(Gordon, 1975).

김 씨: 공항에 사장님을 모시러 가야 하기 때문에 저녁에 회사차를 써야겠는데.

박 씨: 나도 회사의 VIP 고객을 접대해야 하기 때문에 회사차가 필요한데.

다음은 남편과 아내 사이에 일어난 갈등의 예이다.

아내: 여름휴가 때 계곡으로 갔으면 좋겠어요.

남편: 난 바닷가에 가서 수영 하고 싶어요.

두 사람 모두 자신들에게 중요하다고 생각하는 강한 욕구를 가지고 있다. 각자는 각기 다른 자신의 욕구를 충족시키기 위해 노력할 것이다. 두 사람의 욕구 갈등 해결 방법은 앞으로의 관계에 크게 영향을 미칠 것이다.

1) 갈등해결방법의 3가지 유형

(1) 권위주의적 갈등해결방법

이 갈등해결방법은 힘을 사용하여 상대방에게 해결책을 제시하는 것이다. 힘이 약한 사람은 해결책을 받아들일 수밖에 없지만 힘을 사용하는 사람에게 화가 나서, 해결책을 제시한 사람에게 원망과 적대감을 나타내게 된다.

(2) 허용적 갈등해결방법

이 갈등해결방법은 힘을 가진 사람이 힘을 포기하고, 상대방의 요구에 따르는 것이다. 똑같은 힘을 가진 경우에 한 사람이 다른 사람의 요구에 양보하는 것이다. 그리하여 힘을 포기한 사람은 무력감과 미움을 상대방에게 갖게 된다.

(3) 민주적 갈등해결방법

민주적 갈등해결방법은 두 사람 모두의 욕구를 충족시킬 수 있기 때문에 모두가 이기고 패배하는 사람이 없다는 의미에서 양승법 혹은 무패법이라고도 한다.

두 사람은 서로의 욕구를 충족시키는 방향으로 문제를 해결하기 때문에 서로 존중하는 마음이 생기고 상대방의 욕구에 관심을 갖게 된다. 이 방법의 주된 장점은 두 사람 간의 관계를 손상시키지 않는다는 것이다.

2) 민주적인 갈등해결방법의 6단계

민주적인 갈등해결방법의 6단계는 다음과 같다(Gordon, 1975).

(1) 문제의 정의

이 단계는 문제해결에 있어서 가장 중요한 단계이다. 문제에 대한 진술을 비난하거나 비판해서는 안 된다. 자신의 욕구를 나타내는 가장 효과적인 방법은 '나-전달법'으로 하는 것이다. 자신의 욕구와 감정을 말한 후 상대방의 욕구에 대한 자신의 이해를 말로 나타낸다. 반영적 경청은 상대방의 욕구를 확인하는 데 가장 효과적인 의사소통기술이 된다. 문제의 정의는 2단계로 가기 전에 서로가 상대방의 입장을 확실히 이해하도록 하고 재확인한다.

(2) 가능한 해결책의 모색

이 단계는 문제해결과정에서 가장 창의적인 부분이다. 가능한 해결책은 먼저 상대방에게 물어본다. 가능한 해결책의 모색단계에서는 어떤 일이 있어도 상대방의 해결책에 대해 평가하거나 비평하지 않는다. 반영적 경청을 사용하고 가능한 재검토를 위해 모든 해결책을 기록해 둔다.

(3) 해결책의 평가

이 단계는 자신과 상대방 모두에게 많은 비판적인 사고를 요구하는 문제해결단계이다. 가능한 해결책에 결함이 있는지, 해결책이 실현 가능한지, 실행하기가 너무 힘든 것은 아닌지, 두 사람 모두에게 공평한지 등을 검토한다.

(4) 상호 수용 가능한 해결방안의 결정

서로가 하나의 해결책에 합의해야만 한다. 모든 해결책을 나열해 보면 하나의 좋은 해결책이 나타난다. 상대방에게 해결방안을 강요하거나 설득하려는 실수를 저지르지 않는다. 만약 상대방이 수용할 수 있는 해결책을 선택하지 않으면 상대방은 그 해결책을 실행하지 않을 가능성이 높아진다. 두사람은 해결책을 결정하면 기록해 두어 오해가 생기는 것을 예방한다.

(5) 해결방안의 실행

일반적으로 해결책이 합의된 후 곧바로 실행에 옮기는 문제, 즉 누가, 언제, 무엇을, 어떻게 하는가에 대해 이야기를 하는 것이 필요하다. 만약 나중에 상대방이 합의된 해결방안을 실행하지 못하면 직면적 나-전달법을 사용할 수 있다. 상대방이 주어진 임무를 실행하도록 자주 이야기하는 것은 감시와 잔소리가 되어 책임감을 길러 주는 것이 아니라 의존심과 원망만을 초래할 뿐이다. 처음에는 해결방안을 실행하는 데 게으름을 피울 수도 있다는 것을 염두에 둔다.

(6) 해결책에 대한 평가

결정된 해결방안이 가장 좋은 방법이 아닐 수도 있다. 따라서 그 해결방안을 수정하거나 바꿀 수 있다는 것을 염두에 두고 더 나은 해결책을 찾도록 한다. 항상 수정할 수 있는 개방적인 자세가 필요하다.

3) 가치관 해결방법

사람들은 다른 사람들과 좋은 관계를 유지하고 싶어 한다. 인간은 생활하면서 자신의 행동이 중요한 사람에게 구체적이고 분명한 영향을 끼친다는 사실을 알게 되면 서로 수용할 수 있는 해결책으로 기꺼이 문제를 해결하거나 행동을 수정하고자 한다.

그러나 자신의 행동이 다른 사람에게 분명히 나쁜 영향을 주지 않는다고 느끼면 자신의 행동을 수정하거나 협상하려 하지 않을 것이다. 이것은 가치관의 충돌이라고 할 수 있다.

가치관 충돌인 경우 가장 먼저 해야 할 일은 자신과 상대방의 실제적인 차이를 이해하는 것이다. 나-전달법과 반영적 경청은 서로간의 차이를 이해하는 데 가장 좋은 도구이다. 그런 다음 선택을 해야 한다. 그 차이를 받아들일 것인지, 아니면 그 차이를 해결할 것인지를 선택해야 한다(Linda, 1987).

(1) 자기수정

자신이 상대방과의 가치관 차이를 수용할 수 없다면 자신의 가치관을 재검토하고 상대방의 가치관에 맞출 것인지 생각하고 시험한 후 상대방의 가치관을 수용하여 자신의 가치관을 변화시키는 것이다.

(2) 모방학습

상대방의 가치관에 영향을 주는 방법으로 자신이 상대방에게 수용되길 원하는 가치관을 본보기로 보여 주는 것이다. 모델링은 자신의 가치관과 행동이 일치해야 하고, 가치관을 시범으로 보여 주는 데 확고하고 분명해야 한다. 때와 상황이 바뀌더라도 일관성 있게 해야 효과적으로 영향을 줄 수 있다.

(3) 상담

상담은 상대방의 가치관에 영향을 줄 수 있는 방법으로서 자신이 강화 혹은 약화시키고자 하는 가치관과 관련된 이점과 정보를 제공하는 것이다. 효과적인 상담자가 되려면 많은 자료를 준비하여 설득력 있는 제시를 하여야 하며, 상대방의 질문과 반대에 기꺼이 반영적 경청을 하여야 한다. 유능한 상담자는 지나친 잔소리꾼이 되거나 서로 간의 관계를 악화시키지 않도록 항상 주의를 게을리 하지 않는다.

위에 열거한 방법으로도 만족할 만한 가치관의 갈등을 해결하지 못한다면 상대방과의 관계 자체를 본질적으로 수정하는 것을 고려해 보아야 할 것이다. 예를 들면, 가치관의 충돌이 심한 친구와 서로 자주 만나지 않도록 한다든지, 부부가 이혼하기로 결정하는 것 등이다.

가치관 충돌을 해결하려는 시도는 관계에 미치는 위험이 크므로 스스로에게 '서로 간의 관계가 악화되는 대가를 치르더라도 서로의 가치관을 바꾸는 것이 중요한가?'를 질문해 보는 것이 필요하다. 그러므로 가치관 충돌을 해결하는 한 가지 확실한 방법은 가치관의 차이를 수용하는 것이다.

06 효율적인 의사소통을 위한 고려사항

효율적인 의사소통을 위한 고려사항은 다음과 같다(이태연 외, 2006).

1) 갈등상황에서 가져야 할 바람직한 자세

첫째, 비난하는 습관을 버린다.

둘째, 갈등 대화에서 초점은 비난보다 원인 탐색이 되어야 한다.

2) 감정이 문제가 될 때

감정을 직접 표현하지 않는 것은 일시적으로 불안감을 감소시킬 수는 있지만 문제는 해결되지 않고 그대로 남아 있게 된다.

(1) 표현되지 않은 감정이 유발하는 문제

① 표현되지 않은 감정은 목소리의 어조나 제스처, 표정을 통해 나타난다.
② 표현되지 않은 감정은 언젠가 폭발하며 자신의 자존심과 대인관계를 해친다.
③ 사람들이 경청하지 못하는 것은 그 방법을 몰라서가 아니라 감정이 경청을 방해하기 때문이다.

(2) 감정이 문제가 될 때 가져야 할 자세

① 먼저 자신의 감정을 파악한다.
② 착한 사람도 나쁜 감정을 가질 수 있음을 인식한다.
③ 같은 감정 속에 숨어 있는 수많은 다른 감정을 찾는다.

(3) 감정을 효과적으로 표현하는 방법

대화의 출발은 서로 느낌을 인정받는 것으로부터 시작된다. 모든 종류의 감정을 전부 표현하는 것이 중요하다.

3) 서로의 정체성이 문제가 될 때

정체성을 취약하게 하는 최대의 원인은 흑백 논리적 사고이다. 흑백 논리적 사고의 가장 큰 위험은 자신을 상대방의 반응에 대해 지나치게 민감하게 반응하도록 하여 정체성을 불안정하게 하는 것이다.

(1) 정체성을 잘 유지하는 방법

① 자신의 정체성 요소를 인식한다.
② 자신의 정체성을 다각화한다.
③ 상대방의 반응을 지배하려고 하지 않는다.
④ 상대방의 반응에 대비한다.
⑤ 지금으로부터 3달 후, 10년 후를 상상해 본다.

4) 효과적인 의사소통을 위한 7가지 지침

최상의 대인관계형성과 효과적인 의사소통을 위한 7가지 지침은 다음과 같다(류창현역, 2011).

(1) 상대방을 있는 그대로 수용한다.

상대방을 비난하지말고, 함께 즐겁게 지낸다. 상대방의 행동을 고치거나 개선하거나 생각을 바로잡으려고 시도하지 않는다.

(2) 자주 감사를 표현한다.

아주 사소한 일을 했을 때에도 상대방을 인정해준다. 상대방이 자기효능감을 느끼도록 지지하고 격려한다.

(3) 정직하게 의사소통을 한다.

현재 발생한 문제에 대해 상대방이 자신과 대립된 다른 견해를 가질 수 있다는 것을 인정한다. 상대방이 옳았을 때 이를 인정하고, 상호간에 정직하게 의사소통한다.

(4) 상대방과 자신의 차이점을 탐색하고 공유한다.

자신과 상대방이 문제상황의 의견에 일치할 수도 혹은 불일치할 수도 있다는 것을 인정한다.

(5) 상대방의 목표를 지지한다.

상대방의 목적이나 목표를 지지한다.

(6) 상대방이 실수할 수 있다는 것을 허용한다.

인간은 모두가 실수하기 쉬운 불완전한 존재이고, 실수를 할수도 있음을 인정한다. 시행착오를 통해 배울 수 있다는 것을 인정한다.

(7) 상대방에게 원하는 목표를 재고한다.

자신이 원하는 목표를 상대방이 향후에 성취할 수도 있고 없을 수도 있다는 것을 인정한다.

Chapter 05

친구 및 이성관계

01 친구관계

1) 친구의 의미

사람이 살면서 평생토록 좋은 친구 세 명을 꼽을 수 있다면 그는 성공한 것이라고 말한다. 그만큼 인생에서 좋은 친구만큼 소중한 것도 없다는 의미이다. 우리는 인생의 여정에서 수많은 사람을 만난다. 만나는 대부분의 사람과는 친밀한 관계를 맺지 못하고 그저 스쳐 보내는 것이 일반적이다. 그러나 소수의 사람들과는 잦은 만남을 통해 친밀한 관계를 맺게 된다. 이들은 서로를 잘 알고 서로 마음과 뜻이 통하며 정다움을 느끼는 친구가 된다. 이러한 친구는 우리의 마음속에 의미 있는 존재로 자리 잡게 되어 삶에 소중한 존재가 된다(권석만, 1997).

친구관계는 다른 대인관계에 비해 자발적으로 생성되는 관계이다. 청소년기가 시작되면서 친구관계는 신뢰와 친밀감을 바탕으로 하여 성숙한 대인관계로 발전하게 된다(Fehr, 1988). 매슬로우(Maslow)의 욕구 위계설에서 친구는 우리에게 안정감과 소속의 욕구, 자아존중감의 욕구를 충족시켜 준다. 이러한 이론적 모델을 인용하지 않더라도 친구는 우리들의 대인관계에서 그 어떠한 것보다도 우리의 삶의 활력소의 역할을 함을 알 수 있다.

데이비스와 토드(Davis & Todd, 1982)는 우정과 사랑에 관한 연구에서 가설적 모델을 개발하였다. 기본적으로 친구관계는 두 사람이 상호 호혜적 관계로 관여하는 것으로 다음과 같은 요소들이 포함된다고 한다. 첫째 요소는 기쁨(enjoyment)으로, 친구는 때로 불일치하고 불화가 있다 해도, 서로 함께 하는 시간에 대해 기뻐하게 된다. 둘째로, 수용(acceptance)은 친구들이 그들이 누구든지 간에 서로 받아들이고 상대가 변화하도록 요구하지 않는다. 셋째로, 믿음(trust)은 친구들이 서로 선의의 마음으로 대하고 있음을 아는 것이다. 넷째는 존중(respect) 요소로, 친구들이 서로 존중함을 뜻한다. 그들은 삶을 선택해야 하는 과정에서 올바른 판단을 내려주기도 한다. 다섯째로, 상호 지원(mutual assistance) 요소는 친구들이 서로 돕고 지지해 주면 서로 힘들고 필요할 때 믿고 의지할 수 있는 관계임을 의미한다. 여섯째로, 신뢰하는(confiding) 요소는 친구들이 삶의 경험을 공유하고 서로의 감정에 함께 할 수 있음을 의미한다. 일곱째로, 이해(understanding)의 요소는 친구들이 서로의 가치를 알고 서로에게 중요한 것이 무엇인지를 아는 것을 의미한다. 마지막으로 자발성(spontaneity)의 요소는 친구들이 서로에게 자유스럽게 '진실'할 수 있는 것이다. 그들은 그들의 감정 뒤에 숨어 있거나 은폐하는 일은 하지 않는다.

2) 친구관계의 특성

친구관계는 일반적으로 다음과 같은 특성을 지니고 있다(권석만, 1997).

(1) 친구관계는 대등한 위치의 대인관계이다

친구관계는 흔히 연령이나 출신지역, 출신학교나 학력 그리고 사회적 신분 등에 있어서 비슷한 사람과 맺는 친밀한 관계이다. 드물게는 이러한 속성에 현저한 차이가 있는 사람 간에도 친구관계가 형성될 수 있지만, 친구관계는 수직적 관계보다 수평적 관계의 속성을 지닌다. 이러한 점이 친구관계가 상사와 부하, 스승과 제자, 부모와 자녀와의 관계와 구분된다.

(2) 친구관계는 가장 순수한 인간지향적인 대인관계이다

친구관계는 함께 추구해야 할 목표나 과업을 지니고 있는 업무지향적 관계와는 구분된다. 실리적 목적보다 상대방의 개인적 속성이 친구관계를 형성하는 주요한 요인이 된다. 아울러 이해관계보다 상대방에 대한 호감과 우정이 친구관계를 유지하는 주요한 요인이 된다. 친구관계는 친구가 인간적으로 좋고 만남이 즐겁고 유쾌하기 때문에 유지되는 것이다. 친구관계에서 얻게 되는 현실적인 이득은 부수적 효과일 뿐이다. 이러한 점에서 친구관계는 인간중심적 대인관계, 즉 우정 또는 친밀감 중심의 대인관계라 할 수 있다.

(3) 친구관계는 대인관계 중 가장 자유롭고 편안한 관계이다

친구관계는 대등한 위치에서 맺는 대인관계이기 때문에 위계적 관계에서 지켜야 되는 심리적 부담과 제약이 적다. 윗사람에 대한 순종과 복종의 의무도 없으며 아랫사람에 대한 부양과 인도의 책임도 따르지 않는다. 뿐만 아니라 가족관계나 직장에서의 대인관계처럼 의무적으로 관계를 유지해야 하는 구속력도 적다. 또한 연인관계처럼 강렬한 심리적 애정을 투여하지 않으며 책임감을 덜 느끼는 관계이다. 따라서 관계를 맺고 푸는 것은 전적으로 개인의 자유이다. 자신을 가장 자유롭고 솔직하게 표현할 수 있는 대인관계가 친구관계이다. 친구 사이에서는 자기노출이 매우 깊이 있고 광범위하게 이루어질 수 있다. 가족이나 동료에게 할 수 없는 이야기를 가장 허심탄회하게 할 수 있는 것이 친구 사이이다.

(4) 친구는 유사점을 지닌 사람들이기 때문에 서로 공유할 삶의 영역이 넓다

친구관계는 나이, 학력, 지식수준, 사회적 신분 등에 있어서 유사한 사람들과 맺어지는 경향이 있으며, 삶의 체험이 유사하기 때문에 서로를 이해하고 공감할 수 있는 공유영역이 가장 넓은 관계이기도 하다.

(5) 친구관계는 구속력이 적어 해체되기 쉽다

친구관계는 가입과 탈퇴가 다른 대인관계에 비해 자유롭다. 가족관계나 직장에서의 대인관계처럼 관계를 유지해야 하는 의무나 구속력이 적다. 친구관계는 유지해야 할 외부적 강제요인이 적기 때문에 관계의 해체가 어떤 대인관계보다 용이하다. 따라서 친구관계는 그 관계를 유지하기 위한 자발적이고 적극적인 노력을 기울이지 않으면 약화되고 해체되기 쉬운 대인관계이기도 하다.

3) 우정에 있어서 성차

남자 친구들 간의 우정에 관한 연구를 보면, 남성들은 스포츠나 취미활동 등을 함께 즐긴다거나 일을 함께 도모하면서 남자들만의 유대 및 친밀성을 발전시켜 나간다고 한다. 아울러 남성들 간의 우정도 여성들 간의 우정 못지않게 깊다는 것이다. 다만 남성들은 자기의 감정을 표현한다거나 자기의 비밀스러운 면을 드러냄으로써 상대방에 대한 친밀감을 표현하기보다 술을 함께 마신다거나 운동을 함께 하면서 자신의 스트레스를 풀고 남자들 간의 우정을 쌓아 가는 경우가 훨씬 일반적이다(김미숙, 2002).

남녀의 우정은 대화의 주제에 의해서도 달라진다. 여성은 남성보다 개인적 문제, 감정, 사람에 관해 이야기하기를 좋아한다. 남성들에게 있어서 우정은 사회적 역할에 의해 규제된다. 즉, 남성은 항상 일의 동반자나 운동 경기의 파트너 혹은 같은 동아리 멤버로서 서로와 관련지어져 있다. 게다가 남성들은 여성이 그들 동성친구와 친밀하게 지내는 정도보다 덜하다. 남성들은 대부분의 여성이 하는 것보다 그들 친구에게 정서적 지지를 덜 하는 편이다(Sherrod, 1989).

여성들의 우정이 남성들의 우정에 비하여 더 만족스럽다는 점을 밝힌 연구가 있다. 전문직 남성과 여성의 우정관계에 관한 연구에서 보면, 이상적으로 생각하고 있는 우정의 특징은 양성 모두가 비슷한 것으로 나타났지만, 여성의 경우 이성 간의 우정에 비하여 동성 간의 우정을 우정의 질이나 친밀감, 돌봄 등에서 전반적으로 높게 평가하였다. 반면 남성들은 이성 간의 우정을 더 높이 평가하였는데, 친밀감에는 차이가 없다고 하였다. 같은 맥락에서 엘킨스와 피터슨(Elkins & Peterson, 1993) 역시, 비록 여성-여성의 관계가 여성-남성 간의 관계보다 더 만족스럽지는 않지만 남성-남성의 우정관계보다 만족스럽다고 하였다(권석만, 1997).

우정에 있어서 남성과 여성의 차이에 대한 몇 가지 설명이 있다(Reiss, Senchak, & Solomon, 1985). 첫째로, 남성과 여성은 친밀감에 이르는 경로가 다르게 나타난다. 예를 들면, 여성은 자기노출이나 표현적 관계를 통해 친밀감을 이루지만, 남성은 함께 어떤 활동을 함으로써 이루게 된다. 둘째로, 남성은 여성보다 친밀감에 대한 욕구가 크지 않다. 셋째로, 전통적 성역할 기대는 남성을 강하고 과묵한 사람이 되도록 하고 있다는 것이다.

4) 친구관계에서의 갈등

누구나 한 번쯤은 한때 매우 친했던 친구와 멀어진 경험을 가지고 있을 것이다. 즉, 친구 사이의 우정과 의리를 오랫동안 유지시키는 일은 결코 쉽지 않다. 친구에 대한 기대와 믿음이 깨지게 되면 친구관계에 위기가 발생하고, 이때 느끼게 되는 실망과 배신감은 매우 고통스러운 것이다.

친구관계에서의 갈등은 여러 가지 원인에 의해 생길 수 있다. 첫째, 한 친구가 다른 친구에 대해 우월감을 갖고 상대방을 위축시키거나 경쟁하려 들면, 당하는 입장에 있는 친구는 약자로서 이 관계를 청산할지, 상대방에게 맞설지 갈등하게 된다. 둘째, 서로의 기대 정도가 다를 때 친구관계에서 갈등을 느낄 수 있다. 한쪽에서는 상대방에 대해 아직 친하다고 여기지 않고 점진적으로 친해지고 싶어 하는 데 반해, 다른 친구는 친하게 대할 뿐 아니라 상대방에게 친한 관계를 요구하거나 기대할 때 친구관계에 갈등이 생긴다. 셋째, 성격의 차이나 표현의 차이에서 갈등이 기인하기도 한다. 내향적인 사람은 마음속에 있는 생각이나 느낌을 표현하기 힘들어하는 반면, 외향적인 성격의 소유자는 자신의 요구를 표현하는 것을 즐긴다. 어떤 면에서는 자신이 지니고 있지 못한 성격적인 면들을 상대방 친구로부터 배울 수도 있고 도움을 받을 수도 있지만, 서로 문제를 바라보고 이해하며 표현하는 방식에서 오는 차이를 좁히지 못한다면 크고 작은 일에서 갈등이 누적되어 관계가 불편해질 것이다. 넷째, 가치관의 차이에 의해 갈등이 유발될 수 있다. 자원의 관리나 여가활동의 방식 등에서 친구 간에 불협화음이 생기고 견해의 차이를 좁히지 못해 갈등을 빚게 된다.

친구관계에서 빚어지는 이러한 갈등을 어떻게 해결하느냐에 따라 친구관계의 강도나 종결여부에 영향을 미친다. 고윤주와 이은해(2000)의 연구에서는 대학생의 친구관계에서의 갈등이 그들 관계에 어떠한 영향을 미치는 가를 살펴보았다. 그 결과 친구의 사회 정서적 지원과 공평한 갈등해결 방식은 만족스런 친구관계를 유지하는 요인으로 나타났다. 특히, 갈등 상황에서 협력이나 절충을 통한 해결방식은 친구에 대한 신뢰와 연관되어 긍정적 감정을 증가시키나, 갈등해결에서의 양보는 친구에 대한 신뢰와 관계없이 부정적 감정을 증가시키는 것으로 나타났다.

02 이성관계

1) 사랑의 의미

사랑은 즉 대인관계에서 경험할 수 있는 가장 행복하고 오묘한 감정이다. 사랑은 황홀하면서 때로는 가장 고통스런 체험이기도 하다. 그리고 사랑은 한 인간이 서로를 강렬하게 원하며 융합시키는 신비스런 마력을 지니고 있다. 사랑은 누구나 동경하는 체험이며 동서고금을 막론하고 예술과 문학의 변함없는 주제이다. 한 개인의 삶에 있어서도 사랑은 기쁨과 슬픔, 환희와 고통, 행복과 불행을 좌우하는 가장 중요한 요인임을 아무도 부정하지 못할 것이다(권석만, 1997).

사랑의 개념을 규정하기란 쉽지 않다. 사랑에 관한 한, 사랑하는 사람의 수만큼 정의가 다를 수 있다. 즉, 사랑은 문화마다 달라, 우리 문화의 사람들은 서양식의 사랑 표현에 어색할 수 있고, 서양 사람들은 동양식의 사랑 표현을 낯설어 할 수 있다.

즉, 사랑은 문화마다 다르고, 같은 문화권에서도 시대의 변화에 따라 세대마다 다른 사랑의 의미를 담게 되며, 같은 세대에서도 개인차가 크다. 데이비스(Davis, 1985)는 사랑의 직조(tapestry)에 대한 설명에서 사랑은 크게 열정의 영역(passion cluster)과 보호의 영역(caring cluster)으로 나뉜다고 밝히고 있다. 열정 영역에는 매력이나 황홀함과 성적 욕구 그리고 절대성의 특성들이 포함된다. 보호 영역은 자신의 파트너를 옹호하고 힘닿는 데까지 지지해 주는 특성을 말한다.

2) 사랑에 관한 신화

낭만적 사랑은 어느 문화에서나 이상적인 개념이다. 그러나 이러한 이상주의에 의해 혼란스럽고 잘못된 신념, 즉 신화(myth)가 생기기도 한다. 사랑에 관한 신화에는 다음과 같은 것들이 있다(Weiten & Lloyd, 1997).

첫째로, 사랑을 하게 되면, 상대방은 그것을 알게 될 것이다.

사람들은 종종 그들의 사랑이 정말로 참사랑인지 아니면 현혹된 사랑인지를 알아차리는 데 상당히 오랜 시간이 걸린다. 어떤 사람이 자기 사랑에 대한 의구심에 관해 다른 사람과 논할 때, 그들은 흔히 "만약 그것이 진짜 사랑이라면, 너는 그것을 알 거야."라고 말한다. 그러나 사랑을 사랑에 대한 갈망과 구별하기란 쉽지 않다.

둘째로, 사랑이 한 번 오면, 당신은 그것을 통제하지 못한다.

이 신화는 사랑이 매우 강력해서 사람들은 그 사랑의 마력에 있게 되면 현명하게 처신할 수 없다는 것을 의미한다. 이러한 합리화는 자기 마음을 통제하지 못하는 자신에게 말할 때에는 오히려 편안할지 모르지만, 사람들이 사랑에 빠질 때 오히려 책임감 없이 행동하도록 부추기는 격이 된다.

셋째로, 사랑은 영원히 지속된다.

사랑이 영원히 지속된다 해도, 그것에 의존할 수는 없다. 사람들은 이러한 신화를 믿으려 한다. 만약 그들의 사랑이 이루어지지 않으면, 사람들은 그들이 한 사랑은 참사랑이 아니었다고 말한다. 이러한 합리화는 스스로에게 또 다른, 정말로 이상적인 참된 사랑을 계속해서 찾아 나서게 한다. 사랑은 우리의 삶 속에서 여러 번 직면하게 되는 아름다운, 때로는 좌절당하는 경험이라는 것을 아는 것이 보다 현실적이라 할 수 있다.

넷째로, 사랑은 모든 문제를 극복할 수 있다.

이 신화는 성공적이지 못한 결혼의 토대가 된다. 많은 커플들이 그들 관계에서 예를 들면, 대화의 부족, 성역할에 있어서의 불일치, 의견충돌 등 문제를 겪게 된다. 이러한 경우, 사람들은 스스로에게 다음과 같이 말한다. "우리가 서로 사랑하는 한, 우리는 잘 이루어 나갈 수 있을 거야!" 참된 사랑이 확실히 상호 간의 걸림돌을 헤쳐 나가는 데 도움이 되기는 하지만 성공을 보장하지는 않는다. 사실상, 얼마나 당신이 당신 연인을 좋아하는가는 얼마나 사랑하는가보다 더욱 중요하다. 낭만적 관계의 '성공도'를 측정하고자 하는 많은 연구자들은 사랑보다 '좋아함(liking)'이 더욱 관련되어 있다고 밝힌다(Sternberg & Grajek, 1984).

3) 사랑의 유형

사랑의 특성에 대해서 리(Lee, 1977)는 삼원색처럼 사랑에도 색깔이 있으며 이러한 색깔의 조화에 따라 다양한 사랑의 모습을 나타낼 수 있다고 하였다. 래스웰과 로센즈(Lasswell & Lobsenz, 1980)는 리(Lee)의 연구를 기초로 다음과 같이 사랑의 유형을 분류하였다(이태연 외, 2006).

(1) 동료적 사랑

동료적 사랑(Storge)은 많이 만나고 같이 지내다 보니 자연스럽게 친근감, 편안함을 느끼고 이것이 연장되어 서로 도움을 주고받기도 하고 상대의 약점과 강점도 있는 그대로 받아들이는 우정관계를 뜻한다. 이러한 관계는 처음에는 서로의 취미활동이 비슷했거나 같은 학교 친구여서, 때로는 같은 신앙을 갖고 있어서 점차 만나는 빈도가 잦아지고 그러다 보니 누가 먼저 사랑을 느꼈는지 정확히 알 수 없게 발전하곤 한다. 이 같은 사랑은 하루라도 못 보면 살 수 없을 정도의 열정은 없다고 하더라도, 아주 오래된 친구처럼 상호 깊게 신뢰하고 상대방에 대한 요구도 과도하지 않다(강문희 외, 1999). 동료애, 즉 친구로서의 사랑이 주로 유년기나 아동기 때에 가족 간의 유대관계가 돈독하고 서로 신뢰하여 사랑과 지지가 많았던 사람들에게서 많이 발견된다는 사실은 가족 간의 깊은 사랑이 타인 사랑의 초석이 될 수 있음을 증명한다.

(2) 열정적 사랑

낭만적 사랑(Eros), 성적인 사랑이라고도 하는 열정적인 사랑의 특징은 대부분 독특하고 특별하며 심리적으로 각성시키고 성적인 충동을 유발한다. 또한 상대방에 대해서 매우 관여하며, 떨어져 있는 동안 상대방을 그리워하고 잘 지내기를 바라는 등 상대에 대한 이상화를 포함한다. 열정적인 사랑에서 나타나는 특성을 보면 사랑하는 속도가 매우 빠르며, 상대방에 대한 감정이 강렬하고 그러한 감정들이 자신의 전체 생활을 지배한다. 이성보다 감성이 앞서고, '오직 한 사람, 단 한 번의 사랑'이라고 믿으며, 다른 사람에 대해서는 배타성이 강하다. 상대방에게 모든 것을 요구하거나 기대하며 그들의 만남이 숙명적, 운명적이라고 굳게 믿는다.

(3) 논리적인 사랑

논리적인 사랑(Pragma)을 하는 이들은 열정적인 사랑에 빠진 이들과 다른데, 이는 현실과 이성의 고삐를 늦추지 않는 범위 내에서 사랑하기 때문이다. 논리적인 사랑에서는 자신들의 배경과 취미, 가치, 개성 등을 따지게 되고 어느 정도 이러한 전제들에 합당할 때 더욱 사랑을 느끼고 가깝게 다가간다. 사랑을 하는 방식이 사려 깊고 어느 정도 자신들의 사랑이 이루어지기 위한 상황이나 조건이 전제되지 않는다면 사랑의 진전을 참고 견디는 입장에 서 있다. 여자를 데려다가 고생시키지 않을 만큼 집을 장만하기 전까지는, 남편의 성공을 위해서라면, 또는 나 자신의 성취를 위해서라면 오랫동안 부부간의 이별도 기꺼이 감수하는 유형이다.

이들의 사랑은 공정거래, 즉 서로 사랑을 주고받는 거래가 깨어지게 되면 많은 갈등을 겪게 되며, 끝까지 이러한 사랑을 실현하는 이들에게 상당한 인내심이 요구된다. 사랑은 깨어졌다고 하더라도 자녀를 위해서 자녀가 결혼할 때까지는 이혼을 보류한다거나 사랑한다 하더라도 부모에게 잘하지 못하는 사람, 부모 마음에 들지 않는 사람과는 연애하지 않겠다는 이성적인 결정에 따른다. 완벽하게 논리적인 사랑을 하는 이들의 수는 현실적으로 적지만, 이러한 유형의 사랑은 완벽주의 경향이나, 사랑하기에 내부 불안이 많은 이들에게서 더 빈번하게 발견된다. 그러나 사랑에 따르는 사회적인 책임을 잘 이행하고 성실하게 노력해 나간다는 점에서 극단적인 경우가 아니라면, 배우자로서 긍정적인 상대이며 결혼생활이 현실적으로 행복하기 위해서는 논리적인 사랑도 무시되어서는 안 된다.

(4) 소유적 사랑

사랑은 상대방을 소유하는 것이라고 여기거나, 나 또한 상대의 소유가 되어야 하는 것으로 여긴다면 이러한 사랑은 광적인, 소유적 사랑에 해당된다. 이러한 사랑은 아마도 사랑의 유형 중에 가장 위험한 것이며 극단적인 감정에 휘말려 그것의 노예가 되고 마는 사랑일 것이다. 소유적인 사랑은 상대를 완전히 소유했다고 여기면 흥분과 환희로 잠 못 이루게 되는 반면에, 상대를 소유하는 것에 실패했다고 여기면 극단적인 분노, 절망감으로 심적인 고통을 받게 된다. 이러한 유형의 사랑을 하는 이들은 사랑하는 사람과의 갈등상황을 극복하기가 쉽지 않다. 극단적인 감정을 극복하기 어렵고, 상대방에게 많은 정서적인 부담을 지우며, 압박감을 느끼게 하기 때문이다. 이러한 점에서 서로의 속박 때문에 사랑의 관계를 통한 각자의 성장은 거의 기대하기 어렵다. 서로가 상대방으로부터 버림받지 않으려고 하고, 상대방의 행동 하나 하나에 몰두하고, 사소한 변화에도 과민하게 반응한다.

(5) 이타적 사랑

이타적인 사랑(Agape)은 헌신적이고 무조건적인 수용과 배려를 아끼지 않는 사랑이다. 예를 들면, 부모가 자식에게 조건 없이 사랑을 퍼붓듯 이성 간에도 진정한 사랑은 받는 것이 아니라 주는 것이라 생각하고 이를 실천하는 사랑이다. 이러한 사랑을 하는 이들은 상대의 기쁨과 행복을 위해서 자신의 고통이나 희생은 기꺼이 감수할 수 있고, 이러한 사랑을 통해 자신도 기쁨을 느낀다. 경우에 따라서는 사랑하는 이가 나보다 다른 사람을 원한다면 물러설 수도 있다. 아무리 상대방이 나에게 고통을 안겨 준다고 해도 상대의 입장을 이해하며 용서하는 사랑이다. 사랑하는 이들의 모습 속에는 전적으로 이럴 수는 없겠지만, 이타성이 분명히 존재하며 사랑은 받아서 행복하기도 하지만 줄 때가 더욱 행복한 것만은 사실이다.

(6) 유희적 사랑

유희적인 사랑(Lotus)은 사랑을 정서적인 관계에서 승리하는 것, 시합하는 것으로 여긴다. 시합에서 이기려면 탁월한 기술과 훈련이 필요하고 숙련되어야 할 것이다. 이러한 사랑을 좇는 이들은 사랑함으로써 어떻게 되기를 바라지 않는다. 즉, 사랑의 서약이나 약속 등은 하지 않기를 바라는데, 왜냐하면 이들은 여러 대상과의 만남과 사랑을 더 원하기 때문이다. 이들은 상대방의 욕구나 입장에는 관심이 별로 없으며 자기만족을 중요하게 여긴다. 이 유형의 사랑은 단 한 사람과의 긴밀하고 지속적인 관계는 원하지 않으며, 성적인 대상으로 즐기려 할 뿐 결혼까지 가는 것을 고려하지 않는다.

참고 5-1 사랑의 유형 검사(The Styles of Love)

당신이 지금 현재 사랑이라고 생각하고 있는 사람이나 또는 현재가 아니더라도 과거에 사랑이라고 생각하였던 사람이 있으면 그 사람을 염두에 두고 아래의 각 문항을 읽어 보세요. 다음 문항을 읽고 맞는다고 생각하면 '그렇다'에, 틀리다고 생각하면 '아니다'에 표하십시오.

1. 나는 '첫눈에 반한다'는 것이 가능하다고 생각한다.	그렇다( ) 아니다( )
2. 나는 한참 지난 다음에야 비로소 내가 사랑하고 있음을 알았다.	그렇다( ) 아니다( )
3. 우리들 사이의 일이 잘 풀리지 않으면 나는 소화가 잘 되지 않는다.	그렇다( ) 아니다( )
4. 현실적인 관점에서, 나는 사랑을 고백하기 전에 먼저 나의 장래목표부터 생각해 보지 않으면 안 된다.	그렇다( ) 아니다( )
5. 먼저 좋아하는 마음이 얼마 동안 있는 다음에 비로소 사랑이 생기게 되는 것이 원칙이다.	그렇다( ) 아니다( )
6. 애인에게 나의 태도를 불확실하게 해 두는 것이 언제나 좋다.	그렇다( ) 아니다( )
7. 우리가 처음 키스하거나 볼을 비볐을 때, 나는 성기에 뚜렷한 반응(발기, 축축함)이 오는 것을 느꼈다.	그렇다( ) 아니다( )
8. 전에 연애 상대였던 사람들 거의 모두와 나는 지금도 좋은 친구관계를 유지하고 있다.	그렇다( ) 아니다( )
9. 애인을 결정하기 전에 인생 설계부터 잘 해 두는 것이 좋다.	그렇다( ) 아니다( )
10. 나는 연애에 실패한 후 너무나 우울해져 자살까지도 생각해 본 적이 있다.	그렇다( ) 아니다( )
11. 나는 사랑에 빠지면 너무 흥분되어 잠을 이루지 못하는 때가 있다.	그렇다( ) 아니다( )

12. 애인이 어려운 처지에 빠지면, 비록 그가 바보처럼 행동한다 하더라도 힘껏 도와 주려고 노력한다.	그렇다( ) 아니다( )
13. 애인을 고통받게 하기보다 차라리 내가 고통받겠다.	그렇다( ) 아니다( )
14. 연애하는 재미란 두 사람의 관계를 발전시키면서, 동시에 내가 원하는 것을 거기서 얻어 내는 재주를 시험해 보는 데 있다.	그렇다( ) 아니다( )
15. 사랑하는 애인이라면 나에 관하여 다소 모르는 것이 있다 하더라도 그것 때문에 그렇게 속상해 하지는 않을 것이다.	그렇다( ) 아니다( )
16. 비슷한 배경을 가진 사람끼리 사랑하는 것이 가장 좋다.	그렇다( ) 아니다( )
17. 우리는 만나자마자 서로가 좋아서 키스를 했다.	그렇다( ) 아니다( )
18. 애인이 나에게 관심을 보이지 않으면 나는 온몸이 쑤시고 아프다.	그렇다( ) 아니다( )
19. 나의 애인이 행복하지 않으면 나도 결코 행복해질 수 없다.	그렇다( ) 아니다( )
20. 대개, 제일 먼저 나의 관심을 끄는 것은 그 사람의 외모이다.	그렇다( ) 아니다( )
21. 최상의 사랑은 오랜 기간의 우정으로부터 싹튼다.	그렇다( ) 아니다( )
22. 나는 사랑에 빠지면 다른 일에는 도무지 집중하기 힘들다.	그렇다( ) 아니다( )
23. 그의 손을 처음 잡았을 때 나는 사랑의 가능성을 감지했다.	그렇다( ) 아니다( )
24. 나는 어떤 사람과 헤어지고 나면 그의 좋은 점을 발견하려고 무진 애를 쓴다.	그렇다( ) 아니다( )
25. 나의 애인이 다른 사람하고 같이 있는 것 같은 생각이 들면 도저히 견딜 수 없다.	그렇다( ) 아니다( )
26. 나의 애인 두 사람이 서로 알지 못하도록 교묘하게 재주부린 적이 적어도 한 번은 있었다.	그렇다( ) 아니다( )
27. 나는 매우 쉽고 빠르게 사랑했던 관계를 잊어버릴 수 있다.	그렇다( ) 아니다( )
28. 애인을 결정하는 데 한 가지 크게 고려해야 할 점은 그가 우리 가정을 어떻게 생각하는가 하는 것이다.	그렇다( ) 아니다( )
29. 사랑에서 가장 좋은 것은 둘이 함께 살며, 가정을 꾸미고 함께 아이들을 키우는 일이다.	그렇다( ) 아니다( )
30. 애인이 원하는 것을 위해서라면 나는 기꺼이 내가 원하는 것을 희생시킬 수 있다.	그렇다( ) 아니다( )
31. 배우자를 결정하는 데 있어서 가장 먼저 고려해야 할 점은 그가 좋은 부모가 될 수 있겠는가 여부이다.	그렇다( ) 아니다( )
32. 키스나 포옹이나 성관계는 서둘러서는 안 된다. 그것들은 서로 충분히 친밀해지면 자연스럽게 이루어지는 것이다.	그렇다( ) 아니다( )
33. 나는 매력적인 사람들과 바람피우는 것을 좋아한다.	그렇다( ) 아니다( )
34. 나와 다른 사람들과 사이에 있었던 일을 애인이 알게 된다면 매우 속상해 할 것이다.	그렇다( ) 아니다( )

35. 나는 연애를 시작하기 전부터 나의 애인이 될 사람의 모습을 분명히 정해 놓고 있었다.	그렇다( ) 아니다( )
36. 만일 나의 애인이 다른 사람의 아기를 갖고 있다면, 나는 그 아기를 내 자식처럼 키우고 사랑하며 보살펴 줄 것이다.	그렇다( ) 아니다( )
37. 우리가 언제부터 서로 사랑하게 되었는지 정확히 알 수 없다.	그렇다( ) 아니다( )
38. 나는 결혼하고 싶지 않은 사람하고는 진정한 사랑을 할 수 없을 것 같다.	그렇다( ) 아니다( )
39. 나는 질투 같은 것은 하고 싶지 않지만, 나의 애인이 다른 사람에게 관심을 가진다면 참을 수 없을 것 같다.	그렇다( ) 아니다( )
40. 내가 애인에게 방해물이 된다면, 차라리 나는 포기하겠다.	그렇다( ) 아니다( )
41. 나는 애인의 것과 똑같은 옷, 모자, 자전거, 자동차들을 갖고 싶다.	그렇다( ) 아니다( )
42. 나는 연애하고 싶지 않은 사람하고는 데이트도 하고 싶지 않다.	그렇다( ) 아니다( )
43. 우리들의 사랑은 이미 끝났다고 생각될 때도, 그를 다시 보면 옛날 감정이 되살아나는 때가 적어도 한 번쯤은 있었다.	그렇다( ) 아니다( )
44. 내가 가지고 있는 것은 무엇이든지 나의 애인이 마음대로 써도 좋다.	그렇다( ) 아니다( )
45. 애인이 잠시라도 나에게 무관심해지면, 나는 그의 관심을 끌기 위하여 때로는 정말 바보 같은 짓도 할 때가 있다.	그렇다( ) 아니다( )
46. 깊이 사귀고 싶지는 않아도, 어떤 상대가 나의 데이트 신청에 응하는지를 시험해 보는 것도 재미있는 일이다.	그렇다( ) 아니다( )
47. 상대를 택할 때 고려해야 할 한 가지 중요한 점은 그가 자신의 직업을 어떻게 생각하는가 하는 것이다.	그렇다( ) 아니다( )
48. 애인과 만나거나 전화한지 한참 지났는데도 아무 소식이 없다면, 그에게 그럴 만한 이유가 있기 때문일 것이다.	그렇다( ) 아니다( )
49. 나는 누구와 깊게 사귀기 전에, 우리가 아기를 가지게 될 경우 그쪽의 유전적 배경이 우리와 잘 맞는지부터 먼저 생각해 본다.	그렇다( ) 아니다( )
50. 가장 좋은 연애관계란 가장 오래 지속되는 관계이다.	그렇다( ) 아니다( )

※ 사랑의 유형 검사 해석 요령

'그렇다'로 응답한 문항의 번호를 적어서 척도별로 번호를 맞춘다. 척도별 문항의 수를 세어 백분율을 계산하면 된다. 즉, 백분율 값이 가장 높은 척도가 바로 자신이 주로 생각하며 실제로 하는 사랑의 유형을 나타내는 것이다(동료적 사랑-2, 5, 8, 21, 29, 32, 37, 50번 문항, 열정적 사랑-1, 7, 17, 20, 23, 33, 35, 41번 문항, 논리적 사랑-4, 9, 16, 28, 31, 38, 42, 47, 49번 문항, 유희적 사랑-6, 14, 15, 26, 27, 33, 34, 46번 문항, 이타적 사랑-12, 13, 19, 24, 30, 36, 40, 44, 48번 문항, 소유적 사랑-3, 10, 11, 18, 22, 25, 39, 43, 45번 문항).

출처: Lasswell & Hatkoff; 강문희 외(1999). 재인용.

4) 사랑에 있어서 성차

사랑에 있어서 우리가 경험하게 되는 것은 남자와 여자가 다르다는 사실이다. 사랑을 경험하고 표현하는 방식은 물론이려니와 사랑한다는 것이 자신의 삶에서 어떠한 의미를 갖느냐를 규정하는 방식 자체가 다르다.

사랑을 둘러싸고 경험하게 되는 남자와 여자의 '다름'은 성역할 사회화과정에 기인한다는 견해가 지배적이다. 즉, 남성다움의 사회화과정에서는 독립심을 강조하고, 목표가 뚜렷한 활동을 권장하며, 공격성을 부추기고, 감정은 가능한 한 억제해야 함을 가르친다. 동시에 누군가와 대화한다는 것은 지위를 획득하기 위한 수단이나 통제의 수단으로 인식된다. 반면, 여성다움의 사회화과정에서는 주위 사람들과 원활한 상호작용을 할 수 있는 능력을 키워 주고, 정서적으로 풍부한 인성을 권장 받으며, 타인을 돌보고 배려해 주고 격려해 주는 모습이야말로 진정한 여성다움이라 인식된다. 아울러 누군가와 대화를 나눈다는 것은 관계를 지속시키고 발전시키는 수단임을 배우게 된다(Rubin, 1981; Gilligan, 1982; 김미숙, 2002).

전통적 성 고정관념은 여성이 남성보다 더 낭만적 사랑을 한다고 보고하고 있다. 그럼에도 불구하고 많은 연구에서 남성이 오히려 여성보다 낭만적 사랑을 더욱 원한다고 밝히고 있다. 또 다른 연구에서는 남성이 여성보다 쉽게 사랑에 빠지며, 여성은 남성보다 사랑에서 더 빨리 벗어날 수 있다고 한다. 즉, 여성이 남성보다 사랑이 깨졌을 때 감정적 혼돈을 덜 겪는다고 할 수 있다(Weiten & Lloyd, 1997). 상기의 연구에서 밝혀진 바와 같이, 전반적으로 남성이 낭만적 사랑을 원한다는 것을 알 수 있다. 그러나 혹자는 사랑의 표현에 있어서 여성이 훨씬 낭만적이기를 바란다고 밝히고 있다. 즉, 여성은 그들이 애정을 말로 표현하고 드러내기를 좋아하며, 그들 커플관계에서 드러나는 문제에 대해서도 남성보다 예민한 것으로 나타났다.

이와 같이, 남성과 여성이 서로의 애정이나 감정을 표현하는 방식이나 대화(disclose)에 부여하는 의미가 다르다고 한다. 여성들에게는 자신의 하루를 정리하고 미묘하게 일어난 감정의 기복을 표현하면서 상대방과 자신의 삶을 공유한다는 느낌을 갖는 일이 관계를 풍요롭게 하고 또 친밀감을 키워 가는 중요한 방식이다. 반면, 남성들에게 있어 대화란 특정한 목표를 달성하기 위한 수단이나 어떤 문제가 생겼을 때, 이를 해결하기 위한 수단으로서의 의미가 강하다. 따라서 특별한 문제가 있는 것도 아니고 구체적인 목표가 눈앞에 없는 상황에서 대화를 한다는 것은 별 의미가 없는 일이라 생각한다(김경자 외, 2007).

여성은 자신을 타인과의 관계로부터 규정하고 남성은 자신을 타인과의 분리로부터 규정한다는 사실도 간과할 수 없다. 즉, 남성의 존재양식은 주체적 활동이요, 여성의 존재양식은 관계성의 추구에 있다고 한다(Rubin, 1981; Gilligan, 1982). 타인과의 분리를 지향해 온 남성들은 상대방과 일정한 거리를 유지할 때 편안함을 느낀다. 남성들은 누군가를 사랑하게 되면 자신을 잃어버릴까 두려워한다. 나와 타인의 경계가 모호해지는 사랑의 경험이 남성들에게는 두렵기만 한 것이다. 반면, 관계 지향적인 여성들은 상대방이 친밀한 대화와 감정의 공유를 거부할 경우, 관계 자체에 대해 실망감을 느끼고 돌아서게 된다. 결국 여성들은 사랑 속에서 관계에 실패할까 두렵고 남성은 사랑 속에서 자기를 잃을까 두려워한다. 따라서 여기에서 남녀 간의 사랑의 갈등과 번민이 생겨나기도 한다.

5) 사랑에 관한 이론적 모델

(1) 사랑의 삼각형 이론

스턴버그(Sternberg, 1988)는 사랑에는 세 가지 구성요인이 있다고 한다. 즉, 사랑의 3요소는 정서적 측면의 친밀감(intimacy), 동기적 측면의 열정(passion), 인지적 측면의 의사결정과 몰입/헌신(decision/commitment)으로 이 요인들이 적절히 조화를 이룰 때 완전한 사랑을 이룰 수 있다고 보았다(이태연 외, 2006).

관계는 친밀감으로부터 시작하여 사랑으로 발전하게 된다. 또는, 열정만으로 시작되었다가 다른 두 가지 요소가 나중에 생기기도 한다. 또 어떤 커플의 경우에는 여러 가지의 이유로 헌신이 우선적인 관계이었다가 친밀감이나 열정이 싹트기도 한다(Sternberg, 1988). 친밀감은 서로 감정을 공유하고 정서적 지지를 해 주는 것을 일컫는다. 그리고 높은 수준의 자기노출을 수반하고 개인의 정보를 공유하며 서로 가까워짐에 따라 점차적으로 증가하고 관계가 성숙해짐에 따라 깊어진다. 서로 모든 것을 공유하는 커플은 극히 드물다. 왜냐하면, 사람들은 각자 자신의 사적 공간이 필요하기 때문이다. 그러나 성숙하게 친밀한 관계에서는 많은 부분들을 서로 논의하고 공유하기 위해서 개방되어 있다. 서로를 개방하고 신뢰감을 높이면서 사람들은 친밀감의 강한 정서적 유대감을 구축해 나간다.

열정은 서로의 관계 속에서 신체적 매력, 성적 흥분 및 호감을 일으키는 충동들을 뜻한다. 비록 성적 욕구들이 많은 관계에서 열정의 주요 부분을 이룰 수 있지만, 다른 욕구들, 즉 자존심, 타인들과의 어울림, 타인들에 대한 지배, 타인들에 대한 복종 및 자기실현과 같은 것들이 또한 열정의 경험에 기여할 수 있다(홍대식, 1994).

관계의 몰입(헌신)은 다른 사람에 대한 인지적 애착을 의미한다. 관계가 긍정적이라면 천천히 시작해서 시간이 지남에 따라 빠른 속도로 몰입하게 된다. 사람들은 그들 관계가 좀 더 발전한 단계, 즉 데이팅에서 약혼, 약혼에서 결혼관계로 전환할 때나 그들이 어려운 시기에 있을 때에 더욱 몰입하게 된다.

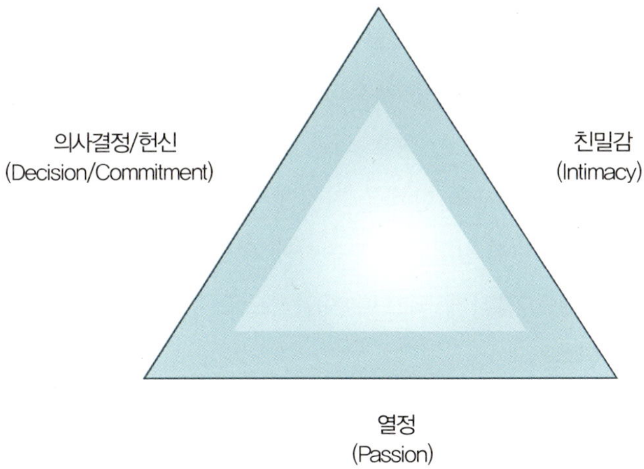

[그림 5-1] 사랑의 삼각형(Sternberg, 1986)

사랑은 위의 세 요소 각각의 존재여부에 따라 8가지 유형으로 조합할 수 있다. 대부분의 사람들은 이 8가지 유형 중 여러 가지를 경험하게 되며, 어느 한 상대와의 지속적인 관계 내에서도 2가지 이상의 유형을 경험할 수 있다(홍숙자, 1999).

참고 5-2 사랑의 유형

사랑의 유형	요소		
	친밀감 (Intimacy)	열정 (Passion)	헌신/몰입 (Commitment)
사랑 없음(non-love)	×	×	×
좋아함(liking)	○	×	×
현혹된 사랑(infatuation)	×	○	×
공허한 사랑(empty-love)	×	×	○
낭만적 사랑(romantic love)	○	○	×
실체 없는 사랑(fatuous love)	×	○	○
동반적인 사랑(companionate love)	○	×	○
완전한 사랑(consummate love)	○	○	○

(2) 사랑의 수레바퀴 이론

사랑의 발달단계에 대해 리스(Reiss & Lee, 1988)는 다음과 같이 설명하고 있다. 사랑은 마치 수레바퀴가 굴러가듯 계속되는 과정으로 처음에는 친밀과 신뢰(rapport), 자기노출(self-revelation), 상호 의존(mutual dependency), 개인의 욕구충족(personality need fulfillment)의 단계를 거치게 된다고 하였다. 전 단계는 다음 단계로의 이행에 영향을 미쳐 친밀감이 부족하게 되면, 자기노출을 덜 하게 되고, 이렇게 되면 상호 의존도 약하게 되므로 자연적으로 두 사람이 원하는 욕구충족도 이루어지지 않게 된다.

첫 번째 단계인 친밀과 신뢰감은 상호 간의 믿음과 존중을 바탕으로 생기는 감정이다. 이는 서로 배경이 비슷하거나 종교나 취미, 가치관이 유사할 때 쉽게 생긴다. 그러나 유사성이 없다고 하더라도 서로 상이한 점들에 대한 흥미를 갖게 되거나 내가 가지고 있지 못한 바를 보완적으로 상대에게서 발견하게 됨으로써 가까이 가고자 하는 욕구가 생길 수도 있다. 이 라포는 두 사람이 서로를 이해하고 친밀해지도록 하는 의사소통과정을 의미한다. 어떤 사람은 다른 사람과 라포를 잘 이루는데, 그들은 다른 사람에 대해 판단하지 않으며 서로를 이해하기 위해 귀를 기울이는 경향이 높다고 할 수 있다.

두 번째 단계인 자기노출은 자신에 관한 개인적인 정보를 드러내어 함께 나누는 과정을 말한다. 자기노출의 정도는 개인의 성격이나 성별에 따라 개인차가 많다. 여자에 비하여 남자가 자기노출을 덜 하는 편인데, 이는 사회화의 영향일 수 있다. 또한 자아존중감이 부족한 사람일수록 자기노출을 꺼려하는 경향이 있다. 반대로 자아존중감이 높은 사람 중에서 남에게 의존하고 의지하는 것을 원하지 않아서 자기노출을 하지 않으려는 경우도 있다. 자신의 내부 불안이 많을수록 자기노출이 힘들며 이러한 불안으로부터 해방되기 위해서 자신을 수용하고 있는 그대로 보여주는 자기노출의 노력이 필요하다.

세 번째 단계인 상호 의존은 사랑하는 이들이 같이 있는 시간을 많이 보내면서 서로에 대한 의존도가 높아지게 된다. 즉, 어느 정도 라포가 형성되면 서로에 대해 알리기 시작하고, 이에 따라 상대방에 대해 원하고 요구하는 바가 많아지며 서로 의존하게 된다.

네 번째 단계인 친밀감 욕구충족에서는 서로의 요구를 들어주고 같이 행동하는 데에 익숙해지면 혼자서 무엇을 하는 것을 피하고 싶어 하며, 무엇을 하더라도 상대방의 생각이나 입장에 많이 따르고 좌우되기도 한다.

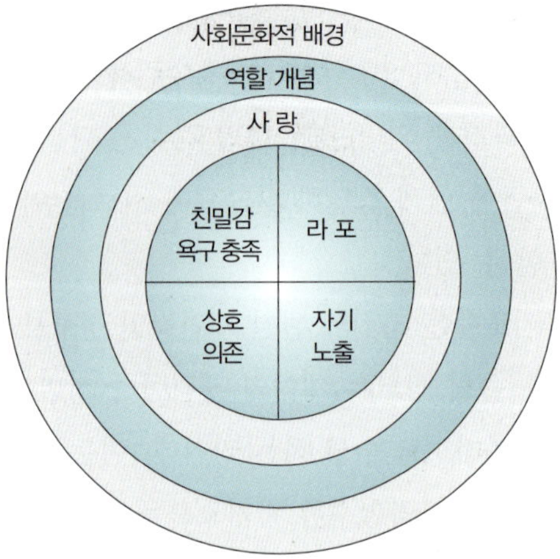

[그림 5-2] 사랑의 수레바퀴 (Reiss & Lee, 1988; Olson & DeFrain, 2003 재인용)

리스와 동료의 이론은 위의 [그림 5-2]처럼 4개의 요인들이 상호 의존하기 때문에 사랑의 수레바퀴라고 한다. 즉, 어느 한 요소에 있어서의 부족함은 전체 사랑의 관계를 발전시키지 못하게 된다. 예를 들면, 커플들이 서로 다투게 되면 자기노출을 적게 하게 되고, 자기노출이 적어지면 상호 의존이나 친밀감 욕구충족도 덜 하게 된다. 이 4가지 요인들은 앞쪽이나 뒤쪽으로 변화가 가능하며, 정적(+)인 방향이나 부적(−)인 방향 모두 사랑의 움직임을 의미한다고 주장한다(Reiss & Lee, 1988) 그러나 사랑을 발전시키고 유지하는 건강한 관계는 일반적으로 친밀감을 높이는 정적인 방향으로 움직이게 된다(Olson & DeFrain, 2003).

Chapter 06

가족관계

인간이 태어나서 처음으로 접하는 최초의 대인관계 집단은 가족이다. 가족은 인간의 성장발달에 영향을 미치는 일차적 집단인 동시에 사회를 이루는 최소한의 기초 집단이다. 이러한 체계 내 가족구성원들은 강렬한 감정으로 연결되어 있으며, 종종 사람들은 가족들과 소원하거나 분리되어 있다고 느끼지만 이것은 사실이라기보다 느낌이다. 전체적으로 가족관계는 가족구성원의 일상적 모든 행위를 포함하는 역동적 상호작용이다.

이 장에서는 인간의 기초집단인 가족이 무엇이며, 가족체계 내 가족은 어떠한 대인관계의 역동을 나타내는지, 부부관계, 부모자녀관계, 형제자매관계 대한 이해를 돕고자 한다.

01 가족관계의 이해

1) 가족의 특성

가족은 무엇이며, 우리 대인관계에서 필요한 집단인지 아닌지에 대해 학자마다 그 견해가 다양하다. 오그번(Ogburn) 등과 같이 산업화 이후 가족의 기능이 사회로 이관됨에 따라 가족이 더 이상 할 일이 없다는 '가족기능상실론'에 동의하면서 가족의 해체를 예측하는 학자들이 있는가 하면, 버게스(Burgess) 등과 같은 학자들은 낙관론적 견해를 편다. 현대사회에서 나타나는 이혼률의 급증, 저출산율, 노인부양의 문제, 1인 가구의 증가, 가정폭력, 청소년 비행 등의 가족문제에도 불구하고 이러한 외형적인 변화를 거듭하면서 오히려 가족의 관계적 기능에 대한 요구가 더욱 강화되는 것으로 분석하고 있다(유영주, 2004).

특히, 가족은 사회가 불안정할 때 그 중요성이 더욱 강조된다. 왜냐하면 인간은 가족과 같은 친밀한 관계를 통해 다른 사람과 관계를 맺고자 하는 욕구와 소속감에 대한 욕구 및 친밀감에 대한 욕구 등 인간의 가장 기본적인 욕구를 충족하기 때문이다. 엘버와 엘버(Erber & Erber, 2001)에 의하면, 친밀감에 대한 욕구는 가족원들 간에 감정을 공유함으로써 얻을 수 있으며, 친밀한 대인관계에서 걱정과 근심을 함께 나눔으로서 사회적 통합을 향한 욕구가 충족될 수 있다고 한다. 또한 가족은 도움을 필요로 하는 사람에게 도움을 주며, 가족원들의 중요성을 인정해 주는 다른 가족원을 통해 안도감의 욕구가 충족되는 장소이다(정현숙·유계숙, 2002).

가족은 전체(whole)로서의 하나의 체계를 이룬다. 체계(systems)란 상호 의존적이며 상호작용하는 부분들로 구성된 전체로서, 여러 구성요소들의 상호관계는 부분들의 합 이상의 총체적인 특성을 지닌다. 가족체계는 여러 개의 하위체계로 나눌 수 있는데, 부부체계, 부모자녀체계, 형제자매체계 등으로 구성된다. 가족이 어떠한 정서적 유대관계를 갖고 변화에 대해 어떠한 적응력을 갖느냐에 따라 가족의 역동이 달라진다. 가족의 결속력(cohesion)은 가족원 상호 간의 정서적 유대감과 가족원 개개인이 경험하는 자율성의 정도를 의미한다. 즉, 가족응집력은 가족원 간의 정서적 유대감뿐만 아니라 외부환경과의 경계, 가족이 함께하는 시간, 개인의 사적 시간의 정도와 관련되어 있는데, 이것은 과잉격리, 격리, 연결, 밀착으로 분류되며 그 수준에 따라 가족 유형이 다르게 나타난다(이태연 외, 2006). 즉, 가족의 효율적인 기능은 가족구성원의 긴밀한 세대관계 혹은 응집과 결속력에 따라 결정된다. 따라서 가족 내 하위체계인 부부체계, 부모자녀체계, 형제자매체계에 있어서의 관계적 특성에 대한 이해는 건강한 가족을 이루는 데 필요한 부분이다.

2) 가족 간 의사소통

현대 사회에서 우리들이 가족과 대화하는 시간은 얼마나 되는가? 어떤 가족은 적어도 하루에 1시간 이상 대화하도록 하는 규칙을 정한 가족도 있고, 또 어떤 가족들은 몇 개월 동안 무언(無言)가족으로 지내는 경우도 있다. 가족체계 내 구성원 간에 의사소통은 어떻게 이루어지는가? 대화를 주도하는 구성원은 누구인가? 한 사람만 이야기하는가? 아니면 각자 자기 이야기만 하는가?

의사소통이란(communication)이란 사람들이 서로 정보를 주고받고 의미를 부여하며 내적-외적 반응하는 방식이라고 정의하고 있다(Satir, Banman & Gomori, 1991). 의사소통 방식은 사람들이 어떻게 자신의 외적, 내적 가정을 파악하고 현실을 다루며 평가하는지에 대한 태도를 보여 준다. 우리는 정보가 충분하지 않음에도 불구하고, 보고 들은 것을 될 수 있는 한 우리가 이해하는 대로 해석하려 한다. 그러나 우리가 상대방과 정확하게 의사소통을 하는 것이 아니기 때문에 들은 사람의 해석이 실제로 일어난 상황과 어긋날 때도 많다. 따라서 유아로서, 아동으로서, 성인으로서 말하는 사람이 전달하고자 하는 것에 대한 의미를 우리가 정확하게 해석하지 못할 수도 있기 때문에 우리는 대화 도중에 여러 정서들을 반복적으로 느끼게 된다.

가족들이 서로의 의견과 감정을 교환하는 의사소통에는 기능적 의사소통과 정서적 의사소통이 있다. 기능적 의사소통이란 가족 내 여러 문제를 해결하기 위해 서로 의논하고 요청하고 지시하는 내용으로 이루어지는 것이다. 반면 정서적 의사소통이란 가족원에 대한 호감과 애정, 분노, 두려움, 적대감과 같은 정서를 표현하는 내용으로 구성된다. 이것이 어떻게 전달되고 어떠한 내용을 전달하느냐에 따라 가족의사소통의 패턴이 달라진다.

가족 의사소통의 유형에는 사슬형, 원형, 와이(Y)-형, 바퀴형, 완전소통형이 있다. 사슬형(chain network)의 의사소통은 체인처럼 한 사람에게서 다른 사람에게로 또 다른 사람에게로 병렬로 전달되는 것으로 중간에 위치한 사람에 비해 양 극단에 위치한 가족원은 다른 가족원들과 다소 격리되어 있다. 원형(circle network)은 가족원이 옆 사람하고는 대화를 나누는 사슬형과 비슷하지만, 양 끝에 있는 가족원 간의 의사소통이 이루어진다. Y-형(Y-network)의 의사소통은 주로 한 사람만 통해서 의사소통이 전달되는 형태이다. 여기서 중심이 되는 가족원은 각각의 가족원과 친밀하거나 공통되는 공유점을 가지고 있는 경우로, 이혼이나 재혼 등으로 이루어진 혼합가족이 이것에 해당한다. 다음으로 바퀴형(wheel network)은 한 가족을 중심으로 모든 가족원이 의사소통하는 것으로, 어머니가 전체 가족원의 중심 채널이 되는 경우이다. 모든 가족들이 어머니를 통해 다른 가족원의 근황과 감정을 전달받게 되며, 가족원들끼리는 의사소통하지 않으므로 전달과정에서 중심축이 되는 사람의 신념이나 태도에 따라 왜곡된 메시지를 받을 수도 있다. 완전소통형(all-channel network)은 모든 가족원이 양방향으로 원활하게 대화할 수 있으므로, 가족원이 일대일(person-to-person) 의사소통이 가능하다.

3) 건강한 가족

건강한 가족관계를 이루는 가족은 어떠한 가족인가? 한마디로 가족구성원 모두가 골고루 만족하는 관계를 이루는 가족이 건강한 가족이라고 할 수 있다. 건강한 가족이 되기 위한 최적의 규준은 없지만, 건강한 가족은 세 가지의 구조적 특성, 즉 명료한 경계선, 위계체계, 유연성을 지니고 있다고 한다(Minuchin, Lee & Simon, 2022). 가족구성원 개개인의 욕구와 가족 전체의 욕구를 충족시키기 위해 친밀함과 분리, 개인적인 독립과 자율성과 가족으로서의 소속감과 함께함을 충족시켜 준다.

건강한 가족은 명료한 경계선이 있다. 살아 있는 세포의 얇은 막처럼, 경계선은 서로 깊이 연관되어 상호작용하지만 외부의 필요한 것을 받아들일 만큼은 투과할 수 있고 내부의 것이 흩어지지 않을 만큼 경계선을 확실하게 갖고 있다. 가족과 외부체계와의 애매한 경계선을 갖는 가족은 서로가 지나치게 얽혀 필요 이상으로 간섭과 관여를 하게 된다. 이러한 가족을 엉킨가족(enmeshed family)이라고 한다. 반대로 경계선이 격리되어 가족의 응집력이 낮으며 상호 간에 무관심하고 지나치게 개별적인 가족은 경직되고 유리된(disengaged family) 가족이라 한다. 행복하고 건강한 가족관계를 지니는 가족은 밀착과 분리 간에 균형을 이루고 있다.

참고 6-1 우리 가족의 건강성은?

다음은 가족의 건강성을 알아보기 위한 척도이다. 자신이 속한 가족의 건강성을 평가해 보기 위해 아래에 제시된 문항에 답해 보기 바란다.

문 항 내 용	전혀 그렇지 않다	대체로 그렇지 않다	보통이다	대체로 그렇다	매우 그렇다
1. 우리 가족은 서로 신뢰한다.	1	2	3	4	5
2. 우리 가족은 가족구성원으로서 소속감이 있다.	1	2	3	4	5
3. 우리 가족은 서로 터놓고 이야기한다.	1	2	3	4	5
4. 우리 가족은 삶에 대해 긍정적인 태도를 가지고 있다.	1	2	3	4	5
5. 우리 가족은 먹고 살만한 수입이 있다.	1	2	3	4	5
6. 우리 가족은 서로를 존중하고 수용한다.	1	2	3	4	5
7. 우리 가족은 함께 하는 활동(외식, 여가, 취미생활 등)을 즐긴다.	1	2	3	4	5
8. 우리 가족은 여러 가지 이슈에 대해 논의하는 것을 중요시한다.	1	2	3	4	5
9. 우리 가족은 각자의 역할을 잘 수행한다.	1	2	3	4	5
10. 우리 가족만의 전통과 문화가 있다.	1	2	3	4	5
11. 우리 가족은 자기 입장을 표현할 기회를 준다.	1	2	3	4	5
12. 우리 가족은 어려운 문제를 함께 해결한다.	1	2	3	4	5
13. 우리 가족은 미래의 경제적 안정을 위해 준비하고 있다.	1	2	3	4	5
14. 우리 가족은 서로 잘 돕는다.	1	2	3	4	5
15. 우리 가족은 이웃과 가깝게 지낸다.	1	2	3	4	5
16. 우리 가족은 서로에게 감사와 사랑하는 마음을 표현한다.	1	2	3	4	5
17. 우리는 서로의 이야기를 주의 깊게 듣는다.	1	2	3	4	5
18. 우리 가족은 사회활동(봉사, 모임)에 참여한다.	1	2	3	4	5
19. 우리 가족은 함께 하는 시간을 많이 갖는다.	1	2	3	4	5
20. 우리 가족은 함께 대화하는 것을 즐긴다.	1	2	3	4	5
21. 우리 가족은 상황에 따라 유연하게 대처한다.	1	2	3	4	5
22. 우리 가족은 여가와 문화생활을 할 만한 경제적 여유가 있다.	1	2	3	4	5

*이 척도는 유영주 등(2013)이 개발한 한국형 가족건강성척도 II (KFSS-II)이다.

부부가 처음에 결혼하면 두 사람만의 새로운 연합체의 자율성을 보호하기 위해서 원가족(family of origin)으로부터 분리시키는 경계선을 강화시켜야 한다(참고 6-2 참조). 또한 자녀들이 출생하면 부모들은 배우자로서의 기능을 할 수 있도록 자녀를 분리하면서도 자녀들이 부모에게 다가갈 수 있도록 해야 한다. 세대 간의 분명한 경계선이 없다면 부모의 지나친 참여가 오히려 자녀에게 해를 입히게 된다. 자녀들은 반드시 부모를 존경하도록 가르쳐야 하지만, 부모도 자녀를 존중해 주어야 한다. 건강한 가족에서는 역할분담이 뚜렷하지만 융통성과 유연성이 있다. 경계선과 연합은 삶의 주기에 따른 변화에 적절하게 적응하도록 조정되어야 한다. 유리와 엉킴 간의 균형을 이룬 가족은 개인적인 '자신'뿐만 아니라 가족으로서의 '우리'도 강조한다. 즉, 가족원 간의 친밀감과 연합성을 적절하게 유지하면서 동시에 가족으로부터 독립되어 개인의 자율성을 가질 수 있는 자기분화(differentiation of self)가 잘 이루어진, 즉 '따로 또 같이'가 유연성 있게 이루어진다.

참고 6-2

가족관계의 이미지

인간은 자신이 태어나고 성장한 원가족으로부터 많은 영향을 받는다. 현재의 인성과 가치가 자신의 부모와 많이 닮았다는 점에서 볼 수 있듯이 부부관계나 가족관계에서 원가족의 흔적을 자주 발견하게 된다. 또한 각자가 생각하는 가족들에 대한 상징적 도구를 가계도(genogram) 위에 얹어 놓음으로서 자신도 모르게 가족에 대해 가지고 있었던 내면의 정서와 태도를 이해하게 된다. 이러한 가족놀이가계도(family play genogram) 작업을 통해 가족이 갖고 있는 체계적 역동을 한 눈에 볼 수 있게 된다.

[가족놀이가계도(family play genogram)]
흰 종이에 가계도 양식대로 핵가족 구성원을 상징하는 아버지, 어머니, 누나, 남동생을 그리고 각자가 생각하는 가족원 이미지의 피규어(figure)를 찾아 해당하는 곳에 올려놓는다.

02 부부관계

1) 부부관계의 의미

인간은 부부관계 속에서 삶의 가장 깊은 친밀함, 즉 우정과 위로, 그리고 배신과 상처 등을 경험할 수 있다. 부부가 된다는 것은 놀랄 만한 개인적 성장과 자각에 이르게 한다. 부벤저와 웨스트(Bubenzer & West, 1992)는 부부관계의 특성을 다음과 같이 설명하고 있다(Young & Long, 2003).

첫째, 부부관계는 자발적이다.

둘째, 부부관계는 안정과 성장의 균형을 포함한다. 관계를 건강하게 유지하기 위해서 예측 감각과 안정감이 있어야 하나 새로움과 유연성도 있어야 한다.

셋째, 부부관계는 과거, 현재, 미래를 가지고 있다. 부부는 과거 역사와 미래 계획을 통하여 연결된다. 부부는 추억에만 의존할 수 없다. 그들은 현재 관계를 신선하게 유지하고 미래 목표를 발전시켜야 한다.

넷째, 부부가 된다는 것은 두 사람의 관점과 역사를 병합하는 것을 의미하며, 다른 가치관과 세계관을 포함한다. 부부관계는 모든 것을 협의해야 하는 관계이다.

다섯째, 부부의 한 부분이 된다는 것은 지지를 주고받음을 의미한다. 그것은 상대방의 욕구를 자신의 것만큼 중요하고 소중하게 생각하는 것을 의미한다. 또한 지지를 받는 것도 요구한다. 관계는 배우자가 모두 주고받는 상호 호혜적인 것이어야 한다.

여섯째, 부부관계는 각자 분리된 정체성과 개성을 유지하지만, 때로는 부부를 위해 그러한 정체성을 제쳐 두는 능력을 요구한다. 역으로, 부부를 하나로 묶어 주는 것 중의 하나는 각자가 상대방의 정체성을 존중해 주는 것이다.

이와 같은 특성은 서로의 관계를 지지해 주기도 하지만, 때로는 악화시킬 수도 있으므로 하나의 도전으로 인식된다고 한다. 따라서 부부가 된다는 것은 이 세상에서 가장 어렵고도 복잡한 성인기 과제 중의 하나라고 설명하고 있다.

2) 부부간의 의사소통

부부간은 어떠한 대인관계보다도 친밀한 관계이어야 한다. 친밀한 관계의 행동적인 표현은 언어적, 비언어적 의사소통으로 나타나는데 이러한 의사소통은 반복됨에 따라 유형화된다. 한편 부부간은 너무 친밀하기 때문에 객관적인 판단이 결여되어 오히려 의사소통에 장애가 발생하기도 하는데, 원만한 부부관계를 위해서는 효과적인 의사소통방법이 모색되어야 한다.

(1) 부부간의 의사소통 형태

부부간의 의사소통 형태는 분류하는 기준에 따라 다르게 제시하고 있다. 깁(Gibb, 1965)은 의사소통의 기능성에 따라 방어적 의사소통과 지지적 의사소통으로 분류한다. 방어적 의사소통이란 독단, 통제와 전략, 무관심, 우월감 등의 역기능적 의사소통을 의미하며, 지지적 의사소통이란 성실한 정보 추구, 정보 제공, 자발적인 문제해결, 감정이입이 되는 이해, 대등함 등의 순기능적 의사소통을 의미한다.

사티어(Satir, 1972)는 인간의 의사소통 유형을 역기능적 유형과 기능적 유형으로 분류하여 5가지 유형, 즉 역기능적 의사소통 유형으로 회유형, 비난형, 초이성형, 산만형으로 기능적 의사소통 유형으로는 일치형이 해당된다. 각 유형을 구체적으로 살펴보면 다음과 같다(김영애, 2015).

회유형(placating)은 상대방을 화내지 않게 하는 유형으로 상대방의 기분을 맞추려고 애쓰고, 사과하고, 결코 반대하지 않으며, 아무 일도 아닌 것처럼 말하며, 자기 스스로 아무 일도 할 수 없는 듯이 말한다. 회유형은 대부분의 문화나 가족들로부터 붙임성 있고, 매우 적절한 행동을 하는 것처럼 여겨지지만, 마음과 행동이 일치되어 다른 사람을 편안하게 해 주려는 것과는 다르다.

비난형(blaming)은 자신을 강하게 보이도록 하는 유형으로 상대방의 결점을 발견하여 비난하고, 독재자나 우두머리로서 행동하며, 목소리는 딱딱하고 날카롭고 크다. 자신을 보호하기 위해서 다른 사람을 괴롭히거나 비난하고 환경을 탓하기 쉽다. 부부중 비난형의 의사소통을 하는 사람은 적대적이고, 독재적이며 잔소리꾼이고 혹은 폭력적으로 보인다.

초이성형(super-resonable)의 대화 양식은 자기와 다른 사람을 무시한다. 위협이 아무런 해가 되지 않는 것처럼 행동하고 큰소리를 사용함으로써 자신의 가치를 내세우려고 하는 유형으로 어떠한 감정도 겉으로 나타내 보이지 않고, 매우 이성적이며 정확하고, 침착하고 냉정하며, 목소리는 건조하고 단조로우며, 말은 추상적이기 쉽다.

산만형(irrelevant)은 위협을 무시하고 마치 위협이 없는 것처럼 행동하는 유형으로 다른 사람의 행동이나 말과는 무관한 행동이나 말을 하며, 초점에 맞는 반응을 하지 못하며, 목소리는 단조로우며 말과 맞지 않는다. 통상적으로 재미있거나 익살스러운 모습과 혼동된다.

일치형(congruence)은 바람직한 의사소통방법의 유형이기는 하지만 실제로 이 유형에 속하는 사람은 극소수에 불과하다. 일치형은 불화를 화해시키고, 곤경을 타개하며, 사람들 사이를 중재하는 유형으로 목소리, 얼굴표정, 몸의 자세, 음정, 말 등이 서로 조화를 이루며, 관계는 편안하고 자유롭고 솔직하며 자긍심에 대한 위협이 거의 없다. 일치형을 제외한 유형은 개인이 위협을 느끼지만 자신의 약점을 나타내기 싫어하므로 그 약점을 감추려고 노력할 때 나타나는 유형이다.

[그림 6-1] 사티어(Satir)의 네 가지 의사소통 유형(유영주 외, 2009 재인용)

우리나라의 경우에는 부부간에 있어서 의사소통 형태가 남편은 권위형, 친숙형, 성실형, 분석형, 타인지향형의 의사소통 유형을 나타냈고, 부인들은 권위형, 성실형, 타인지향형, 희생형, 분석형의 의사소통 유형을 나타냈다고 밝히고 있다(이창숙·유영주, 1988). 한편으로 문제가족의 경우는 대체로 역기능적 의사소통 유형을 따르고 있는 것으로 나타났다(송성자, 1985).

(2) 부부간 의사소통의 장애

눈빛만 보아도 그 사람이 무엇을 말하는지 다 알 것 같던 부부도 현실적으로는 부부간 의사소통에 있어 상당히 걸림돌이 많다고 인지한다. 실상, 이러한 생각도 부부들의 의사소통에 영향을 미친다고 할 수 있다. 부부니까 말을 하지 않아도 모든 것을 알 수 있고 알아야 한다는 것이 암묵적으로 의사소통에 장애가 되는 요인이기도 하다.

스티넷(Stinnett) 등(1984)은 부부간 의사소통 장애요인으로 다음과 같은 사항을 들고 있다(유영주·이창숙, 2000).

첫째, 문화적 차이로 개인이 성장하면서 경험한 사회 경제적, 지역적, 종교적 환경 등에 따라 자신의 독특한 가치관이나 행동유형을 습득하게 된다. 따라서 다른 문화 환경에서 성장한 두 사람의 결혼은 여러 측면에서 차이를 나타내게 되는데, 의사소통 유형에 있어서도 차이를 나타내게 된다.

둘째, 남녀에 대한 사회문화적 기대가 다르므로 성역할에 대한 학습에 있어서도 차이가 난다. 즉, 전통적으로 남자에게는 도전적, 공격적, 적극적, 성취지향적인 특성을 기대하는 반면, 여자에게는 수동적, 의존적, 애정적, 정서적인 특성을 기대해 왔다. 이러한 기대에 의해 성역할이 내면화된 남녀의 행동유형은 결혼관계에서도 나타나, 부부라는 친근한 관계에서 중요하게 여겨지는 표현적, 지지적 행동을 부인들은 요구하게 되는 반면, 남편들은 표현하기를 어색해한다.

셋째, 간접적인 의사소통은 의도하는 바를 확실하게 직접적으로 표현하지 않고 암시만을 보내어 수신자로 하여금 메시지의 참뜻을 파악하기 힘들게 한다. 따라서 이와 같은 간접적 메시지 전달은 상호 교신의 혼선을 가져와 서로 갈등하게 한다.

넷째, 언어사용의 차이에 있어서도 같은 단어의 의미가 다르게 사용되어 의사소통에 장애가 발생한다. 또한 같은 말이라도 표현되는 억양에 따라 의미를 달리 받아들일 수 있다.

다섯째, 지나친 일반화나 불확실한 가정이 의사소통을 곤란하게 만든다. "모든 사람이 다 똑같을 것이다.", 또는 "인간에 관한 어떤 사실들은 모든 사람에게 다

적용될 것이다." 등의 왜곡된 일반화는 의사소통에 장애가 된다. 의사소통을 방해하는 잘못된 통념으로 부부간에는 감정과 태도를 반드시 같이 해야 한다거나, 과거에 일어난 일이나 현재 일어나고 있는 일은 변화될 수 없다고 하는 것, 자신은 정확하게 검토하지 않고 배우자의 감정이나 생각을 안다는 것 등을 들 수 있다.

여섯째, 선택적 인지는 경직된 태도로 다른 사람의 행동을 받아들일 때 일어난다. 이전에 습득한 주관적 생각을 고집하고 변화를 거부하며, 이미 가지고 있는 견해와 반대되는 사실에 대해서는 그 사실을 인정하지 않으려고 한다. 특히, 부정적인 면이나 견해를 강조하는 선택적 인지는 정확한 의사소통의 장애요인이 되고 대인관계를 불만스럽게 만든다.

일곱째, 모순적인 의사소통은 한 사람에 의하여 내용이 다른 두 가지 이상의 메시지가 보내지거나, 언어적 메시지와 비언어적 메시지가 서로 다를 때 발생한다. 모순된 메시지가 전달될 때 수신자는 어떠한 반응을 보여야 할지 곤란하게 된다. 이와 같은 역기능적 이중구속(double bind)의 메시지가 계속될 때 부부는 혼란해하며 더 나아가서는 병리적인 현상까지도 야기할 수 있다.

여덟째, 혼자 말하는 독백은 자신만이 상대방에게 말하고, 상대방에게는 생각이나 감정을 나타낼 수 있는 기회를 주지 않기 때문에 좋은 방법이 아니다.

아홉째, 방어적 의사소통은 일반적으로 다른 사람으로부터 위협을 느낄 때 취하게 되는 행동이다. 방어적인 행동을 하는 배우자는 의사소통에 있어서 상대 배우자를 이해하려고 하기보다 자기를 보호하려고 하며, 따라서 상대방의 이야기에 대해서도 방어적 청취를 하게 된다. 방어적일수록 상대방의 감정, 요구, 의도를 덜 정확하게 인지하게 됨으로써 장애요인이 되는 것이다.

또한 같은 맥락에서 부부심리치료사인 가트만(Gottman)은 부부관계에 치명적인 4가지 의사소통방법으로 비난, 경멸, 방어, 담쌓기를 들고 있다. 부부가 의사소통하는 것 5분만 보아도 그들 부부가 이혼으로 이르는 위험한 길에 이를지 아닐지를 알 수 있다고 한다(Gottman & Silver, 2002).

비난(criticism)의 의사소통은 "당신은 어떻게 된 사람이……", "당신이 항상 그렇지 뭐." 등으로 '한 번도', '절대', '항상' 등으로 말이 시작되면서 비난을 하게 된다. 부인이 비난을 하면 남편은 방어나 담쌓기를 하게 되며, 상대적으로 남편의 담쌓기나 무관심이 부인의 비난을 불러일으키기도 한다.

경멸(contempt)의 의사소통은 관계를 망치는 가장 나쁜 위험 요인으로 보고 있다. 비난이 상대가 잘못한 것에 대해 말하는 것이라면, 경멸은 "네가 하는 것이 그렇지…….", "주제파악이나 하시지?"처럼 상대를 자신보다 못난 사람으로 조롱하고 비웃는 경우를 말한다.

방어(defend)의 의사소통은 상대로부터 비난을 받게 되면 자신이 인격적으로 문제가 있어서 공격을 받는 것처럼 느껴 상대를 역으로 공격하게 되는 것을 말한다. "그러는 너는 무엇을 잘했는데?", "왜 만날 나한테만 뭐라고 그래?"처럼 자신의 무고함을 주장하며 자신을 상대의 비난으로부터 보호하려는 본능적 태도에서 비롯된다.

또한 가트만은 부부관계에서 이혼으로 가는 지름길 요인 중의 하나로 담쌓기(stone-walling) 의사소통을 들고 있다. 상대와 눈도 마주치지 않고, 상대가 말하는데 대답도 하지 않으며 각 방을 쓰거나, 같은 공간에서 없는 사람처럼 취급하는 등의 담쌓기를 하면서 "우리는 싸움은 안 해요."라고 말하지만, 사실은 싸우는 것과 마찬가지이다. 그리고 이러한 적대적인 감정이 해소가 안 된 상태로 불신이 더 깊어져 결국은 관계가 망가지게 된다.

이상의 장애요인 외에 라이스(Rice, 1979)가 설명하고 있는 부부간의 의사소통 장애요인 몇 가지를 추가할 수 있다. 즉, 물리적 거리감, 사생활이 보장되지 않는 상황, 의사소통에 대한 두려움을 느끼는 심리적 요인도 부부간의 의사소통을 방해하는 요인이 된다.

3) 부부간 성공적 의사소통

부부간의 성공적인 의사소통을 위해서 스티넷(Stinnett, 1984) 등은 다음과 같은 방법을 제안한다(유영주 외, 2000 재인용).

(1) 긍정적인 마음을 지녀라

상호 간의 인정, 신뢰, 존중, 이해를 토대로 하여 부부간에 긍정적인 마음을 갖게 되는 것이다.

(2) 상호 간에 존중하라

부부간에 상호 존중을 솔직하게 표현하면 위협을 느끼지 않게 되고, 따라서 방어적 의사소통이 감소하게 된다.

(3) 공통의 준거틀을 가져라

비슷한 문화적 배경을 가진 부부는 경험, 생각, 태도 등이 비슷함으로써 준거틀이 유사하여 의사소통이 더 잘 된다. 그러나 과거생활 경험이 다르면 같은 사건에 대한 견해가 다를 수 있는데 서로의 준거틀을 이해하면 불일치를 극복할 수 있다.

(4) 경청하라

듣는다는 것은 적절하게 말하는 것만큼 중요하다. 들어 준다는 것은 상대방의 메시지에 대하여 흥미가 있으며 상대방을 존중하는 것을 나타낸다. 따라서 상대방은 자신의 생각이나 감정을 더 많이 표현하게 되는 것이다. 배우자의 말과 함께 감정을 듣는 것도 중요하다.

(5) 메시지의 의미를 확인하라

불명확한 메시지에 대한 부정확한 해석은 오해와 갈등의 원인이 되므로 의사소통의 내용 및 방법에 대한 의사소통을 하여 메시지의 의미를 정확하게 파악해야 한다.

(6) 공감하라

부부간에 공감하면 큰 일에서뿐만 아니라 사소한 일에서도 배우자의 감정, 분위기, 요구에 대한 이해가 높아진다. 공감의 정도가 높아지면 언어적 의사소통 없이도 배우자의 내적 감정 상태를 알 수 있다.

(7) 상대방의 감정을 알고 있다는 것을 알려라

감정이 언제나 논리적이지는 않다. 배우자가 자신의 감정 상태, 특히 부정적 감정 상태를 알아준다면 부정적 감정은 해소될 수 있을 것이다.

(8) 자신의 의견을 분명히 말하라

상대방의 기분을 상하지 않게 한다는 명분하에 말을 피하는 것을 삼가고, 부부 모두 사소한 일에 대해서 거리낌 없이 말해야 한다. 상대방을 공격하는 것이 아니라 자신의 감정을 표현하는 방법으로 말하고, 간접표현이 아니라 직접적으로 표현해야 한다.

(9) 자기노출을 하라

물론 적당한 수준의 자기노출이 필요하다. 특히, 부정적인 자기노출은 오히려 부부관계를 악화시킬 가능성도 있으므로 자기노출의 표현방법에 유의해야 한다. 즉, 부정적 감정도 긍정적으로 표현할 수 있어야 한다.

03 부모-자녀관계

1) 부모됨의 의미

이 세상에서 누구나 할 수 있으면서도 가장 어려운 일은 바로 부모가 되는 것이라 할 수 있다. 인간은 생애과정(life course)에서 다양한 생애사건을 거치게 된다. 한 인간으로 태어나서 가족체계에서 성장하고 학교에 들어가며 취직하고 결혼하고 또 자녀를 낳으면서 자녀의 위치에서 부모의 자리에 서게 된다.

부모됨(parenting)의 동기는 부모 역할에 대한 태도를 결정하는 심리적 과정으로 첫째로, 숙명적 동기를 들고 있다. 종교적 신념 등으로 부모가 되는 것은 선택의 여지가 없는 숙명적인 것이라고 받아들이는 태도에서 비롯된다. 둘째로, 주로 전통사회에서부터 전승되어 온 태도로 가계계승의 동기를 들 수 있다. 특히 가부장적 사회구조에서는 가문의 영속을 위해 남아를 선호하였으며, 부모는 자녀를 통해 자신의 계획을 실현시키고 자기보다 나은 후손을 남기려는 욕망을 가지고 있었다. 셋째로, 이타주의적 동기를 들 수 있다. 부모가 되어 자녀에 대한 관심과 애정을 표현하고자 하는 욕구에 의한 것으로 자녀나 가족을 부양하는 과업을 획득하는데 부합되는 동기이다. 넷째로, 자기도취적 동기를 들 수 있다. 부모가 된다는 것은 성인으로서의 성숙함을 가시적으로 인식시켜 줌으로써 심리적, 정서적 안정을 줄 수 있다는 것이다. 다섯째, 사회적 지위 획득을 들 수 있다. 부모가 된다는 것은 쉬운 일이 아니지만 자녀를 출산하고 양육하는 의무와 책임은 부모라는 새로운 사회적 지위를 가져다주기 때문이다. 여섯째, 도구적 동기를 들 수 있다. 자녀를 통해 자신이 이루지 못한 꿈을 이룰 수 있고 부부의 삶을 더 윤택하게 할 수도 있으며 노부모의 손자녀에 대한 기대를 충족시킬 수 있다고 생각한다(김애순, 1997).

지금까지 부모는 결혼해서 아이를 낳으면 자연히 되는 것으로 생각했다. 그러나 현대사회로 오면서 부모됨을 결정하는 것이 매우 중요한 사안이 되었다. 여성의 취업률 증가와 자녀의 저출산률 등은 이러한 것을 잘 드러내 주고 있다. 현재 부모들은 과거보다 부모 역할을 하는 데 많은 어려움이 따르고, 일과 가족의 조화, 전통적 부모됨의 의미와 현대적 부모됨의 의미 사이에서 조화로운 표상을 찾는 데 갈등을 겪기도 한다.

2) 부모의 양육태도와 가족의 상호작용

부모-자녀관계는 부모의 성장환경에서의 경험과 성격뿐 아니라 현재의 부부관계 및 직장과 같은 사회적 환경에 의해서 영향을 받으며 자녀들의 특성에 의해서도 영향을 받는다. 또한 가족생활주기에 따라 부모-자녀관계도 변화하는데, 부모와 자녀의 개인적 성장 발달과 함께 부모 역할에 대한 인식도 변화하기 때문이다(정현숙·유계숙, 2002).

얼마나 좋은 부모가 되는가, 어떻게 해야 바람직한 부모 역할을 다 하는가에 대한 생각은 사람마다 조금씩 다르다. 부모의 양육태도에 관해 오랫동안 연구한 바움린드(Baumrind, 1991)는 부모의 양육태도에 따라 민주주의적/권위가 있는(democratic/authoritative), 권위적인(authoritarian), 허용적(permissive), 거절하는(rejecting) 유형으로 분류하였다. 올슨과 올슨(Olson & Olson, 2000)은 부모의 양육태도를 가족체계의 틀에 맞추어 설명하고 있는데, 바움린드(Baumrind)의 4가지 부모양육태도 유형에 '관여하지 않는(uninvolved)' 유형을 첨가하여 총 5가지 유형으로 설명하고 있다.

(1) 민주적인 부모

민주적인 양육태도를 보이는 부모는 분명한 규칙과 기대를 설정하고 이것에 대해 자녀들과 함께 논의한다. 비록 부모들이 자녀의 관점을 인정한다 해도, 부모의 기준을 강요하는 데 이유와 권위를 사용한다. 민주적인 유형은 [그림 6-2]에서 보는 바와 같이, 가족지도(family map)의 '균형 있는' 가족체계에서 이루어진다. 심리적으로 건강하고 행복한 아이들, 학교생활에 성공적인 아이들은 대체로 균형을 이룬 가족, 민주적인 부모 밑에서 성장하는 것으로 보고되고 있다(Kouneski, 1996).

(2) 권위적인 부모

권위적인 태도를 지니는 부모는 상당히 엄격한 규칙과 기대감을 갖고 있으며 이를 자녀들에게 강요한다. 이러한 부모들은 자녀들이 순종하기를 기대하고 요구한다. 권위적인 유형은 가족지도(그림 6-2 참조)에서 오른쪽 하단에 위치하게 되는데, 가족이 결속되어 있는 정도에서 아주 끈끈하게 밀착된 결속력(cohesion)을 갖거나 구조화되거나 완강한 틀의 융통성(flexibility)을 지니는 가족체계에서 가능하다. 이러한 유형이 더욱 강력해지면 가족은 상당히 밀착되어 있는 불균형의 가족으로 변할 가능성이 높다. 가족체계에서 이러한 유형은 특히 자녀들이 부모의 권위에 반항하는 청소년 시기일 때 문제가 많게 된다.

(3) 허용적인 부모

부모가 허용적인 양육태도를 보일 때, 자녀들은 부모의 규준에 맞추어 행동하도록 강요받는 일이 드물며 자녀들의 생각이 더 우선적으로 고려되는 경우가 많다. 이 유형의 부모는 가족지도에서 오른쪽 상단에 위치하는데, 부모의 이러한 태도가 더욱 극대화될수록 가족은 혼란스럽게 엉킨 체계로 나가게 된다. 혼란스럽게 밀착된 이 체계는 부모의 태도에 문제가 많다. 왜냐하면 일정한 변화와 무슨 일이든 가족이 함께 하기를 강요하기 때문에 자녀들이 심리적으로 건강하지 않다.

(4) 거절하는 부모

부모가 거절하는 태도를 가질 때, 부모들은 자녀들이 어떻게 행동하는지에 관해 기대가 작거나 자녀의 욕구에 그다지 관심을 보이지 않게 된다. 이 유형은 가족지도에서 왼쪽 하단에 위치한다. 즉, 가족은 융통성에 있어서 구조화된 것에서부터 견고한 범위에 놓이게 되며, 결속력에 있어서는 어느 정도 연결된 범위에서 분리되지 않는 것에 이른다. 이러한 태도를 계속하게 될 때, 자녀들은 부모로부터 사랑과 보호받고 있다는 느낌을 갖기 어렵고 미성숙하거나 심리적인 문제를 가질 수 있다.

(5) 관여하지 않는 부모

자녀에게 무관심하고 관여하지 않는 태도를 갖는 부모는 자녀를 무시하거나 부모의 활동에 방해가 되지 않는 한 자녀의 기호대로 행동하도록 내버려 두는 경향이 있다. 부모의 관여하지 않는 태도는 가족지도에서 왼쪽 상단에 위치해 있다. 가족 간의 결속력에 있어서도 연결되어 있는 듯 보이지만 격리된 모습을 보이며, 융통성에 있어서는 융통적인 것처럼 보이지만 혼돈된 양상을 띠게 된다. 이러한 태도를 계속해서 가질 때, 자녀들은 정서적 지지도 받지 못하고 일정한 규칙이나 기대도 부족한 상태로 방임되어 문제가 지속될 가능성이 높다.

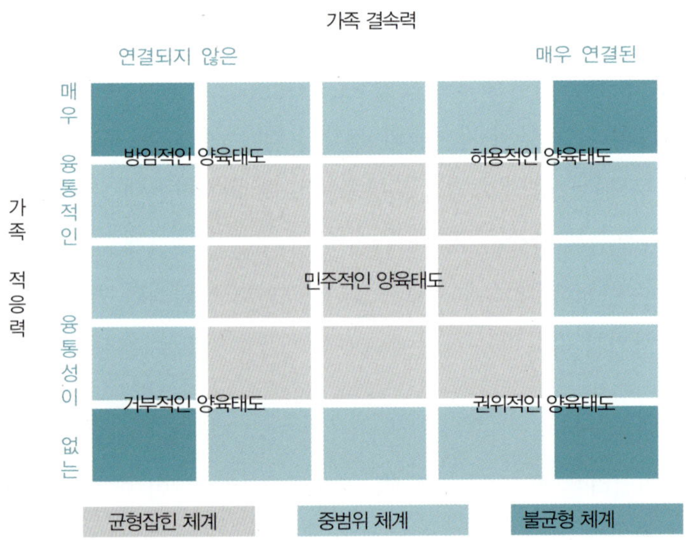

[그림 6-2] 가족지도에 나타난 부모양육태도 유형(Olson & Olson, 2000)

3) 부모-자녀 간의 갈등과 해소

(1) 부모 - 자녀 간의 갈등

현대가족에서 점점 심각하게 대두되는 문제는 부모자녀 간의 갈등이다. 우리 사회는 급속한 변화를 겪고 있고, 이 변화의 속도에 의해 부모와 자녀 간의 세대 차이는 점점 극대화되고 부모자녀 간의 갈등은 더욱 심화되고 있다. 또한 부모자녀 간의 갈등을 해소시키는 요인으로 인권존중을 강조하는 평등사상을 들 수 있다. 현대사회의 일반적 사조와 가치관은 부모자녀 간의 본질적 특성인 불평등성에 위배되는 것이다. 가족생활에서 자녀들은 그들이 성인이 되기까지 부모에게 의존하지 않을 수 없으며, 의존상태에서는 평등이나 독립성을 내세울 수 없는 것이다. 그러나 현대교육은 일찍이 어린이들에게 자유의사의 표시, 개성존중 및 평등을 강조하는 개인주의 민주주의 사상을 불어넣어 주었다. 이러한 일반적 교육의 사조에 따라 부모들도 가정교육에서 자녀들의 개성과 자립성 발달을 의식적으로 장려하며 훈련시킨다. 이러한 교육방법은 결과적으로 의존상태에 있는 젊은이들에게 부모에 대한 반항과 불만을 유발하게 하며, 갈등을 표출하게 한다.

부모자녀 간의 갈등으로는 부모와 자녀의 세대 차이로 인한 갈등과 부모의 권위로 인한 갈등이 있을 수 있다.

❶ 세대 차이로 인한 갈등

부모자녀 간에는 피할 수 없는 연령차이가 있다. 이 차이는 대부분의 경우 최저 20세 이상이 될 것이다. 연령에 있어서 20~30년의 간격이 있다는 것은 생리적 차이만이 아니라, 변화의 속도가 빠른 현대사회에서는 상당한 사회적·문화적 차이도 의미하는 것이다. 즉, 부모들의 아동기와 청소년기의 사회 문화적 배경은 그들의 자녀들이 사회화과정을 겪고 있는 시대적 환경과 많은 격차가 있는 것이다. 이러한 시대적 차이는 부모자녀 간의 생활태도의 차이를 낳게 한다. 왜냐하면, 모든 사람은 사회화를 통하여 시대적 영향을 내면화시키기 때문이다.

부모세대의 생리적·심리적 및 사회적 여건은 그들로 하여금 현상유지에 급급하게 한다. 그들의 생활원칙과 태도는 개인적 차이는 있으나, 어느 것이 더 진리이며 더 논리적이냐에 따라 지탱하기보다 어느 것이 더 많은 사람에 적용되며 또한 더 실제적이냐에 따라 정해진다. 이에 반하여, 자녀세대는 그들이 지니고 있는 이상적 원칙과 전망에 따라 새로운 가능성을 향하여 현실의 구속을 벗어나 전진하려는 경향이 있다. 그들은 이상과 현실 사이의 차이를 중요시하지 않으며, 이상의 실현성을 따지기보다 이상을 일관적으로 관철하려 한다. 그들은 원칙에 따르는 논리적 일관성을 오히려 중요시한다. 그러므로 현실에 적응하려는 기성세대를 관대하게 받아들이지 못하며 경멸한다. 따라서 연장자의 인격과 권위를 존경하는 태도가 약화된다. 이러한 생활태도의 세대적 차이가 부모자녀 간에 심각한 갈등을 가져올 수 있다.

❷ 부모의 권위로 인한 갈등

부모의 권위는 자녀들에 대하여 포괄적이며 무제한적인 것이다. 다른 사회집단 내에서의 권위적 관계는 지도자와 추종자, 또는 상사와 부하 간의 공적인 관계에만 제한된다. 따라서 사회집단에서의 권위관계가 부분적인 지배임에 반하여 부모의 권위는 전체적인 것이다. 자녀들이 부모의 보호에 전적으로 의존할 때에는 부모의 권위를 내면화시켜 그 절대성을 인정하기 때문에 갈등을 거의 느끼지 않는다. 또한 부모의 권위는 자녀에 대한 사랑이라는 정서적 기반이 있으므로 상호 간에 자연스럽게 허용된다. 그런데 부모의 권위의 기능은 자녀들의 성장 단계에 따라 점차적으로 약화된다. 즉, 자녀의 유아기에는 완전한 보호가 필요하므로 전체적 기능이 요구되나 청소년기에는 자립적 행동의 범위가 넓어지므로 점차로 부모의 권위에서 벗어나려 한다.

그러나 부모는 사회로부터 자녀에 대한 책임을 부여받았으므로 그들의 권위를 완전히 버릴 수 없다. 그뿐만이 아니라 부모들은 자녀들이 그들의 혈육이며, 모든 노력을 기울여 양육시키는 가운데 그들에 대한 강한 애정을 갖게 된다. 이러한 정이 자녀에 대한 부모의 소유욕으로 나타나며, 성장한 후에도 무절제한 권위의 행사를 당연하게 생각하는 경향이 있다.

부모의 권위는 어떠한 형태로든 존재하므로 어떠한 조건들이 이 권위에 역행적이며 자녀들에게 갈등을 일으키는 요인이 되는가를 살펴보도록 하겠다.

첫째, 자녀세대는 사회의 변화에 따른 새로운 가치관과 사회적 규범을 빨리 수용하지만 부모세대는 전통적인 것에 집착한다. 그러므로 두 세대 사이에는 행동이나 판단의 기준이 달라지며, 그들 사이에 공통적인 규범이 감소된다. 이것은 세대 간에 상호 동일시할 수 있는 기반을 약화시킨다. 이러한 세대 간의 상이한 가치관과 규범은 부모들로 하여금 자녀에 대한 그들의 교훈과 통제에 자신을 잃게 하며, 자녀에 대한 태도가 불안해지고 그 일관성을 잃기 쉽다. 또한 자녀들은 부모의 절대적 권위에 회의를 품으며, 그들의 자유와 독립성을 행사할 수 있는 권리를 주장하려 한다. 이러한 태도와 경향은 부모의 권위를 전적으로 용납하지 않을 것이며, 이로써 부모의 권위는 위협을 당하므로 부모자녀 간의 갈등이 발생하게 된다.

둘째, 현대사회에서는 교육이 전문직 기관에 의하며 실시됨으로써 부모의 권위가 많이 상실되고 있다. 전근대적 사회에서는 생활의 기술과 지식이 전문적 교육자를 통하지 않고 부모나 다른 연장자들에 의하여 일상생활에서 주로 전달되었던 것이다. 그러나 교육기관이 전문화됨으로써 자녀들은 일찍부터 학교에 다니며 부모에게서 배우지 못하는 지식을 배우게 된다. 자녀들은 부모 이외의 새로운 권위자에게 관심을 돌리게 되며 부모의 권위가 제한된 것을 알게 된다. 아동기까지 장악하였던 부모의 전체적 권위는 약화되고, 또한 부모자녀 간에는 학문과 지식에 있어서 점점 차이가 많아진다.

셋째, 자녀의 성장이 부모의 권위와 지배의 재조정을 요구한다. 즉, 자녀들이 부모의 전적인 보호와 권위를 필요로 하는 유아기와 아동기를 벗어나서 자립적 행동의 범위를 점차로 확대함에 따라 부모는 자신들의 권위행사를 서서히 절제하고 조정해야 한다. 그러나 이 한계가 어떤 일반적 기준에 의하여 일률적으로 결정될 수 없는 것이며, 개인적 형편과 구체적 상황에 따라 적용되어야 하기 때문에, 그 과정에서 많은 문제와 갈등에 부딪치게 된다. 그리고 부모가 노령기에 이르면 그들은 자녀들을 보호하고 지배하던 입장에서 자녀들에게 의지해야 할 종속적 지위로 전환하게 된다. 이 과정에서 부모들은 지금까지의 권위에 대한 타성으로 그들의 실제적 형편과 위치에 맞지 않는 기대를 자녀에게 갖게 된다. 이 경우에도 새로운 재적응과 재조정이 필요하다.

넷째, 현대 핵가족에서는 가족의 결속망이 소수에게 한정되며 감정적 관계가 부모자녀에게 집중되어 그 정도가 매우 강하다. 확대가족에서와 같이 감정의 표현을 많은 대상에게로 확산시킬 수 없기 때문이다. 반면, 자녀들은 여러 동료집단 및 학교집단에 참여하여 대외적 접촉을 많이 가짐으로써 그들의 관심 범위는 확대되며 대인관계가 가족 이외의 사람들로 확장되어 간다. 여기에는 두 방향의 갈등적 요구가 작용한다. 즉, 한편으로는 핵가족의 단합을 위하여 부모자녀 간의 동일화와 융합이 요구되며, 다른 한편으로는 자녀들의 대외적 관심과 접촉으로써 부모의 지배와 간섭을 점점 벗어나려는 요구가 있다. 이러한 상반된 요구로 인하여 부모와 자녀 간에는 상호 이해가 어려울 때가 많게 되고, 따라서 갈등이 발생하게 된다.

다섯째, 사회적 요인으로서 성에 대한 부모자녀 간의 상이한 태도와 기대이다. 현대사회는 젊은이들에게 조혼을 장려하지 않는다. 고등교육을 받고 직업을 위한 전문지식과 기술을 습득하기까지 혼인을 연기해야 한다. 따라서 자녀들은 그들의 성적 욕구의 자유로운 충족이 불가능하므로 불만과 긴장에 쌓이기 쉽다. 부모들은 사회가 일방적으로 기대하는 도덕성으로 자녀의 성행위를 제한하고 통제하려고 한다. 부모들의 이러한 통제는 젊은이들의 성에 대한 자유로운 태도와 서로 상치되기 쉽다. 이러한 부모자녀 간의 관계는 특히 사춘기에 있는 자녀들이 부모에게 반항을 하기 쉬우며 부모의 염려스런 훈육은 오히려 자녀들을 자극하여 부모자녀 간에 미묘한 긴장과 갈등을 초래하게 된다.

04 형제자매관계

형제자매관계는 사람들의 평생을 통해 좋았다가 나빴다가 하며 항상 존재하는 관계이다. 즉, 많은 시간을 함께 보내면서 개인의 사회화에 중요한 현장을 제공한다. 형제자매를 통해 배운 사회적 기술은 가족체계를 벗어나 또래관계, 더 나아가 사회에서 만나는 대인관계에 중요한 영향을 미친다.

1) 형제관계에 대한 이해

형제자매관계는 우정의 근원이며 상호 지지자로써 중요한 의미를 갖는다. 또한 형제자매는 상호 간에 성장하는 데 있어서 역할의 모델링이 되고, 사회적 인지의 기술을 배우게 되는데, 이러한 성장과정에서 동반자이자 경쟁자이기도 하다.

형제자매관계는 가족 내 출생순위에 의해 결정된다. 이 출생순위는 개인의 인성 형성에 영향을 미치게 되는데, 맏이나 막내, 외동이, 중간은 모두 각기 다른 위치에서 각자의 삶을 살아 나가게 된다. 아들러(Adler, 1964)는 출생순위에 따른 개인의 성격 특성을 다음과 같이 설명하고 있다. 맏이는 동생을 볼 때 외동이 자리를 내놓고 부모의 애정과 관심이 아기동생에게 쏠리는 것을 지켜보아야 한다. 이제 더 이상 부모의 왕자, 공주가 아니라는 것이 분한 일이지만, 자기보다 더 작고 약한 존재 앞에서 우월감을 느낄 수도 있고 맏이로서의 책임감도 느낄 수 있다. 막내의 경우는 부모 형제가 모두 자기보다 크고 강하다는 현실을 견뎌야 하며, 가운데에 있는 형제들은 맏이나 막내로서 갖게 되는 특권이 없기 때문에 부모의 관심과 애정을 쟁취해야 한다(홍숙기, 2000).

출생순위에 따른 형제자매들의 성격은 각각 장단점을 갖고 있다. 그러나 개인의 인성에서 출생순위에 따른 장점이 주로 나타나느냐 혹은 단점이 나타나느냐 하는 것은 부모의 양육방식과 가족의 역동성 등에 의해 좌우된다고 한다. 가족관계가 화목한지 아니면 자녀가 부모의 사랑과 관심을 차지하기 위해 경쟁하는 분위기인지에 따라 부모가 '자녀의 위치' 효과를 부정적으로 증폭시킬 수 있다. 즉, 부모가 자녀를 그들의 형제자매와 비교하여 판단하려 하면 서로 미워하고 경쟁하게 된다.

형제자매체계의 경계선을 존중하기 위해서는 서로의 관계가 어떤 관계이고, 부모와 각각의 자녀가 어떤 관계인지를 분명히 해 주는 것이 도움이 된다. 즉, 부모와 형제자매체계 사이의 분명한 경계선은 자녀들이 분쟁을 조절할 때 자신의 능력을 발휘할 수 있을 정도의 거리감을 유지하도록 하는 것을 의미한다.

2) 형제자매관계의 특성

형제자매관계는 가족 내 부부관계와 부모자녀관계와는 다른 특성을 지닌다. 동세대의 형제자매들이 같은 혈연이라는 공감대를 지니면서 동료로서 때로는 상하의 위계(hierarchy) 질서에 따라야 하는 복합적인 요소를 지닌다.

권석만(1997)은 형제자매의 특성을 다음과 같이 설명하고 있다. 첫째, 형제자매관계는 같은 부모의 피를 물려받은 혈연적 동료관계이다. 혈연으로 맺어진 형제자매관계는 일차적인 관계로서 선택의 여지없이 부여된 관계이며 가입과 탈퇴가 불가능한 관계이다. 아울러 같은 부모의 유전자를 물려받기 때문에 여러 가지 유사성을 지닐 수 있다.

둘째, 형제자매관계는 수직적인 요소와 수평적인 요소가 복합된 대인관계이다. 나이 차이가 있지만, 출생서열에 따라 위계가 정해지는 수직적인 관계이다. 동생은 형과 언니의 말을 따르고 오빠와 누나는 동생을 보호하고 보살펴야 하는 의무를 가진다. 이와 같이 불공평한 역할에 따르는 위계적 질서의 형제자매관계는 한편으로 수평적인 요소도 함께 갖는다.

셋째, 형제자매관계는 의식주를 함께 하며 동고동락하는 운명공동체이다. 가족의 일원으로서 가족의 변화를 겪을 뿐만 아니라 같은 부모 밑에서 성장하고 생활하는 공통적인 체험과 입장을 공유한다. 같은 환경 내에서의 성장이 서로를 가장 잘 이해하고 공감할 수 있게 한다.

넷째, 형제자매관계는 인생에서 가장 오랜 기간 동안 유지되는 대인관계이다. 출생과 더불어 형제자매관계 속으로 들어가며 나이가 비슷하기 때문에 거의 평생을 지속하는 관계이다. 또래와의 관계와는 달리, 일차적인 관계이므로 관계의 절연은 있을 수 없다. 그러나 간혹, 형제자매 간의 절연이 생기면 다른 동료관계와 달리 절연의 해소 혹은 관계 회복을 하는 데 어려움이 따른다.

다섯째, 형제자매관계에는 경쟁적인 요소가 있다. 형제자매는 부모로부터 공급받는 모든 것을 나누어 갖는 위치에 있다. 자녀들의 싸움을 막으려는 부모들의 간섭이 자녀들의 경쟁심을 자극하기도 한다. 또한 자녀들 사이의 경쟁의식을 부추기는 또 다른 방법 중의 하나가 아이들을 서로 다른 역할에 한정되게 하는 것이다. 즉, 한 아이에게 '우리 아기'라고, 다른 자녀에게는 '큰 언니'라고 이름 붙였다면, 언니는 어린 동생에게 주어지는 관심을 질투하게 된다. 즉, 부모가 자녀를 서로 비교하여 평가하고 그러한 평가에 따라 애정과 물질적 보상을 달리 주게 됨에 따라 형제자매관계는 서로 비교하며 경쟁적인 상대로 인식할 수 있다. 여기서 형제간의 경쟁심을 다루는 데 있어 부모들이 하는 가장 큰 실수는 자녀 양육의 특별한 기술을 모르는 것이 아니라 아이들의 삶에 너무 많이 관여하는 것이다. 즉, 부모 역할의 기술이 부족한 것이 아니라 자녀와의 융합이 문제가 된다. 가족 각 하위체계 간의 경계선이 명확하지 않으면 가족은 서로 상호적으로 기능하는 방법을 배울 수 없다.

Chapter 07

직장 내 대인관계

인간은 누구나 한 가정에 소속되어 있는 동시에 일을 위한 직장을 가지고, 일생 동안 직장생활을 해 나가게 된다. 가정이 휴식처이며 안락함을 느낄 수 있는 곳이라면, 직장은 자기실현의 장인 동시에 경제적 터전을 마련해 주는 곳이라고 할 수 있다.

일이란 휴식, 놀이, 여가활동을 제외한 모든 생산적인 활동을 의미하며, 직업 활동을 통해 성취를 이루는 과정에서 많은 사람들과 교류를 한다. 인생의 전반에서 어떻게 보면 가족보다 더 많은 시간 동안 직장 내 사람들과 일을 하게 되므로, 직업 활동 속에서 만나는 사람들과 원활하고 협동적인 대인관계를 형성하는 것은 직업적인 성공은 물론이며, 개인적인 행복이다. 이에 따라 우리 삶의 매우 중요한 부분인 직장에서의 대인관계, 즉 동료, 상관, 부하, 직원들 간의 대인관계에서 무엇이 중요하며, 그 특성들은 어떠하며, 원만한 대인관계를 이루기 위해서는 어떻게 해야 하는지에 관해 살펴보고자 한다.

01 직업의 의미

직업이란 생계를 유지하기 위하여 보수를 얻을 목적으로 어떤 일에 계속적으로 종사하는 인간 생활이라고 말할 수 있다. 보통 직업을 'occupation'이라고 부르는데 이것은 실제적이면서도 경제적 색채가 농후하며, 이에 대립되는 'vocation' 은 '신의 부름'이라는 종교적인 의미를 내포하고 있다. 따라서 'occupation'은 생업으로서의 직업이라 한다면, 'vocation'은 천직으로서의 직업이라 할 수 있다. 생업으로서의 직업은 주관적 측면을 강조하는 것이지만, 천직으로서의 직업은 사회적 역할의 분담을 강조하는 것이다. 'profession'은 전문 기술과 특별한 재능을 필요로 하면서 비영리적인 봉사적 직업을 가리킨다. 이에 대립되는 말이 'business'이다. 이 말은 사업 내지 상업을 가리키므로 이것은 영리적인 직업이며 누구나가 할 수 있는 직업이다.

인간은 사회생활을 영위하면서 사회적 역할을 분담해야 하지만 그렇다고 모든 사람이 똑같이 사회적 역할을 분담하는 것은 아니다. 각자 지니고 있는 능력과 소질 그리고 적성에 맞는 일을 맡아 하는 것이 바람직한 일이다. 이렇게 볼 때 직업은 개성의 신장을 통한 자아실현이라는 측면에서 규정되므로 직업이라는 완전한 정의를 내릴 수 있는 것이다. 즉, 직업은 생계의 유지와 사회적 역할의 분담 및 자아의 실현을 목표로 하는 지속적인 활동이라고 정의할 수 있다.

직업을 가지는 목적은 첫째, 생계유지를 위한 기본 수단으로서이다. 생존에 필요한 의식주의 조건을 마련하기 위한 생산적 활동으로 직장이란 자신과 가족의 생계를 유지하기 위한 경제적 소득을 얻는 중요한 곳이다. 둘째, 직장이 경제적 보상을 제공하는 대가로 종사자에게 역할 수행의 의무가 요구된다. 즉, 직업이란 사회적 역할이 주어지는 수단이 된다. 인간에게 이 사회의 구성원으로서 소속감을 주며, 이러한 활동을 통해 사회가 존재하는 원동력이 되는 것이다. 셋째, 자신의 능력을 발휘하는 자기실현의 장이 직장이며, 자신의 개성과 능력을 발휘하여 자신이 추구하는 목표와 가치를 실현할 수 있게 하는 곳이기도 하다(권석만, 1997).

결론적으로 인간은 직업을 통해 사회생활을 영위하며, 사회인으로서의 지위나 명예도 직업에 의해 부여된다. 즉, 직업을 통하여 생계를 근본적으로 해결하고 사회의 기능을 분담함으로써 사회에 봉사하고 또한 자신의 능력과 소질과 적성에 맞는 직업을 선택함으로써 개성을 신장·발휘하고 자아의 실현을 도모한다.

02 직업 선택시 고려사항

인간은 전반적인 삶에서 공통적으로 겪어야 할 삶의 과제가 있다. 인간의 발달 단계마다 대인관계의 양상이 다르고 대처해야 할 과제가 다르다. 출생에서 죽음에 이르기까지 인간이 거쳐야 하는 생애 전이(transition)과정에서 유아기, 아동기, 청소년기, 성인전기, 성인후기, 중년기, 노년기에 이르는 각각의 과제를 어떤 이들은 매우 순탄하게 잘 수행해 나가지만, 또 다른 이들은 매번 자신만이 이러한 과제를 잘 수행해 나가지 못하는 것 같아 많은 고민과 좌절을 거듭하기도 한다. 가족체계를 떠나 학교라는 사회체계에서 학업 수행을 성취해 나가는 것 못지않게 성인전기에 일과 관련된 직업을 선택하고 준비하는 일 또한 매우 중요하다. 더 나아가서는 이러한 직업이 자신이 좋아하고 잘 할 수 있는 일과 연결된다면 더할 나위 없이 성공적인 직업 활동을 할 수 있을 것이다.

1) 직업가치관

직업관은 직업이 인간 사회에 어떠한 영향을 미치며, 직업이 갖는 의미가 무엇인가에 따라서 자기 본위의 직업관과 사회 본위의 직업관, 자아실현의 직업관으로 분류할 수 있다.

첫째, 자기 본위의 직업관은 직업이 생계유지를 위한 활동이며 입신출세를 위한 수단으로 보는 견해이다. 이것은 가장 통속적인 직업관으로 생업으로서의 직업적 측면을 강조한 직업관이라 할 수 있다. 이러한 입장에서 직업은 오직 자기 자신만을 위한 것이기 때문에 개인주의 내지는 이기주의적 직업관이라 볼 수 있다. 물론 이 직업관은 자기의 이익만을 목적으로 삼지 않는다고 주장할 수 있다.

둘째, 사회 본위의 직업관이다. 직업이 단순히 자기나 가족을 위하는 것이라고 볼 때 여기서 봉사의 정신이 나올 수 없다. 자신 또는 자기 가족을 넘어선 어떤 누군가를 위한 직업이 될 때 비로소 직업이 봉사의 의미를 갖게 된다. 이 누군가는 넓은 안목에서 볼 경우 사회나 국가가 이에 해당된다. 이 직업관은 자기의 필요나 가족의 이익을 목적으로 삼기보다 자신이 속해 있는 사회 전체의 이익을 목적으로 삼는다. 그러므로 자신의 이익이나 욕망을 초월하는 사회 전체에 대한 희생과 봉사가 중심 과제로 등장한다.

셋째, 일 본위의 직업관이다. 이 직업관은 직업을 자아실현의 과정으로 보는 견해이다. 여기서 직업은 자신의 생계를 위한 것도 아니고 남을 위한 것도 아니다. 오직 직업 그 자체를 위한 것으로 파악된다. 여기서 기본적 입장은 주로 일의 화신이 되는 것이다. 즉, 일을 위하여 살고 일을 위하여 죽는다. 이 경우 직업이 어떤 일에 몰입될 때 외부적인 압력에 의해서가 아니라 자신의 자발적인 욕구에 따라 이루어진다. 자아실현은 자기가 지니고 있는 개성과 취미를 실현시키는 것이다. 그리고 자아실현은 개인이 속해 있는 사회 집단의 필요와 무관하지 않다. 진정한 자아는 사회화 속에서만 존재하기 때문이다.

자아실현적 직업관의 구비조건으로 직업이 생계유지를 위한 절대적인 수단이 되어서는 안 된다고 한다. 또한, 직업이 자신의 능력, 취미, 개성에 맞는 것이어야 하고, 업무가 개성을 충분히 발휘할 수 있는 여건이 조성된 직장에서 행해져야 한다. 더불어 직장인은 일에 대한 애착을 느끼고 그 일에 정진하는 자세가 확립되어야 하며, 직업이 사회의 미풍양속에 위배되지 않고 인격도야에 도움이 되는 것이어야 한다.

〈표 7-1〉 자신의 가치관 인식하기(5가지 선택후 이유 적기)

가치관 예시문	나의 선택	중요 순서	선택 이유
1. 질병과 궁핍을 떨쳐 버리는 세상			
2. 국제적 명성과 인기			
3. 진정한 사랑의 관계			
4. 선택한 직업에서의 성공			
5. 경제적 안정과 편안한 생활			
6. 진취적이고 활동적인 신나는 생활			
7. 자신이 한 일에 보람을 느끼며 사는 생활			
8. 자연과 예술의 아름다움을 감상하는 생활			
9. 모든 사람이 공평한 기회를 갖는 것			
10. 행복한 가족관계			
11. 남에게 의지하지 않는 자주적인 삶			
12. 걱정이나 고민이 없는 편안한 생활			
13. 이성과의 완전한 사랑			
14. 외부의 침입으로부터 나라를 지키는 것			
15. 종교를 통한 영원한 삶			
16. 자기존중(자기를 훌륭한 사람으로 생각하는 것)			
17. 남들로부터 존중과 인정을 받는 것			
18. 진실과 우정			
19. 지혜(슬기)			
20. 건강하고 행복한 삶			
기 타			

출처: 김진숙외(2014). 인간관계와 의사소통.

2) 직업의 선택

인간이 직업을 자유롭게 선택할 수 있었던 것은 근대 사회 이후의 일이다. 인권이 유린되었던 봉건 사회가 무너지고 시민의 자유와 권리가 보장되는 근대사회에 접어들면서 직업의 자유로운 선택도 보장받게 되었다.

우리나라 헌법 제14조에는 "모든 국민은 직업 선택의 자유를 가진다."라고 명시

되어 있다. 그러나 직업의 선택이 아무리 보장된다 하더라도 사회의 공공질서에 반하는 것이어서는 안 될 뿐 아니라 경우에 따라서는 직업선택이 전적으로 개개인의 자의에 의해서 마음대로 행해져도 좋다는 뜻은 아니다. 여기서 가장 중요한 일은 모든 사람이 자기 개성에 맞는 직업을 선택하는 일이다. 개성이란 개인의 신체적, 정신적 특성이나 능력만을 의미하는 것이 아니고 각 개인의 생활체험, 생활양식, 가치관, 사고방식, 취향 등과 밀접하게 연결되어 있는 것이다.

일반적으로 사람들은 직업에 대한 폭넓은 지식이 결여되어 있으나, 직업은 여러 가지 유형이 있고 그 종류도 다양하다. 그러므로 직업선택에 있어서 최소한의 정보가 필요하다. 직장은 인생의 가장 많은 시간을 보내게 되는 자기실현의 장이자 대인관계의 장이다. 직장생활의 만족은 인생의 행복을 결정하는 중요한 요인이다. 이런 점에서 어떤 직업과 어떤 직장을 택하느냐 하는 문제는 인생을 결정하는 중요한 선택이다.

다음으로는 직업 선택 시 고려해야 할 점들이다. 여러 가지가 있겠지만, 대체로 진로 상담전문가들은 주요한 요인으로 가치관, 흥미, 성격, 적성, 능력, 직업전망, 부모의 기대와 지원 등을 들고 있다(권석만, 1997).

(1) 가치관

인간은 자신이 가치 있게 여기는 일을 할 때 만족하게 된다. 따라서 직업이나 전공을 선택할 때 자신의 가치관을 고려해야 한다. 가치관은 '개인이 특정 상황에서 어떤 선택이나 결정을 내려야 할 때, 특정한 방향으로 행동하게 하는 원칙, 믿음, 신념'을 의미한다. 가치관은 성장과정을 통해 자신이 살아온 환경과 주위 사람들의 영향을 받아 형성되는 것이다. 특히, 아동기에 부모나 자신에게 영향력을 행사하는 의미 있는 타자의 행동을 내면화함으로써 가치체계가 형성되는데 이렇게 형성된 가치관은 성장하면서 정형화된다(이태연 외, 2006). 가치관은 내면적인 신념체계로서 평소에 잘 자각되지 않는다. 따라서 자기 자신에게 여러 가지 질문을 던짐으로써 의식화할 수 있다. 예를 들면, 나는 어떤 인생을 살고자 하는가? 어떤 삶이 가치 있는 삶이라고 생각하는가? 나는 인생에서 무엇을 중시하며 살아갈 것인가?

나는 어떤 일과 활동을 할 때 가장 가치 있는 일을 했다고 느끼는가? 이러한 질문을 통해 평소에 자각하지 못한 자신의 가치관이 좀 더 분명하게 드러날 수 있다. 다음 〈표 7-2〉는 가치관이 다양한 방식으로 분류되며, 직업과 관련됨을 나타낸 것이다.

〈표 7-2〉 가치관의 유형과 관련된 직업

유형	특징	관련 직업
이론형	사물의 진리를 탐구하고 연구하며 가르치는 일에 보람과 긍지를 느낀다.	교사, 교수, 연구원, 학자, 과학자, 평론가, 수학자, 교육가 등 연구 및 교육 활동에 종사하는 직업
경제형	재산형성에 큰 가치를 부여하며 돈을 버는 경제적 활동에 관심과 흥미를 갖는다.	소도매상인, 유통업종사자, 중소기업인, 대기업인, 무역인 등 경제활동에 종사하는 직업
심미형	아름다움의 추구에 가치를 두며 아름다움의 창조활동을 다른 어떤 일보다 소중하게 여긴다.	음악가, 화가, 무용가, 소설가, 예술평론가 등 예술 분야의 직종
사회 사업형	고통받는 사람의 삶에 관심이 많으며 이들을 위해 돕고 봉사하는 일에 높은 가치를 둔다.	사회사업가, 상담교사, 재활상담원, 의사, 간호사, 사회봉사자 직종
정치형	국가 및 사회발전에 관심이 많으며 권력을 취득하여 자신의 영향력을 행사하는 일에 가치를 둔다.	정당인, 정치가, 국회의원, 장관, 차관, 행정관료, 기관장, 시도의원 등의 직종
종교형	인생의 궁극적 의미를 추구하며 절대자의 숭배나 자기초월적 수행에 최고의 가치를 둔다.	목사, 전도사, 승려, 신부, 기타 종교와 관련된 직종

출처: 권석만(1997).

(2) 흥미

인간은 자신이 흥미를 느끼는 일을 할 때 힘든 줄 모르고 몰두하게 된다. 또한 자신이 흥미 있는 일을 하면 좋은 결과를 얻기 마련이다. 이와 같이 흥미는 일에 대한 몰두와 성과에 영향을 미치는 중요한 요인이다. 흥미는 '어떤 종류의 활동이나 사물에 대해서 특별한 관심이나 주의를 갖게 하는 개인의 일반화된 행동경향'을 의미한다. 즉, 개인으로 하여금 어떤 일에 즐거움을 느끼고 어떤 일에 몰두하거나 어떤 일을 하고 싶어서 소망하는 것은 흥미에 의한 것이다. 홀란드(Holland, 1985)에 의하면, 사람은 흥미를 느끼는 일에 많은 노력을 투여하며 일에 대한 만족도도 높다고 한다.

〈표 7-3〉 흥미와 성격에 적합한 직업군

흥미유형	성격 특성	직업
실제적 유형 (realistic)	남성적, 솔직, 성실, 검소, 지구력이 있고, 말이 적으며 고집이 있고, 직선적이며 단순하다.	기술자, 항공기조종사, 정비사, 엔지니어, 전기기계기사, 운동선수
탐구적 유형 (investigative)	탐구심, 논리적, 분석적, 합리적, 지적 호기심이 많고 비판적, 내성적이며 신중하다.	과학자, 생물학자, 화학자, 물리학자, 의료기술자, 의사
예술적 유형 (artistic)	상상력, 감수성, 자유분방, 독창적, 개성이 강하고, 비협동적이다.	예술가, 작곡가, 음악가, 무대감독, 작가, 배우, 소설가, 무용가, 디자이너
사회적 유형 (social)	사람과 어울리기를 좋아하고, 친절, 이해심 많고, 남을 잘 돌보고, 봉사적이며 이상주의적이다.	사회복지사, 교육자, 간호사, 상담가, 종교지도자
기업적 유형 (enterprising)	지배적, 통솔력, 지도력, 설득력이 있고, 경제적이며 야심이 많고 외향적이며, 낙관적이고 열성적이다.	기업경영인, 정치가, 판사, 영업사원, 판매인, 관리자
관습적 유형 (conventional)	정확, 조심성, 세밀하고 계획성이 있으며, 완고하고 책임감이 강하다.	공인회계사, 경제분석가, 은행원, 세무사, 경리사원, 안전관리사, 사서, 법무사

출처: Holland(1985). 직업적 성격유형.

(3) 적성

직업 선택 시 가장 중요하게 고려해야 되는 부분이 적성이다. 인간은 누구나 나름대로 특정한 분야에 뛰어난 능력을 지니고 있다. 이러한 자신의 독특한 능력, 즉 적성을 고려하는 것이 중요하다. 인간의 지적인 능력은 크게 일반지능과 특수지능으로 구분된다. 일반지능은 전반적인 지적 능력을 뜻하는 반면, 특수지능은 특수한 분야에 대한 지적 능력을 의미한다고 한다. 즉, 적성은 일종의 특수지능으로서 특히 특정한 직업을 수행하는 데 필요한 특수한 능력을 의미한다. 인간은 누구나 나름대로의 우수한 적성을 지니고 있다. 이러한 자신의 적성을 찾아내어 그러한 적성을 필요로 하는 직업을 선택하는 일이 중요하다.

(4) 성격

성격은 개인이 시간과 상황에 상관없이 지속적으로 지니는 일관된 특성으로 그 사람의 정서적인 반응과 사회적 행동에 강력한 영향을 미친다. 어떤 사람은 사람과 접촉하는 일을 좋아하고, 어떤 사람은 자료를 정리하고 계획하는 일을 좋아한다. 전자는 사회성이 높은 외향적인 사람이고 후자는 사려성이 뛰어난 내향적인 성격의 사람이다. 이와 같이 성격은 직업선택 시에 고려해야 하는 중요한 요인이다.

(5) 직업의 전망

현대사회는 급격히 변화하고 있으므로 새로운 사업이 생겨나는 반면, 어떤 직업은 퇴조하고 있다. 현재의 직업상황뿐만 아니라 앞으로 우리가 살아가야 할 미래 사회에서 어떤 직업이 발전하고 각광을 받을 것인지에 대해서 충분히 고려하는 것이 바람직하다.

(6) 가족의 기대와 지원

부모는 자녀의 직업에 대해서 나름대로의 기대와 소망을 지니고 있다. 직업 선택 시 부모와 많은 대화를 통해 부모의 기대를 고려하고, 또한 어떤 직업은 부모의 경제적 또는 사회적 지원이 필요한 경우가 있다. 따라서 직업을 선택할 때에 가족의 기대와 지원 요인도 충분히 고려해야 한다.

03 직장 내 대인관계

직장은 공동의 목표와 업무수행을 위해 구성된 사람들의 조직이다. 직장의 인적 구조는 그 규모나 직장특성에 따라 매우 다양하다. 사회에 진출하여 취업하게 되면 이러한 직장의 인적 구조 속에 편입되어 직장 내 대인관계에 적응해야 한다. 또한 직장은 대부분 위계적 조직을 지니므로 상사와 부하직원으로 구성된다.

1) 직장에서의 대인관계 유형

(1) 직장에 대한 소속감에 따른 분류

❶ 직장중심적 대인관계

이 유형은 직장동료들과의 대인관계를 중시하여 이를 삶의 중요한 대인관계 영역으로 생각하는 직장인의 태도를 의미한다. 직장중심적 대인관계를 나타내는 사람은 소속한 조직 및 업무에 대한 소속감과 만족도가 높다. 또한 직장 내에서 수행하는 업무에 중요한 의미를 부여하고 개인의 관심사나 취향과 일치함으로써 업무에 대한 흥미가 높다. 직장동료와의 친밀도와 관계만족도가 높아서 직장동료가 중요한 친구의 역할을 하는 경우가 많다. 따라서 직장동료와 업무에 관한 대화뿐만 아니라 개인적 일이나 고민, 취미 등을 함께 나누게 된다. 그러나 이러한 유형은 직장 내 대인관계에 지나치게 몰입하거나 제한되어 가족관계나 교우관계와 같은 다른 대인관계를 소홀히 하는 위험성이 있다.

❷ 직장탈피적 대인관계

이 유형은 직장에 대한 소속감과 만족도가 떨어지는 경우에 나타나는 직장인의 대인관계이다. 직장동료와의 친밀도나 만족도가 낮고 따라서 직장동료보다 직장 밖의 대인관계를 중시한다. 직장의 분위기에 적응하지 못하고 직장동료와 친밀한 관계를 형성하지 못한 경우에 이런 유형이 나타나게 된다. 또한 업무가 자신의 적성이나 취미, 관심사와 맞지 않아 업무에 대한 흥미가 적은 경우가 많다. 이런 사람에게 직장은 생활에 필요한 소득을 얻기 위한 곳일 뿐이다. 이런 사람은 직장동료와 의사소통이 적고 무관심하며 퇴근 시간이 되자마자 직장을 떠난다. 직장동료에게는 업무 이외에 개인적인 문제를 잘 이야기하지 않는다. 이런 사람은 직장 내 대인관계를 소홀히 하여 직장 내 적응 및 업무수행에 곤란을 겪을 가능성이 높다.

(2) 구성원 간의 호감도 및 응집력에 따른 분류

❶ 화합응집형

화합응집형은 구성원들이 서로 긍정적 감정과 친밀감을 지니는 동시에 직장에 대한 소속감과 단결력이 높은 경우이다. 이런 유형의 직장에는 구성원들의 정서적 유대관계를 중시하는 지도력이 있는 상사가 있는 경우가 대부분이다. 업무분담이 명료하여 구성원 간의 갈등이 적으며 자유로운 직장분위기를 지니고 있다.

❷ 대립분리형

대립분리형은 구성원들이 서로 적대시하는 두 개 이상의 하위집단으로 분리되어 있는 경우이다. 하위집단 간에서는 서로 반목하지만 하위집단 내에서는 서로 친밀감을 지니며 응집력도 높다. 이런 하위집단은 흔히 부서별로 형성되기도 하지만 같은 부서 내에서도 친교관계에 따라 분리될 수 있다.

❸ 화합분산형

화합분산형은 직장 간에는 비교적 호의적인 관계가 유지되지만 직장에 대한 응집력이 미약한 경우이다. 지도력 있는 상사가 없거나 개인주의적 성향이 강한 구성원으로 구성되어 있는 경우에 이런 형태가 나타날 수 있다. 직장의 구성원들은 서로에 대한 깊은 수준의 공개나 정서적 교류가 일어나지 않는 피상적인 대인관계를 유지하는 경우가 많다.

❹ 대립분산형

대립분산형은 직장 간의 감정적 갈등이 심하며 직장의 대인관계에 구심점이 없는 경우이다. 이런 유형의 직장인들은 직장에 대한 애착이나 소속감을 느낄 수 없다. 직장에서 찾을 수 있는 의미는 경제적 수입밖에 없으며 직장에서 자신에게 부여된 업무만 할 뿐 구성원 간의 협조나 협동이 잘 이루어지지 않는다. 이런 유형의 직장인은 직장에 대한 만족도가 매우 낮으며 업무의 효율도 저하될 수밖에 없다.

2) 상사의 유형

직장의 상사는 부하직원을 통솔하는 지도자의 역할을 한다. 상사의 유형은 부하직원의 지휘방식 및 성격유형과 경영스타일에 따라 분류해 볼 수 있다.

(1) 부하직원의 지휘방식에 따른 유형

❶ 권위형

권위형 상사는 부하직원에 대해서 지배적이고 통제적인 역할을 하는 상사이다. 이런 사람은 상사와 부하직원의 관계를 지배와 종속의 관계로 파악하며 부하직원의 의견을 수렴하기보다 자신의 판단에 따라 일방적으로 지시하고 명령하는 행동 패턴을 보인다. 아울러 부하직원들이 자신에게 충성심을 보이고 자신의 지시에 절대적으로 복종해 주기를 기대하며 그런 부하직원을 총애한다. 권위형 상사는 구성원의 응집력을 높이고 일사분란한 업무지휘를 통해 효과적인 업무수행을 달성할 수도 있다. 그러나 자신의 명령에 이의를 제기하는 부하직원에 대해서는 상급자의 지위와 권한으로 묵살하거나 처벌하는 등 경직된 분위기를 조성하여 자유롭고 창조적인 활동이 억제될 수 있다.

❷ 방임형

방임형 상사는 부하직원의 업무활동에 비교적 무관심하거나 자신감이 없는 상사이다. 흔히 부서업무에 대한 전문적 능력이나 지도력에 자신감이 없는 상사들이 이런 유형에 속할 수 있다. 이런 상사는 부하 직원에게 자율적 권한을 지나치게 많이 부여하는 대신 자신의 역할과 책임을 축소하는 경향이 있다.

❸ 민주형

업무를 추진함에 있어서 부하직원의 의견을 수렴하고 그들의 재량권을 존중하는 상사이다. 민주형 상사는 상사와 부하직원의 관계를 인격적 평등관계로 인식하며 부하직원과의 자유롭고 솔직한 의사소통이 이루어진다. 이러한 상사의 부서는 자유롭고 개방적인 분위기가 조성되어 창조적인 활동이 이루어질 수 있으며 부하직원들의 만족도가 가장 높은 반면, 업무수행의 효율성이나 구성원의 응집력은 떨어질 수 있다.

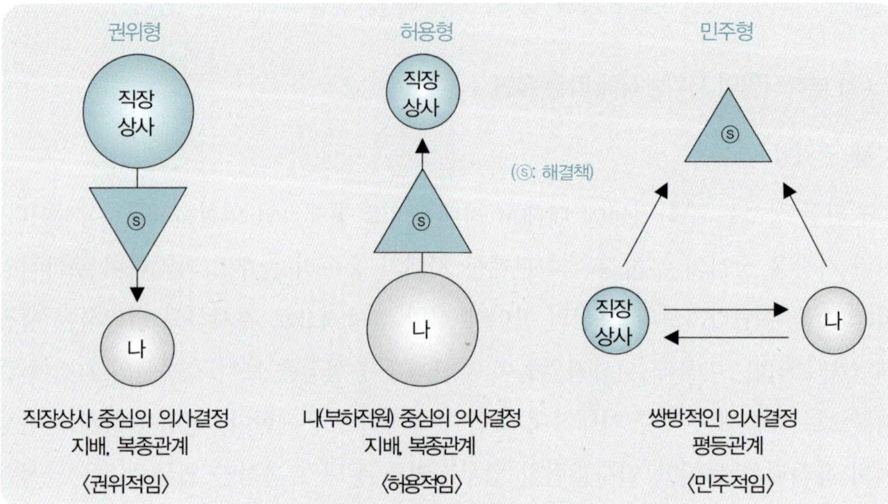

[그림 7-1] 부하직원의 지휘방식에 따른 상사의 유형
출처: 김진숙외(2014). 인간관계와 의사소통.

(2) 성격유형과 경영스타일에 따른 유형

상사의 성격유형과 경영스타일에 따라 분쟁조정자형, 조직안정형, 비전형, 민주형 지도자로 나누어 볼 수 있다.

❶ 분쟁조정자형 지도자

본 상사는 조직을 자극하여 활동하게 만드는 지도자로 조직 내의 문제나 교정방법을 신속하게 다룬다. 이 지도자 밑에서는 변화가 쉽게 일어나는데, 왜냐하면 지도자는 새로운 상황에 쉽게 적응할 수 있기 때문이다. 또한 문제 상황을 해결하기 위해 조직과 싸우지 않고 조직 내에 존재하고 그곳에서 이용할 수 있는 것을 활용한다. 그러나 그는 당면한 순간을 충분히 살기 때문에 과거의 약속이나 결정을 잘 기억하지 못할 수도 있고 변화를 즐기기 때문에 동료나 부하직원들에게 다소 예측 불가능하게 보인다.

❷ 조직안정형 지도자

본 상사는 계획을 수행하고 차질 없이 진행하는 데 탁월한 지도자로 조직에서 안정을 창출하는 일을 쉽게 해내며 결단력이 있다. 또한 인내심이 강하며 정확성을 기하는 일에 뛰어나고 약속을 잘 지킨다. 시간을 잘 지키고 질서를 중히 여기며 일을 계획대로 진행시킨다. 그러나 그는 당면문제를 너무 빨리 결정하려는 경향이 있으며 변화하는 조직의 요구에 대응하지 못할 수 있다.

❸ 비전형 지도자

본 상사는 항상 무언가를 구상하고 설계하는 지도자로 조직이 확립되고 또 그 위에서 확립될 원리들에 관심을 가진다. 모든 것에 대해 의문을 제기하고 법칙이나 원리들에 근거해서 답을 내린다. 변화를 계획하고 마치 X-선과 같은 눈을 가진 것처럼 조직의 차원과 중심축을 볼 수 있기 때문에 계획을 세우고 조직을 구성하는 데 유능하다. 그러나 창작과정에서는 엄청난 추진력을 내지만 실행하고 건설하는 것은 기꺼이 남에게 맡긴다.

❹ 민주형 지도자

본 상사는 인간중심적이기 때문에 조직원들을 최대한 효과적으로 이용할 수 있는 지도자로 사람들과 함께, 사람들을 통해서 일하는 데 탁월하며 민주적으로 운영되는 조직의 대표로 조직의 분위기를 정확하게 파악하고 직관적으로 그들의 장점에 주의를 쏟는 데 타고난 사람이다. 그러나 다른 사람의 우선 사항에 많은 시간을 빼앗기기 때문에 스스로를 위한 회복의 시간을 미리 계획할 필요가 있다.

3) 부하의 유형

부하 역시 상사를 대하는 태도에 따라 여러 가지 유형으로 나눌 수 있다.

(1) 추종형

이러한 부하는 상사의 의견을 존중하고 순종하여 잘 따르는 유형이다. 추종형에는 소극적 추종형과 적극적 추종형이 있다. 소극적 추종형은 상사의 지시나 결정을 불만 없이 순종하지만 상사에 대한 적극적인 추종행동은 나타내지 않는다. 반면 적극적 추종형은 상사를 찬양하고 상사의 비위를 잘 맞춤으로써 상사와의 친교관계를 위한 적극적 행동을 하는 부하의 유형이다.

(2) 저항형

이런 유형의 부하는 특히 지배적이고 권위적인 상사에 대해서 불만을 느끼고 이의를 제기하는 등 저항행동을 나타낸다. 저항형에도 적극적 저항형과 수동적 저항형이 있다. 적극적 저항형은 상사의 부당한 지시에 대해 노골적으로 이의를 제기하고 반발하는 사람인 반면, 수동적 저항형은 부당함을 느껴도 외현적으로 반항을 하지 않지만 간접적인 방법으로 상사에게 피해를 입히는 유형이다.

(3) 합리형

합리형 부하는 일방적 추종이나 저항보다 상사의 지시내용에 따라 합리적 판단에 의해 대처한다. 이들은 상사에 대한 정당한 칭찬과 반발을 할 줄 아는 자기주장성을 지니고 있다. 상사를 존중하되 부당한 지시에 대해서는 정중하게 이의를 제기한다.

04 직장에서의 적응 및 의사소통

직장은 제2의 가정이라고 말할 만큼 인간 생활의 중요 부분을 차지하고 있다. 인간은 하루의 일과 중 중요한 대부분의 시간을 직장에서 보내기 때문에 직장생활에 적응하지 못하는 사람은 개인적으로 불행한 운명을 살고 있는 것이다. 개인이 타인과 직장의 목표를 원만히 달성하기 위해 소속해 있는 환경에서 자신의 능력이

나 욕구를 현실적으로 융통성 있게 처리해 나가는 사람을 직장에 적응한 사람이라 부르고, 그렇지 못한 사람을 적응하지 못한 사람이라고 한다. 개인이 직장이라는 공동 사회에서 원만하게 적응해 나갈 수 있을 때, 그 개인과 직장이라는 조직과의 균형 있는 조화와 성과를 유지·향상시키면서 목표 지향적 삶을 산다고 볼 수 있다.

1) 성공적 직장생활의 대인관계 요건

성공적인 직장생활을 해 나가기 위해서는 직장에서 개인에게 원하는 기대가 무엇인지를 알아보아야 한다(임갑빈, 1997). 직장은 유능한 사람을 채용하여 잘 훈련시켜서 적재적소에 배치하고 그들이 자신의 업무를 책임지도록 하며 임무수행에 따른 보상을 해 주는 것이다. 직장은 대체로 자기 자신을 원만하고 적응력 있는 사람이라고 생각하는 사람을 원한다. 그러므로 학교성적도 중요하지만 직장에서 대인관계 기술은 더욱 중요하다. 왜냐하면 학교성적이 우수하더라도 직장동료들과 더불어 존재할 수 없는 대인관계상의 문제가 있다면, 성공적인 대인관계를 맺을 수 없어 원만한 직장생활을 할 수 없기 때문이다.

(1) 능력과 기술

능력과 기술은 직원의 채용과 관련된 일차적인 필수요건이다. 고용주들은 피고용인들에게서 자신이 부여한 업무를 수행하는 데 필요한 기본적인 기술을 구비하기를 기대한다. 물론 직종에 따라서 요구되는 필수요건이 다를 것이기 때문에 기본적인 기술을 한정하기는 어렵다. 직장상사나 고용주들이 신입사원에게 요구하는 것은 대체로 직무수행에 필요한 기본적인 기술과 주어진 시간 내에 적합한 수준까지 일을 숙달하는 능력이다. 그러므로 고용주는 직무에 적합한 기술수준을 요구하며 과오를 되풀이하지 않는 능력가를 요구하고 조직 내의 모든 직위는 그 업무와 직접 관련된 특정기술을 요구한다. 직무에 요구되는 기술수준을 구비하는 능력의 정도는 차후 자신의 자격증에 반영되고 자신의 직무성공에 있어서 디딤돌이 되어 준다.

(2) 주도성

주도성은 스스로 강한 동기를 갖고 타인의 계속적인 감독을 필요로 하지 않으며 기대 이상으로 일을 해 내는 사람, 즉 솔선수범하는 사람에 의해 연출되는 자질을 말한다. 사업을 하거나 기업을 운영하는 사람들은 점차적으로 직장의 문제에 직면해서 도전적이고 창조적인 안목을 발휘하는 사람들을 찾고자 한다. 현대사회와 같이 급변하는 사회에서는 정상적인 업무수행 이상의 수준을 능가하는 창의적이고 능동적이며 적극적인 사람을 요구한다. 이러한 주도성은 회사나 기타 직장에서 개인의 장기적 승진의 가능성을 높여 주는 가장 중요한 요인 중의 하나다. 여기서 주도성은 다른 직원을 무시하고 짓밟으며 입신출세하라는 말이 아니고, 오히려 자신의 일에 전념하고 직장을 도울 수 있으며 전 직원의 일반적 작업조건이나 기타 조건에 대한 개선방안을 찾으라는 뜻이다.

(3) 직장에 대한 충성심

자기 직장에 대해 긍지를 느끼지 못하고 회사와 그 회사의 생산품을 하찮은 것으로 생각한다면, 이는 자신이 인식하든 인식하지 못하든 간에 충성심(loyalty)이 없다는 표현이 된다. 직장에서의 충성심은 경영자들의 당연한 기대이다. 어떤 경우 충성심은 그 직장의 안전문제와 직결되며 그 직장이 기밀을 요하는 자료를 취급하게 되면 더욱 충성심이 요구된다. 이러한 충성심은 그 직장의 안정과 번영, 발전을 위해서 필요한 것이며 자신의 직장에 사명감을 갖고 충실히 수행하는 충성스런 자세는 자신의 발전과 직장의 발전을 가져오며 그 직장인 모두의 발전인 것이다.

(4) 적절한 용모

자신의 용모는 자기를 둘러싸고 있는 주위 모든 환경에 영향을 주게 된다는 사실을 알아야 한다. 직장 분위기는 물론이고 직장의 고객이나 기타 손님 등에게 자신은 영향을 주는 환경이라는 것을 명심해야 한다. 현실적으로 용모는 사업을 하거나 기업을 운영하는 데 있어서 단골손님이나 고객 모두에게 영향을 주는 아주 중요한 요인이 된다.

〈표 7-4〉 직장 적응의 외적 조건

1. 상사의 리더십 스타일과 관리 패턴
2. 직무의 특성과 장래성 있는 직무에의 욕구
3. 물적 작업 환경의 정비와 안전 보장, 작업장의 민주주의 참가
4. 소외, 건강과 안전, 공평의 원칙
5. 능력의 활용과 육성을 꾀하기 위한 기회의 제공
6. 생활 수준의 확보를 위한 노동과 보수
7. 노동의 의미, 노동의 만족 및 자아의 욕구 충족

출처: 김진숙외(2014). 인간관계와 의사소통.

2) 직장에서의 부적응 요인

직장 내 직책과 관련된 업무를 수행하는 과정에서 다양한 스트레스가 생긴다. 물론, 적절한 긴장과 스트레스는 삶을 추진케 하는 원동력이 되기도 하지만, 과도하게 되면 직업활동 본연의 역할을 수행하는 데 장애를 가져온다. 예를 들면, 과중한 업무, 업무완수 기일에 대한 시간압박, 업무성과에 대한 책임, 업무성과에 대한 부당한 평가나 부정적 평가, 업적 보상의 부족과 불공정, 업무환경의 불량 등이 여기에 속한다. 한편, 업무보다 직장구성원과의 대인관계 속에서 많은 스트레스를 경험하게 된다. 대부분의 직장은 상사, 동료직원, 부하직원, 타부서의 직원 등으로 구성된 복잡한 대인관계 구조를 지니고 있다. 이렇게 다양한 직장구성원들과 사무적 또는 개인적 관계를 맺는 과정에서 여러 가지 갈등을 경험하게 되는데 이를 직장에서의 대인관계 스트레스라고 한다.

자신에게 부여된 일 자체가 적성에 맞지 않거나 본인의 경험이나 습득된 기술이나 능력에 부합되지 않아 실패를 야기함으로써 근무 의욕이 저하되고 그 일을 할당한 상사에 대하여 불만을 갖게 되는 경우, 또는 직무의 성질, 작업의 질, 보수 등이 동열에 있는 다른 직원들과의 상대적 비교 평가에서 자신이 열세하다고 판단되는 경우 불만을 갖게 되고, 행동은 현실적으로 목표 지향적이지만 성취감이나 달성감을 전혀 느끼지 못하게 되는 상황을 말한다.

직장 부적응에 의한 불만 요인 중 가장 문제가 되는 것이 주위의 인간에 조화를 이루지 못하는 데에서 오는 경우이다. 주위의 사람이란 자기의 상사와 동료, 부하를 말한다. 근무 실적과 직장 사기가 낮은 집단에서는 많은 불만 중에 상사에 대한 불만이 가장 많다. 부하 직원에 대한 상사의 존재는 커다란 압력의 원천으로 작용한다. 반면, 상사는 부하에게 동기를 부여하기도 하고 상담의 대상이 되기도 하며 자기들의 권리를 대변해 주는 일종의 보호자로 의식되기도 한다. 따라서 상사가 보는 부하와 부하가 보는 상사 간의 역할과 기대 사이의 차이가 클수록 상호 불만은 커진다.

많은 직무가 협동성과 사회성의 연속 내에서 수행되기 때문에 상하, 동료들 사이에서 각자의 역할과 상호 편익성에 관한 지각을 조정하면서 부적응과 그에 따른 불평, 불만을 최소한으로 줄여 나가는 일이 매우 중요하다. 리더는 부하에게 적성에 알맞은 역할을 배분하고 부단히 동기 부여를 통해 직장 사기와 생산성 향상에 노력해야 한다.

동료 상호 간에 있어서 동료의 존재는 매우 큰 의미를 갖고 있으므로 인간욕구의 좌절 상태의 가능성이 크며, 이에 영향을 받은 인간의 행동양상은 다양하게 나타난다. 첫째, 개인적인 특성으로서 기능과 능력부족에서 오는 것이 가장 심각하게 받아들여지며, 둘째, 통제하기 어려운 것으로 외적인 힘에 의해 야기되는 상황이다. 예를 들면, 교통 체증에 의해 발을 동동 굴러야 하는 상황 따위를 말한다. 셋째, 우리 주변의 사회적 구조 또한 욕구 좌절의 또 다른 원천이 될 수 있다. 예를 들면, 상사의 지나친 재촉, 서두름, 실적에 대한 정당한 피드백이 없는 경우 등을 말한다. 넷째, 사생활과 관련해서 자기 동료와 비교하여 일상생활에 있어서 자동차 및 최신의 각종 첨단 전자제품 등이 없는 경우에 해당된다.

현재 우리 사회에서 향후 직업 활동과 관련된 문제 중의 하나라면, 상당수의 대학생들이 자신이 원하지 않은 대학이나 학과에서 공부하고 있다는 것이다. 더 나아가 이러한 자신이 무엇을 좋아하고 무엇을 할 수 있는지에 대한 구체적인 인생 설계를 하지 못하게 되면서 교육도 직업 훈련도 취업도 하지 못하는 청년(NEET族: Not in an education, employment, and training)들이 많아진다는 것 또한 매우 심각한 문제라 할 수 있다. 따라서 대학의 선택보다 본인의 적성과 소망하였던 학과에 입학하는 것이 대학생활이나 장래를 위해 바람직할 것이다. 본인의 적성에 맞지 않고 소망하지 않았던 학문을 전공한다는 것은 불행한 일이며 평생의 정신적 근심을 자아내게 한다. 모든 사람은 자신의 목표를 확실히 해 두어야 한다. 그리고 이러한 목표가 자기 부모, 선생님, 배우자, 친구, 또는 자기가 좋아하는 어떤 사람의 목표가 아니라 바로 자기 자신의 목표임을 인식하여야 한다. 자신이 선택한 업무가 자신이 좋아하고, 능력을 발휘하고, 성취해 낼 수 있고, 타인에게서 인정을 받을 수 있는 것이라면 이것은 자신이 어떠한 위치에 있든지 그 분야에서 가능한 최적의 인물이 되도록 하는 데 결정적인 요소들이 될 것이다.

〈표 7-5〉 직무만족테스트

	내 용	항상 그렇다	때때로 그렇다	거의 안 그렇다	결코 그렇지 않다
1	나는 나의 직업을 좋아한다.	3	2	1	0
2	나는 나의 회사나 고용주에 대해서 좋아한다.	3	2	1	0
3	나는 사람들과 좋은 인간관계를 유지하고 있다.	3	2	1	0
4	나는 나를 신뢰하고 좋아하는 감독자가 있다.	3	2	1	0
5	나의 작업환경은 적절한 물리적인 조건을 가지고 있다.	3	2	1	0
6	나는 나의 직무에 대해서 적절한 보상을 받고 있다.	3	2	1	0
7	나는 나의 직무에서 요구되는 정보를 습득할 것이다.	3	2	1	0
8	나는 직무와 관련된 사람들에게서 가치 있고 좋아한다고 느낀다.	3	2	1	0
9	나의 직무는 성취하고 발전할 수 있는 기회를 내게 제공하고 있다.	3	2	1	0
10	나는 나의 직무에 관한 양질의 피드백을 제공받고 있다.	3	2	1	0
11	나는 나의 직무에서 능력과 재능을 발휘하고 있다.	3	2	1	0
12	나의 직무에 대해서 의사교환이 쉽다.	3	2	1	0
13	근무시간은 내가 필요로 하는 만큼 적절하다.	3	2	1	0
14	나는 나에게 영향을 미칠 수 있는 업무를 결정하는 데 참여한다.	3	2	1	0
15	나는 나의 직무와 관련된 동료에게 존경을 받고 있다.	3	2	1	0
평가	아주 만족함 38~45점 대체로 만족함 32~37점 대체로 만족하지 않음 24~31점 아주 만족하지 않음 0~23점				

출처: 김진숙외(2014). 인간관계와 의사소통.

3) 직장에서의 의사소통

직장 조직에서의 의사소통은 단지, 메시지를 주고받음으로 끝나는 것이 아니라, 나아가 생산성과 조직의 존폐에도 영향을 미칠 수 있으므로 매우 중요하다. 의사소통을 통해 모든 조직활동에 필요한 정보가 제공되며, 목표달성을 위한 조직 활동의 수단이 된다(이택호·강정원·박정우, 2013).

직장에서의 의사소통 경로를 보면, 크게 하향적 의사소통과 상향적 의사소통, 수평적 의사소통으로 분류할 수 있다. 첫째, 하향적 의사소통은 조직의 상부로부터 하부로 메시지가 전달되는 형태로 구체적인 작업을 지시하거나 왜 작업을 해야 하는지에 대한 작업의 합리적 설명, 업무와 관계된 규정과 절차, 평가 결과에 대한 설명, 목표의 타당성에 대해 설명하는 것으로 무엇보다도 잘 경청하고 이해하며, 메시지를 정확하게 주고받아 자기식으로 해석하여 이해하지 않도록 한다.

둘째, 상향식 의사소통은 조직의 하위층에서 상위층으로 메시지를 보내는 것을 의미한다. 만약 상향식의 의사소통 경로가 막히게 되면, 구성원의 조직 활동을 이해하기 어려우며 나아가서는 조직의 목표도 달성하기 어렵다. 직장 내에서 자신은 언젠가 조직의 하위층에서 상위층으로 올라가기 마련이다. 혹은 중간 간부로서, 각자의 위치에서 어떻게 효율적인 의사소통을 할 수 있는가에 대해서는 끊임없이 노력해야 할 것이다. 상부에 의사소통을 전달할 때에는 구성원의 주요 관심사가 무엇이며, 작업하는 데 있어서 문제점은 무엇인지를 명료하게 표현할 수 있어야 한다. 조직 내에서 누구라도 자신의 의견을 표현할 수 있는 원활한 통로를 개방하여 새로운 아이디어를 창조하고 전달할 수 있도록 하며, 문제해결을 위한 의사결정과정에 구성원들이 참여하여 자유롭게 의견을 교류하고 소통할 수 있도록 한다.

셋째, 수평적 의사소통은 조직 내 동료 간이나 혹은 조직 하위체계들 간의 교류에서 일어난다. 수평적 의사소통을 통해 업무의 중복이나 불필요한 갈등을 줄이고 협조하여 필요한 정보를 교환하는 것이다. 그러나 과다한 수평적 의사소통은 위계질서를 무너뜨리고 조직의 통제에도 장애를 가져올 수 있다. 또한 이러한 의사소통 패턴이 외부체계와 연계될 때에는 조직의 유익한 정보가 다른 체계로 유입되는 불상사를 낳기도 한다.

4) 효율적인 의사소통

직장에서의 인간관계를 맺는 사람 중에는 남모르는 혼자만의 노력과 훈련을 하는 사람이 많다(김혜숙 외, 2000). 효율적인 의사소통을 위해 다음과 같은 노력이 필요하다.

첫째, 자신의 모습과 행동을 거울에 비추어 보고 타인에게 거부감을 주거나 어색하게 느껴지는 부분을 수정하기도 한다.

둘째, 자신의 말을 녹음하여 들어 보고 자신의 목소리, 말투, 사용단어, 어법 등에 대해서 스스로 분석하고 새로운 변화를 시도하여 평가해 보기도 한다.

셋째, 실제생활이나 TV드라마를 통해 다른 사람의 행동을 유심히 관찰하여 바람직한 점들은 받아들이고 자신의 것으로 만든다.

그 외에도 자신을 소개하는 방법, 자신의 의사를 명료하고 간결하게 표현하는 방법, 들어줄 수 없는 타인의 요청을 정중하게 거절하는 방법, 자신의 제안을 상대방이 수용하도록 설득하는 방법, 자신을 적절하게 공개하는 방법, 다른 사람의 말을 진지하게 경청하는 방법, 다른 사람의 감정을 공감해 주는 방법, 다른 사람과의 인간관계를 심화시키는 방법 등에 대해서 나름대로 연구하여 터득하는 것이 필요하다.

05 직장내에서의 성희롱 · 성폭력

1) 성희롱의 의미 및 유형

성희롱(sexual harassment)이란 직장, 공공단체, 학교 등의 단체생활에서 상대방이 원하지 않는 성적 언행으로 개인의 성적 자율권을 침해할 뿐만 아니라 노동권이나 교육권을 침해하는 행위를 뜻한다. 상대방이 원하지 않는 성적 언행에 해당하는 말과 행동의 범위는 성적 대상화를 포함하는 음담패설, 원하지 않는 데이트나 성관계 요구부터 추행이나 강간과 같은 성폭력 범죄에 이르기까지 매우 넓고 다양하다.

단체생활에서의 이러한 성적 언행은 그것의 수용여부가 고용, 업무, 학업에서 이익 또는 불이익의 조건이 되거나, 적대적 환경을 조성하는 경우에 성희롱이 된다. 유럽연합(EU)을 비롯한 여러 나라에서는 성희롱을 성별의 차이(성차)에 근거한 괴롭힘으로 넓게 해석하고 있다. 여기서 'harassment'는 단순한 '희롱'보다 성가심, 불안, 걱정을 끼치는 '괴롭힘'에 가까운 말이다.

성희롱은 다음과 같은 개념요소를 내포하고 있다고 할 수 있다(오정진, 1998).

첫째, 특정행위가 피해자가 원하지 않는 행위이며,

둘째, 성적인 행위 또는 성에 근거한 행위이며,

셋째, 고용 관계에 따른 업무뿐 아니라 학업 및 기타 개인의 업무를 포함하여 넓은 의미에서 업무와 직·간접적으로 관련이 있는 행위이며, 마지막으로 손해 내지 침해가 발생할 것 등의 요소들이 충족되는 행위는 성희롱에 해당될 수 있다.

(1) 조건형 성희롱

이 유형은 성적 호의나 서비스의 제공 여부를 고용, 업무, 학업 평가의 조건으로 삼아 이익 또는 불이익을 주는 행위를 말한다. 대체로 조건형 성희롱은 고용주-피고용인, 상급자-하급자, 교수-학생처럼 지위 격차가 있는 위계 관계에서 발생하기 쉬운 유형이다.

(2) 적대적 성희롱

이 유형은 어떤 성적인 말이나 행동이 상대방에게 성적 굴욕감이나 혐오감을 불러일으켜 고용, 업무, 교육 및 학습 환경을 악화시키는 것을 말한다. 상대방에게 혐오감을 주는 음담패설, 외모에 대한 성적인 평가, 특정성을 비하하는 차별적인 언행 등이 지속적으로 반복되면 직무 수행이나 학업 성취를 저해하는 적대적 환경을 구성한다고 볼수 있다.

적대적 성희롱은 지위 고하와는 무관하게 학과 동기나 직장 동료들 사이에서도 흔히 일어난다.

2) 성폭력(sexual violence)

성폭력이란 개인의 성적 자율권을 침해하는 정신적, 언어적, 신체적 폭력으로, 상대방의 의사에 반하여 이뤄지는 모든 성적 언동을 말한다. 오늘날 성폭력은 신체적인 폭력(강간, 추행 등)이나 형법상의 범죄에 한정하는 것이 아니라, 정신적 및 언어적 폭력을 포괄하는 보다 넓은 개념으로 이해되고 있다. 예를 들면, 여성에게 모욕감을 주는 성적인 농담을 반복하는 것, 외설적인 글이나 그림을 전자우편으로 보내는 것, 그리고 집요하게 전화를 걸거나 따라다니면서 괴롭히는 스토킹 역시 성폭력에 해당한다. 다시 말해서,성폭력은 반드시 폭행이나 협박과 같은 물리적인 강제가 있어야 하는 것이 아니다. 상대방의 동의를 얻지 않았거나 상대방이 자유롭게 의사표시를 할 수 없는 상태에서 일방적으로 부과하는 성적인 말과 행동 역시 상대방의 권리를 침해하는 행위라고 할 수 있다.

3) 성희롱과 성폭력의 관계

성희롱과 성폭력은 상대방이 원하지 않는 성적 언행으로 피해를 주는 행위라는 공통점이 있다. 직장이나 학교와 같은 단체의 구성들 간에 일어나는 성폭력은 개인의 성적 자율권을 침해하며, 고용조건, 교육 조건 및 환경에 영향을 주기 때문에 성희롱 금지 규정을 위반하는 행위다. 만약 그 행위가 강간, 강제추행 및 미수와 같은 '성폭력 범죄'라면, 해당 단체의 징계를 받는 것은 물론 형사 처분의 대상이 될 수 있다.

1995년 '여성발전기본법'이 제정되면서 성희롱이라는 용어가 법에 처음으로 명시되고, 성희롱예방은 직장 내 평등한 근무환경 조성을 위하여 국가, 지방자치단체 및 사업주가 취해야 할 조치 중의 하나로 규정되었다. 또한 '남녀차별금지 및 구제에 관한 법률'과 '남녀고용평등법'이 제정 또는 개정되면서 성차별 금지, 성희롱의 개념과 예방교육(연1회이상 실시) 등에 관한 조항이 포함되었다. 따라서 대학을 비롯한 각 학교 및 공공기관은 '여성발전기본법' 및 시행령에 의거하여 성희롱 예방과 처리에 관한 사항을 이행해야 한다.

여성가족부에서는 성희롱 예방교육 시 활용할 수 있는 영상자료 및 책자 등을 제작·배포하고 있다. 여성가족부 홈페이지에 접속하여 영상자료를 무료로 다운받아 활용할 수 있다. 한국양성평등교육진흥원에서는 정부부처 및 지방자치단체, 공공기관의 임직원들을 대상으로 직장 내 성희롱 예방 온라인 위탁교육 서비스를 제공한다.

Chapter 08

다문화사회의 대인관계

국내거주 외국인의 증가는 우리 사회가 단일민족으로 구성되었다는 성격을 변화시키고 있다. 이제 우리 사회도 단일문화나 단일민족으로 구성된 사회가 아니다. 또한, 국가의 구성원도 다양한 인종으로 이루어지고 그들 고유의 문화가 어우러지는 다민족국가 혹은 다문화주의를 인정하는 다문화사회로 나가고 있다. 이를 가속화한 것은 교통과 통신의 발달이 가져온 지구촌화와 세계화이다.

현재 한국에 거주하는 외국인의 수는 2019년 250만명(전체인구의 약 5%)을 넘어섰다가 코로나 19로 인해 2021년 196만명으로 감소하였다. 또한 국제결혼의 비율도 2021년 말 기준 결혼이민자는 168,611명으로 전년 대비 0.01% 증가하였다.

2020년 8월 교육부 보도자료에 따르면, 전년대비 학생수가 일반학생은 6,010,014명으로 2.1% 감소한데 비해서 다문화 가정 학생수는 7.4% 증가하여 147,378명으로 추산된다. 따라서 다문화 가정의 학생수는 전체 학생수의 약 2.4%를 차지하고 있으며 해마다 증가하는 추세인 것으로 나타났다.

01 문화와 다문화의 개념

1) 문화의 개념 및 특성

(1) 문화의 개념

문화는 종종 한 집단을 묘사하기 위해 사용되는 일련의 특성, 행동, 의례, 신념의 표상(表象)을 포함한다. 문화란 개인과 가족, 즉 하나의 특정한 지역이나 집단 내에 있는 모든 개인과 가족에게 일방적인 영향을 미치면서, 그들의 외부에 존재하는 정적이고, 변화하지 않는 실체를 의미한다. 이는 사람들이 그들의 문화의 산물임을 제시한다(박주현·최덕경, 2012).

문화는 사람들이 어떻게 생활하느냐와 관련된 생활방식이며, 의식주를 포함하여 사회생활, 경제생활, 종교생활 등을 어떤 방식으로 해 나가느냐 하는 것과 관련된 생활의 모습이기도 하다. 문화는 지식, 신앙, 예술, 도덕, 법률, 관습, 그리고 사회구성원으로서 인간에 의해 획득된 다른 모든 능력이나 습성을 포함하는 복합체이다. 이처럼 문화는 인간이 소유한 능력의 소산으로서 생활하는 관습 전체라고 정의하고 있다(박주현·최덕경, 2012 재인용).

문화는 특정한 인간집단이나 지역에 특정적으로 나타나는 생활양식으로, 후천적으로 특정한 사회에서 성장하는 과정에서 익히는 것이다. 문화는 인간의 생존을 위해 필수적인 요소이며, 거의 무의식적으로 인간의 행동과 사고에 영향을 미친다. 따라서 문화란 인간의 생활양식으로 특정한 민족이나 사회가 지속적으로 간직해 온 다양한 분야의 생활모습이다. 인간의 생존에 필수적인 요소로서 사회구성원에게 내면화되어 인간행동에 영향을 미치는 사회체계라고 할 수 있다(박주현·최덕경, 2012).

(2) 문화의 특성

문화는 일반적으로 사회구성원 간에 공유되고, 생득적이라기보다 인간이 사회 속에서 성장하면서 학습을 통해 습득한다. 또한, 한 세대에서 다음 세대로 전승되고 누적되어 나타난다. 문화는 모든 영역에 걸쳐 전체적으로 영향을 미치며, 정체되어 있지 않고 계속해서 변화하고 있다(박주현·최덕경, 2012).

❶ 학습성

문화는 사회생활을 통해 성장하면서 학습된 것인데, 인간은 특정의 문화를 갖고 태어나는 것이 아니라 성장과정에서 학습을 통해 습득한다.

❷ 공유성

문화란 한 사회구성원 개개인의 독특한 취향이나 버릇이 아니라, 다른 사회구성원과 구별되는 어떤 공통적인 경향이다. 문화의 속성은 집단의 구성원에게 사회생활을 원활하게 할 수 있는 공동의 광장을 만들어 주며, 언어와 같이 공유하는 문화를 통하여 상대방의 행동과 기대를 예측할 수 있게 함으로써 사회생활을 할 수 있게 한다.

❸ 누적성

문화는 상징적인 수단인 언어를 통해서 세대 간에 전승되며, 축적되어 나간다. 즉, 한 세대에서 이루어진 문화는 다음 세대로 전해지고, 시간이 지남에 따라 각 세대에서 이루어진 문화가 추가되어 계속 쌓여 간다. 문화는 주로 언어를 통해 세대에서 세대로 전해져 왔으며, 문자를 통해 문서의 형태로 저장되고 축적되었다.

❹ 전체성

문화란 사회집단이 가진 지식, 신앙, 예술, 도덕, 법률 등과 같은 수많은 부분이 각기 독립적으로 존재하는 것이 아니다. 문화는 상호 긴밀한 관계를 유지하면서 하나의 전체를 이룬 통합체이다. 즉, 한 사회의 문화를 구성하는 각각의 부분은 상호 밀접한 관련을 맺고 한 영역에서의 변화는 그 영역을 포함하여 다른 영역에도 변화를 가져온다.

❺ 가변성

문화는 시간적인 차원에서 볼 때 정체되어 있지 않고 항상 변하고 있다. 즉, 문화는 계속해서 누적되는 성격을 띠지만, 장기간에 걸쳐 항상 똑같은 형태를 지니고 있지 않고 점진적으로 변화되어 간다.

(3) 한국 문화의 특성

우리나라 사람에게 뿌리 깊이 내재한 고유의 문화를 살펴보면 다음과 같다(박주현·최덕경, 2012).

❶ 정

정(情)이란 인간의 희(喜), 노(怒), 애(哀), 락(樂), 애(愛), 오(惡), 욕(慾) 등과 같은 칠정(七情)의 모든 감정을 말한다. 정은 '사귐이 깊어 감에 따라 더해 가는 친근한 마음'으로 대한민국 사람의 가족관계에서 가장 두드러지게 형성되어 사회생활에까지 이어져 사적인 대인관계는 물론 공적인 관계에도 크게 영향을 미친다.

"한국사회는 문제가 발생하면 이를 정면으로 해결하기보다 대인관계로 풀어 가는 것이 관행화된 사회이다."라는 지적으로부터 정의 영향을 알 수 있다. 아울러 먼 길을 오고 가며 서로의 애(哀)·경사(敬事)를 챙기는 것은 정을 바탕으로 이루어진다고 할 수 있다. 나아가 정의 대인관계를 바람직한 대인관계로 여기는 정서 때문에 한국 사람은 상호 의리를 중시하고, 관계의 배신행위를 가장 금기시한다. 이러한 풍토를 반영하는 것으로 '가신정치(家臣政治)'라는 말을 들 수 있다(한규석·최상진, 1998).

❷ 가족주의

가족주의(familism)란 모든 가치를 가족의 유지, 기능 등과 관련을 맺어 결정하는 사회의 조직 형태를 말한다. 즉, 가족주의는 가족으로부터 독립하지 못한 개인이 자신보다 가정을 중시하고, 나아가 가족적 대인관계를 사회에까지 확대하여 적용하는 가치체계를 의미한다(한규석, 1995; 신수진, 1998).

한국 사람은 전통적으로 대를 잇는 것 못지않게 자손이 출세하는 것을 가문의 영광으로 중요하게 생각하였다. 따라서 가족은 자녀 양육과 교육에 관심을 집중하였다. 또한, 상하서열의 원형인 부자관계에서 강조하는 효(孝)를 바탕으로 한 가족주의는 성숙한 시민의식을 마비시키는 요인이 되기도 한다. 한국 부모는 자녀를 성숙한 시민으로 양육시키려는 것보다 가족의 일원으로 의무를 철저히 수행하고 예속적인 인간으로 만드는 데 관심이 높다(박주현·최덕경, 2012).

❸ 체면

면목, 낯, 체모(體貌) 등으로 쓰이는 체면(體面)은 개인이 공적으로 드러낸 겉모습으로 사회적으로 바람직하다고 생각하는 가치로 구성된 이미지를 뜻한다. 즉, 체면은 개인이 가진 본질과 다르게 나타날 수 있고, 사회적으로 바람직한 그 사람의 정도를 나타내며, 남들이 자신을 받아들여 주기를 바라고 드러내는 모습을 의미한다. 또한, 체면은 상황에 따라 자신의 참모습이나 사실과 다르게 행동함으로써 자신이나 상대의 지위, 명분을 높이거나 유지하려는 현상을 말한다(박주현·최덕경, 2012).

한국 사람의 독특한 심리 사회적 기제로 작용하는 체면은 지나치게 차릴 때는 거리감을 주고 위선적으로 여겨지지만, 너무 안 차리면 체통이 떨어지고 믿음을 잃게 될 수도 있다. 그러므로 체면은 상황에 따라 적절히 차려야 한다(한규석, 1995).

❹ 눈치

눈치란 겉으로 드러난 자료가 불충분함에도 불구하고 그 이면에 숨어 있는 진실을 꿰뚫어 보는 독특한 재주를 말한다. 눈치는 한국 사람의 대인교류가 지닌 중요한 특징이며, 우리 문화권에서 관계를 해치지 않으려는 염원에서 발달한 의사소통의 고유한 형태로 간주한다(한규석, 1995). 의사소통에서 눈치가 발달한 이유는 말을 아껴야 하는 유교문화와 의미의 개별성이 강한 문화적 특성을 들 수 있다. 유교에서 인(仁), 즉 말하기를 어려워하는 것을 강조함으로써 예로부터 자신의 마음을 말로 자세히 표현하는 것을 삼갔다(김석환, 1997). 따라서 이 같은 문화는 의사소통에서 눈치를 발달시킨 중요한 요인으로 작용하였다.

결국, 한국에서의 눈치는 체면과 자존심을 유지하는 데 필요하고, 당혹스러운 상황을 피하며 서로 마음이 상하지 않도록 하고, 상대방에게 지나친 압력을 주지 않는 기능을 하는 것으로 본다. 또한, 눈치는 단순한 의사소통 기제 이상의 것으로 생활의 지혜와 겸손한 행위로 이해하고 있다.

❺ 동류의식

동류의식이란 상대와 나를 동질화시키는 의식을 말한다. 예를 들어, 식당에서 같은 음식을 시키고, 같은 화제로 대화하려는 성향이 강하며, 상대와 공통점을 찾으려는 심성은 바로 한국 사람의 내면에 동류의식이 깔려 있기 때문이다(류성호, 1995). 동류의식은 가족주의로부터 발전한 것으로 볼 수 있다. 한국 사람의 동류의식은 혈연, 학연, 지연 등과 같은 연줄망을 바탕으로 더욱 확대되어 나타나고 있다.

❻ 연줄

연줄이란 한국 사람의 심리 사회적 속성인 연고주의가 일상의 대인관계로 표면화된 상태로서 대인관계의 끈이나 유대를 말한다. 개인 간 대인관계는 서로 관계하는 개인들의 사회적 관계망을 고려하여 살펴봄으로써 이들의 대인관계를 정확히 파악할 수 있다.

예를 들어, 처음 만나는 사람에게 성, 이름, 나이 등을 묻고 동족 여부를 살핀 다음 고향과 학벌을 확인하고, 자기와는 어떠한 정도로 친소관계가 성립될 수 있는가를 가늠하는 경향이 있다.

❼ 한

한(恨)은 욕구나 의지의 좌절에 따르는 삶의 파국에 대처하는 강박적인 마음의 자세와 상처가 의식적·무의식적으로 얽힌 복합체를 말한다. 한은 자신의 불행에 대해 후회하는 억누를 수 없는 생각과 부당하다는 엇갈린 심리가 결합한 감정 상태라고 할 수 있다. 이러한 한은 부당한 차별대우를 받았을 때, 다른 사람에 비해 현저히 결핍되어 고통을 당할 때, 돌이킬 수 없는 큰 실수를 범했을 때 발생하는 것으로 본다(한규석, 1995).

2) 다문화 및 다문화가족의 개념

'다문화'라는 용어의 사전적 정의를 살펴보면 "여러 나라의 생활양식"(브리태니커 백과사전)으로 정의되어 있다. 이는 다양한 문화가 서로 갈등하거나 상충하는 상황이 전제된 가운데 사용되어 온 것으로 다문화라는 용어는 사회적 필요성에 의하여 생긴 용어이다. 현재 우리 사회는 세계화·국제화로의 진입과 함께 국제결혼의 증가라는 현상하에 다양한 인종과 문화가 혼재되어 문화의 대변화가 이루어지고 있다. 이러한 문화의 다양성에 의해 한국사회에서는 다문화라는 개념이 자리 잡기 시작하였다. 다문화는 여러 인종의 여러 문화라는 뜻이며, 이는 미국 다문화사회에서 유래되었다(조남두, 2013).

미국의 다문화사회는 다인종과 다양한 문화를 가진 사람들이 모여 만든 사회의 문화란 뜻으로 사용되며, 한때는 미국 사회를 구성하는 다양한 구성원들을 하나의 가마솥에 넣어 잡다한 내용물을 서로 섞어 결국은 다양성과 복잡성의 성향을 잃고 하나의 단일물로 융해되어 나오는 단일의 구성원, 즉 'Melting Pot'형 구성원으로 표현하여 비판을 받기도 하였다. 그러나 현재는 다양한 종류의 문화가 혼재되어 각 성격을 변질시키지 않고 그 성격을 유지하면서 서로의 존재를 존중하고 공존하며 그들 고유의 개별성과 또 다른 새로운 통합성을 이루어 내는, 이른바 'Salad Bowl'과 같은 유익한 공존 형태의 다원적 구성원을 이루고자 노력하고 있고 그 목적을 어느 정도는 달성하고 있는 셈이다(김일곤, 2009).

단일문화주의에 대한 반성으로서, 그리고 그에 대비되는 개념으로서 '다문화'라는 용어는 말 그대로 복수(複數)의 문화, 다양한 문화를 가리킨다. 그런데 여기서 말하는 다문화는 세계 전체에 다양한 문화가 '존재하기만 하는' 현상을 가리키는 데 머무는 것이 아니다. 다문화 현상은 그저 원래대로 그 자리에서 존재하고만 있는 것이 아니라, 서로 다른 문화가 '만나고', '부딪치고', '교류하고', '갈등하는' 과정에서 생겨나는 현상이며, 특히 전 세계보다 '한 사회 내에서' 발생하는 현상을 가리킨다. 다문화라는 표현이 갖는 의의는 그동안 단일문화적이었거나, 혹은 그것을 지향해 왔던 사회 내부에 변화가 생겼다는 데 있다(조남두, 2013).

우리나라를 다문화사회라고 단정 짓기는 아직 어렵다. 그러나 과거에 비해 급속도로 진행되고 있는 외국인 노동자와 결혼이민자들의 국내 유입에 따른 인종적·민족적 다양성이 나타나고 있고, 이들 외국인들의 국내 정주가 증가하면서 이들의 인권 보호는 물론 사회적 갈등의 문제를 해소하고 사회 통합의 필요성이 제기되면서 우리나라도 다문화사회에 대한 국민들의 관심과 대책 마련에 대한 공감대가 형성되고 있다(조남두, 2013).

다문화가족이란 국제결혼 등을 통해서 서로 다른 인종의 상대를 만나 결합한 가정을 의미한다. 그런데 다문화가족지원법이 제정·시행되기 이전까지 법률적으로는 국제결혼이라는 용어를 더 많이 사용하였다. 다문화가족이란 용어는 그 가족 내 구성원의 인종 간 차별성과 한 가정 내 두 개 이상의 서로 다른 문화가 만난다는 특징을 지니므로 더 적절한 표현이다. 그리고 다문화가족을 일반적으로 혼혈가정이라고 부르는 일도 있다. 하지만, 혼혈가정의 자녀, '혼혈'이라는 용어 자체가 가지는 상징적 차별성과 특수성으로 말미암아 거부반응을 일으킬 수 있다. 이들에게 이러한 부정적 느낌을 주지 않으려면 다문화가족이라는 용어를 사용하는 것이 적절하다(박주현·최덕경, 2012).

02 다문화사회의 문제

1) 개인적 적응의 문제

(1) 언어적 소통의 문제

언어는 세상과 소통하는 가장 강력한 수단 가운데 하나다. 언어는 바깥세상을 이해하고 다른 사람들과 관계를 맺어 가는 데 매우 중요한 구실을 하는 매개체다. 개인이 한 사회의 성원으로 살아간다는 것은 그 사회에서 통용되고 있는 언어를 소유하고 그 언어 속에 내포된 사회문화적 맥락을 다른 사람들과 공유함을 의미한다. 그런 이유로 한 공동체에 속한 사람들에 대해 같은 말을 하고 같은 말로 소통하는 사람들이라 일컫기도 하는 것이다.

사실 의사소통의 문제는 국적을 막론하고 모든 가정에서 모든 부부들이 해결해 나가야 할 중요한 과제임에 틀림없다. 그러나 언어와 문화가 다른 두 나라의 남성과 여성이 결합한 국제결혼의 경우, 특히 중개업체를 통해 단기간에 결혼을 하게 된 경우에는 기본적인 의사표현조차 자유롭게 할 수 없는 상황이 대부분이다(조남두, 2013).

(2) 문화적 적응의 문제

한 개인의 역사는 그 개인과 문화로 표현되는 총체적인 사회 환경 사이에 이루어지는 상호작용의 결과라고 할 수 있다. 따라서 개인은 그 자신의 외부 문화적 환경에 둘러싸여 있는 동시에 자기 내부에 그 문화적 요소를 지니고 있다. 요컨대, 개인 밖의 문화가 개인 안에도 담겨 있는 것이다. 이처럼 체득된 문화, 가치관, 삶의 양식은 쉽게 바꾸거나 없애 버리기 어렵다. 직장을 찾아서, 배우자를 찾아서, 행복을 찾아서 한국에 정착하게 된 외국인 근로자와 결혼 이주자, 북한 이주민은 그동안 다른 사회문화적 배경과 역사 속에서 살아왔기에 모국의 언어, 음식, 관습, 제도, 가치관, 생활양식과 상이한 맥락의 환경을 접하게 되면 새로운 문화에 적응하는 과정에서 상당한 어려움을 겪게 되거나 심한 압박감을 느낄 수 있다. 흔히 말하는 문화적 충격 및 충돌을 몸 안팎에서 경험하게 되는 것이다(조남두, 2013).

2) 가족적 적응의 문제

(1) 가족관계 및 생활의 문제

가족적인 차원에서 이들 다문화가족이 해결해야 하는 적응의 과제를 논의할 때마다 가장 많이 거론되는 경우가 국제결혼 가족의 경우다. 그 이유는 서로 다른 문화가 만나서 빚어진 문화적 충격이나 갈등, 적응이 가정이라는 일차 집단을 통해 가장 직접적이고도 극명하게 드러나기 때문이다. 즉, 다양한 사회문화적 배경을 지닌 이주자들이 한국이라는 생경한 환경에 처하면서 부딪히게 되는 여러 문제들이 한국인 배우자와 만나 살고 있는 가족의 울타리 안에서 가족관계, 가족생활, 가족체계의 문제로 나타나기 때문이다(양옥경, 2007).

(2) 자녀 양육 및 교육의 문제

다문화가족이 한국 생활에서 경험하고 있는 힘겨운 도전 가운데 하나는 바로 자녀 양육과 교육에 관한 문제다. 많은 부모들이 자신의 한국사회 적응 못지않게 다문화가정의 부모로서 자녀를 돌보고 기르는 일에 많은 어려움을 겪고 있다. 우리

사회에 다문화 구성원이 늘어나면서 다문화가정이 늘어나고 있으며 다문화가정 출신의 자녀들도 해가 갈수록 급격하게 늘어나고 있는 상황이다. 이러한 상황 속에서 다문화가정 자녀들의 실태와 문제를 파악하고 그에 대한 대책을 마련하는 일에 많은 관심이 집중되고 있다(조남두, 2013).

3) 사회적 적응의 문제

(1) 편견과 차별의 문제

우리 사회의 다문화 구성원들은 우리의 말과 문화를 익히는 과정에서, 결혼 후 가족을 이루고 자녀를 기르는 과정에서 크고 작은 어려움을 겪게 된다. 뿐만 아니라 배타적인 사회 분위기 속에서 다름을 인정받거나 존중받지 못한 채 차가운 시선 속에 살아가야 하는 또 다른 고통에 직면하게 된다. 단일민족·순혈주의 이념에 뿌리박은 자민족 중심주의와 인종차별주의, 문화 우월주의가 이들로 하여금 '서러운 타국 땅'에서 소수자로 무시당하고 배척당하는 느낌을 갖게 하고 있다(최충옥, 2007).

(2) 소외와 갈등의 문제

외국인 근로자, 결혼이민자, 북한 이탈 주민과 같은 다문화 배경의 사회 구성원들은 한국에 건너와 살면서 우선 이질적인 언어와 문화를 배우고 익혀야 하는 과제에 직면한다. 이들 이주민들은 결혼을 통해 맺은 가족관계와 가족생활 가운데 빚어지는 다양한 도전을 생소한 사회문화적 맥락 속에서 해결해 나가야 한다. 또한 이들은 문화적 보수성이 농후하고 타문화·이문화에 대한 배타성이 강한 외국인과 한국사회로부터 수용되거나 존중받지 못한 채 가정과 이웃, 학교, 직장에서 무시당하거나 차별당하며 살아가는 경우가 흔하다. 이와 같은 상황에서 우리 사회의 다문화 집단, 특히 사회경제적 지위가 낮은 다문화 성원들이 한국의 또 다른 소외 계층, 또 다른 부적응 집단으로 자리 잡아 가고 있는 상황이다(조남두, 2013).

03 다문화 정책의 모형 및 다문화가족 관련 정책

1) 다문화 정책의 모형

다문화주의란 사회 통합관점에서 소수집단의 문화적 정체성을 인정하고 사회구성원 간 불평등을 해소하려는 합의된 실천신념을 의미하며, 이를 기반으로 다문화 사회의 문제를 해결하려는 정책적 대안을 다문화 정책이라 할 수 있다. 이주민의 증가에 따른 사회통합의 방식을 기준으로 다문화 정책 모형을 여러 가지로 나눌 수 있다. 즉, 차별배제 모형, 동화주의 모형, 다문화주의 모형을 살펴보고자 한다 (김천기 외, 2013).

(1) 차별배제 모형

차별배제 모형은 이민자를 3D업종과 같이 특정 노동시장 영역에 받아들이지만, 내국인과 동등한 복지수혜를 제공하거나 국적이나 선거권을 부여하지 않는 모형이다. 즉, 사회적·정치적 영역에는 내국인과 동등하게 참여할 수 있는 자격과 권리를 부여하지 않는 모형이다. 차별배제 모형은 주류 사회의 기득권 보전에만 관심을 갖고 이주노동자들을 단기간 소모품처럼 활용하고 버리는 식으로 이주노동자들을 차별하고 배제한다는 점에서 많은 비판을 받아 왔다.

(2) 동화주의 모형

동화주의(assimilation) 모형은 새로 이주해 온 이주민을 기존사회의 문화에 흡수하거나 동화하는 방식을 말한다. 동화주의 모형은 자국 문화 중심의 시각에서 사회통합을 바라보기 때문에 이주민의 순응적인 동화과정을 당연하고 자연스러운 과정으로 간주한다.

동화주의 모형은 이주민이 출신국의 언어·문화·사회적 특성을 포기하고 이민국 주류사회의 성원들과 문화적으로 차이가 없도록 하는 것을 이상으로 삼는다.

이 모형에 따르면, 국가는 이주민에게 주류사회의 언어를 습득할 수 있도록 돕고, 이민자 자녀의 정규 학교 취학을 지원함으로써 동화가 순조롭게 이루어지도록 한다. 1960년대까지 미국사회가 표방하였던 '용광로 모형', 프랑스의 '공화주의 모형' 등이 동화주의 모형의 대표적인 사례라 할 수 있다.

(3) 다문화주의 모형

다문화주의(multiculturalism) 모형은 이주민이 그들의 고유한 문화를 지켜가는 것을 인정하고 장려하며, 이주민을 주류사회에 동화되도록 하지 않고 공존할 수 있도록 하는 데 초점을 둔다. 이 모형은 이주민 집단의 다양한 문화나 가치, 다양한 민족 집단의 언어와 풍습들을 인정하고 한 나라 속에서 공존하도록 한다. 그리하여 사회의 분열과 갈등을 예방할 수 있다는 점에서 다문화주의 모형은 다양성에 기반을 둔 국민통합정책이라는 평가를 받는다. 다문화주의 모형은 '샐러드 그릇'에 비유된다. 1970년대 이후 캐나다, 오스트레일리아, 미국사회는 그 전까지 추진하던 동화주의 모형을 포기하고 다문화주의 모형으로 이민자 통합방식을 변경하였다.

대부분의 서구 국가들은 이제 다문화사회라는 현실을 받아들이고 정책도 이러한 현실에 맞춰 가기 시작했다. 즉, 동화주의 정책에서 다문화 통합주의로 정책 기조가 바뀌고 있다. 특히 스칸디나비안 국가들, 네덜란드와 영국은 일반적 다문화 정책을 선보이고, 독일과 프랑스에서도 사회정책이나 교육정책에는 어느 정도 다문화적 요소를 받아들인 실정이다. 아직 복지국가로서의 기반이 약한 스위스와 같은 국가는 다문화 정책을 반대하고 있다. 국가마다 다문화를 수용하려는 노력이 진행되는 와중에 아직 여러 국가에서는 다문화주의에 대한 논쟁이 끊이질 않고 있다. 최근 들어 한국에서는 이주민, 특히 결혼이민자를 중심으로 한 정책대응이 빠르게 전개되고 있기는 하지만, 다문화사회의 진전에 대응한 세계 각국의 정책 방향과는 적지 않은 차이를 보이고 있다. 한국의 다문화 정책은 우리 사회의 기존 체제를 유지하는 선에서 이주민의 적응이나 동화를 촉진하는 데 주력하려는 차원을 넘어서지 못하고 있다는 평가가 지배적이다. 앞으로 문화, 인종이 다른 이주자와 함께 어울려 사는 한국사회를 만들어 나가기 위해서는 현재 온정주의적 시선을 넘어 대등한 이웃으로 이들을 주체화시키는 과제가 큰 도전이다(박주현·최덕경, 2012).

2) 다문화가족 관련 정책

(1) 보건복지부

보건복지부는 다문화가족과를 신설하여 2008년 다문화가족 생애주기별 맞춤형 서비스 지원강화 계획을 제시하고 한국에 입국 전 단계부터 정착기에 이르기까지 다문화가족의 생애주기에 따라 맞춤형 서비스를 제공한다. 생애주기에 따른 정책 과제로 ① 결혼준비기는 결혼중개 탈법 방지 및 결혼예정자 사전준비 지원, ② 가족형성기는 결혼이민자 조기적응 및 다문화가족의 안정적 생활 지원, ③ 자녀 양육기는 다문화가족 자녀 임신·출산·양육지원, ④ 가족역량기는 결혼이민자의 경제·사회적 자립역량 강화, 가족 해체 시에는 다문화가족 및 한부모가족의 보호와 지원 등이 이루어진다(김천기 외, 2013).

(2) 여성가족부

여성가족부는 3차 여성정책기본계획에서 결혼이민자가족에 대한 지원체계와 서비스를 확대하고자 다양성과 차이에 대한 사회적 수용력 증대를 위한 정책을 모색한다. 다양성과 차이존중을 위한 방안으로 문화적 다양성에 대한 수용성 증대, 여성 결혼이민자의 사회통합 지원, 결혼이민자의 지원 등이 실시된다. 결혼이민자의 경제적 자립을 지원하기 위한 방안으로는 다문화 강사, 통역서비스, 기타 고용서비스 분야 등 이주민에 적합한 직종의 일자리를 발굴, 취업교육-상담연계 등 취업 지원의 내실화, 저소득 결혼이민자가정의 기초생활보장과 결혼이민자의 사회·경제활동을 위한 프로그램 개발 등에 역점을 둔다(김천기 외, 2013).

(3) 문화체육관광부

문화체육관광부는 2006년 다문화사회를 대비한 문화적 지원 TF를 운영하여 이민자를 위한 한국어 교육과 문화체험 지원 사업 등을 추진하였다.

이전의 차별배제, 동화주의 입장을 넘어서 문화다원주의에 입각한 문화다양성 존중, 문화향유권 확대 등을 내용으로 관련 법률의 제정, 검토와 유휴공간을 활용한 이주민 문화전용공간 확충 등 제도적 기반을 마련하였다. 결혼이민자의 한국문화 적응을 지원하기 위해 '문화멘토'를 활용하여 결혼이민자의 한국사회 정착을 지원하고 '다문화정보 사이트'를 구축하여 다양한 언어로 정보를 제공하고 있다(김천기 외, 2013).

(4) 교육부

2008년에 수립된 '다문화가정 학생 역량 강화를 위한 교육 지원방안'은 교육부와 16개 시·도교육청의 합동으로 4년간(2009~2012) 이루어졌다. 이 방안은 다문화가정 학생 및 학부모의 교육역량 강화와 사회의 다문화 이해 및 수용성 증진을 정책 목표로 다문화가정 학생의 한국어 및 기초학력 향상 등 4대 정책과제를 선정하고 추진방안을 운영하였다(김천기 외, 2013).

(5) 지방자치단체의 다문화가족 관련 정책

다문화 정책에 있어 지자체의 주요 역할은 다음과 같다(김천기 외, 2013).

❶ 거주외국인 지원조례 제정

지방자치단체의 외국인 정책 중 두드러진 것은 거주외국인 지원조례이다. 2007년 2월 행정자치부는 90일 이상 체류 외국인을 대상으로 행정지원 방안을 마련하여 외국인이 지역사회의 일원으로 생활할 수 있도록 표준조례안을 제시하였다. 2010년 4월 246개의 기초단체 가운데 207곳에서 지원조례를 제정하였다. 거주외국인 지원조례 표준안은 외국인과 외국인가정, 외국인 지원 단체를 대상으로 하여 공공시설을 이용하거나 행정서비스를 받고 지역공동체의 구성원으로 정책형성에 참여할 수 있도록 명기하고 있다. 또한, 거주외국인들의 지역사회 조기적응 지원, 외국인 시책의 추진, 외국인 실태조사와 외국인 밀집 거주지역의 발전계획 수립 등이 포함되어 있다. 거주외국인에 대한 지원 사업은 한국어와 기초생활교육, 생활과 법률, 취업상담, 보건의료와 문화, 체육대회의 개최 등이다.

❷ 다문화가족센터

시·도지사는 여성가족부장관에게 위임받아 선정된 법인단체에 대해 지정서를 교부하거나 시·군·구청장에게 센터지정 권한을 위임하고 있다. 다문화가족센터는 시·군·구청장이 직영을 하거나 비영리법인·단체에서 운영을 하고 있다.

다문화가족센터의 기본사업은 한국어교육, 다문화가족통합교육, 다문화가족취업연계 및 교육 지원, 개인·가족상담 등으로 다문화가족과 일반인을 대상으로 한다. 기타사업은 다문화가족 나눔 봉사단, 다문화가족 자조모임, 다문화 인식개선 및 지역홍보, 지역사회 네트워크 강화 등이다.

〈표 8-1〉 다문화가족센터 프로그램

프로그램 유형	지원내용	이용대상	비용	지원 기간
한국어 교육	수준별 정규 한국어 교육(1~4단계, 각 100시간) 및 진학반, 취업대비반 등 지역별 특성에 따른 심화과정(특별반)운영	결혼이민자, 중도입국 자녀	무료	
통역 · 번역	베트남어, 중국어, 영어, 타갈로그어, 몽골어, 태국어, 러시아어, 인도네시아어, 캄보디아어, 일본어, 네팔어 등 센터별 1~4개 언어로 통역 · 번역서비스 지원	다문화가족, 다문화가족을 직 · 간접적으로 지원하는 개인 또는 기관	무료	
상담 및 사례관리	심리검사, 법률상담, 위기가족 긴급지원, 외부상담기관 연계 등 다문화가족 구성원 간 관계 증진을 위한 상담 및 사례관리 서비스 제공	다문화가족 지원센터 이용자	무료	

프로그램 유형	지원내용	이용대상	비용	지원 기간
결혼이민자 대상 사회적응 교육, 취업교육 지원	취업기초 소양교육, 취업훈련전문기관(새일센터, 워크넷 등)연계, 소비자 · 경제교육, 다문화이해교육, 자조모임 등	다문화가족센터 이용자	무료	
가족교육	부부교육, 가족관계 향상 프로그램, 부모역할교육, 부부갈등해결 프로그램 등 교육프로그램 운영	다문화가족센터 이용자		
다문화가족 자녀 언어 발달 지원	다문화가족 자녀의 언어발달을 위한 언어발달정도 평가, 언어교육, 부모 상담 및 교육방법 안내 등 서비스	만 12세 이하 다문화가족 자녀		1회 (6개월) 원칙
방문교육 (자녀생활)	독서코칭, 숙제지도 등 자녀생활서비스 제공	만3세~만12세 이하 다문화가족 자녀, 중도입국자녀	소득기준에 따라 무료 또는 차등부담	1회 (10개월) 원칙
다문화가족 이중언어 환경조성	가정 내 이중언어 사용을 위한 인식개선 교육 및 부모-자녀 상호작용(놀이, 동화 · 동요 등의 활용방법) 코칭 서비스 등 제공	영유아 자녀를 둔 다문화가족	무료	

출처: https://www.liveinkorea.kr/portal/KOR (다문화가족지원포털 홈페이지). 2022.

다문화 가족센터는 다문화가족 자녀의 성장단계별 맞춤형 지원을 강화하기 위해 이중언어 능력개발을 위한 기초학습, 심리상담 및 진로지원 등도 제공한다. 이중언어 가족환경조성 사업대상은 영유아자녀부터 만12세이하 자녀까지이다. 기초학습지원은 2022년 90개소에서 2023년 138개소로 확대하고, 심리상담 및 진로지원은 2022년 78개소에서 2023년 113개소로 확대하여 지원한다. 다문화가족을 위한 지원센터 프로그램의 수강생 모집안내를 보면 다음의 〈그림8-1〉과 같다(다문화가족지원포털 홈페이지, 2022).

다문화가족 자녀성장지원사업
한글교육 지원사업
(방문 한글 학습지)

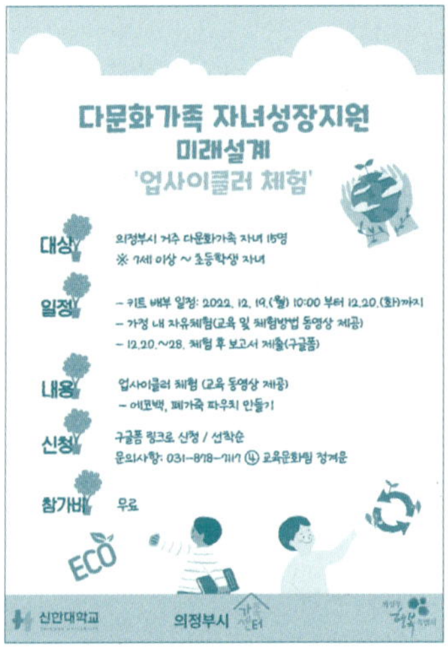

다문화가족 자녀성장지원
'업사이클러 체험'

국적취득을 위한 한국어 수업
사회통합프로그램

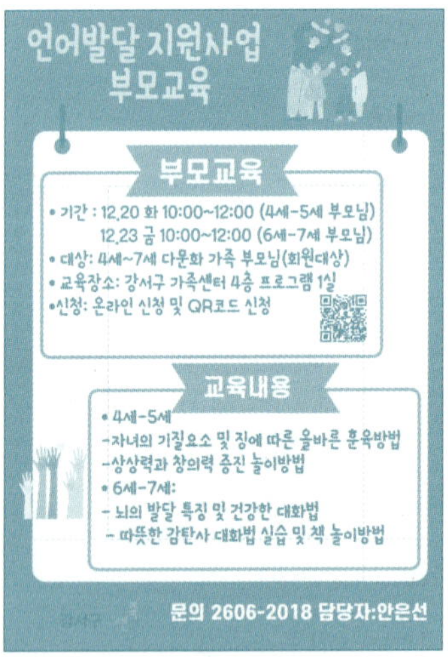

내외국인이 참여하는
문화소통프로그램

언어발달 지원사업
부모교육

다문화가족 1박2일 캠프

[그림 8-1] 다누리프로그램 수강생 모집안내

출처: https://www.liveinkorea.kr/portal/KOR (다문화가족지원포털 홈페이지). 2022.

04 다문화사회에서의 의사소통

단일 사회에서 다문화사회로 접어든 한국 사람들은 다른 문화를 존중하고 받아들이려는 자세를 갖도록 노력해야 하며 다른 사회와 문화를 배경으로 한 사람들과의 효과적인 커뮤니케이션 능력을 갖추어야 한다. 표면적으로 언어와 문화가 단일하다고 전제된 상황에서의 의사소통도 많은 문제들이 발생하는데, 하물며 다양한 문화와 가치 그리고 사회를 배경으로 하는 사람들과의 대화에서 발생하는 의사소통의 갈등과 문제는 상상을 초월한다.

다문화사회에서는 무엇보다 문화 간 다양성과 독특함을 이해하고 받아들일 수 있는 여유와 유연한 문화 수용성을 갖춘 커뮤니케이션 능력을 갖추어야 한다. 요즘처럼 변화하는 세계에서 성공할 수 있는 능력으로 '문화 지능(Cultural Intelligence)'이 관심의 대상이 되는 것도 이런 이유에서다. 문화 지능은 브룩스 패터슨(Brooks Peterson)이 제안한 것으로, 자신과 교류하는 상대의 문화적인 가치 기준과 태도에 적절하게 반응할 수 있는 기술을 발휘하고 행동할 수 있는 능력을 말한다. 다문화 시대를 맞이한 한국 사람들이 서로 다른 문화적 배경을 가진 사람과 일정한 커뮤니케이션 목표를 달성하기 위해 의사소통하는 일은 사실 매우 복잡하고 어려운 일이다. 휴먼 커뮤니케이션의 문제는 '침묵'의 의미를 해석하는 방식에서도 잘 나타난다. 동양권에서는 협상과정에서의 침묵이 신중함을 의미하지만, 서양권에서는 거부나 반대의 표시로 간주된다(이두원, 2001).

이처럼 서로 다른 문화적 배경을 지닌 사람들은 서로 다른 커뮤니케이션관을 가지고 있기 때문에 한 개인이 주어진 상황에 적절하고 효과적인 대인적 행위를 보여 주는 능력이 있다고 할지라도, 의사소통 시 서로 다른 문화적 배경을 가진 사람의 관점에서 이해할 수 있는 문화 간 커뮤니케이션(intercultural communication)의 능력이 없다면 좋은 대인관계적 상호작용을 이루기 어려울 것이다. 따라서 문화 간 커뮤니케이션의 능력이란 바로 '나'와는 다른 언어, 다른 문화적 코드, 다른 커뮤니케이션관을 갖고 있는 사람과 의사소통을 잘 할 수 있는 '능력'이라고 할 수 있다.

문화 간 커뮤니케이션의 능력을 키우기 위해서는 먼저 이문화에 대한 이해를 높이는 것이 중요하다. 이문화에 대한 지식을 접하기 전에 사람들이 가져야 할 태도는 문화적 상대주의(cultural relativism)에 입각한 개방성과 수용성이다. 문화적 상대주의란 문화 우월주의에 대한 반대 개념으로 모든 문화는 근본적으로 모두 동등한 가치를 지닌다는 이념이다. 이 지구상에는 다양한 집단이 존재하므로 다양한 문화가 존재한다. 한국인에게는 이러한 다양한 문화를 편견 없이 이해하고 받아들이려는 열린 마음과 자세가 필요하다(김천기 외, 2013).

1) 언어적 의사소통방법의 문화 간 차이

커뮤니케이션 방법의 문화 간 차이에는 어떤 것들이 있는지 살펴보면 다음과 같다.

(1) 언제 말을 할 수 있는가?

어떤 특정한 상황이나 관계 속에서 또는 어떤 특정한 주제에 관한 대화를 나눌 때 '내가 말을 해야 하나, 말아야 하나?'에 대한 답은 문화에 따라 다르다. 같은 상황이라도 문화에 따라 말을 선호할 수 있고 침묵을 강조할 수 있다(김천기 외, 2013).

예를 들면, 미국의 인디언 부족인 오싸지(Osage)종족은 같은 종족끼리 스스럼없이 대화를 나누지만 낯선 사람과 함께 있을 때는 침묵하는 것을 선호한다고 한다. 반면 유럽계 미국인들은 대부분의 경우 말을 선호하기 때문에 공항이나 기차역에서 기다리는 동안 처음 만난 사람들과 부담 없이 친근하게 대화를 시작하고 즐기는 것을 별로 어렵지 않게 느낀다(정현숙, 2001).

또 다른 예를 들면, 일본에서는 상대방이 자신의 말이나 입장을 전적으로 이해하지 못하거나 수용하지 못하면 입을 다물고 말을 더 이상 하지 않는 반면, 똑같은 상황에서 미국인들은 끊임없이 말을 하며 상대방을 설득시키기 위해 안간힘을 쓴다(김천기 외, 2013).

(2) 누가 말을 할 수 있는가?

어떤 조직에서 의사 발언의 기회가 누구에게나 자유로운가 아니면 지위가 높거나 연장자에게 그 권리가 행해지는가는 문화마다 다르다. 일반적으로 미국인들은 자유롭게 자신의 의견이나 느낌을 솔직히 표현하는 것에 대해 주저하지 않는다고 한다. 반면에 대화를 이끌어 가는 사람이 나이가 많거나 지위가 높은 사람일 경우, 또 남녀가 섞인 동년배들 간 대화에서 남자들이 대화를 이끌어 가는 경우는 수직적 사회 구조에서 많이 볼 수 있다(정현숙, 2001).

(3) 얼마나 말해야 하나?

아는 사람들이 거의 없는 파티에 참석했을 경우 한국 사람들은 할 말이 없어 어색해하거나 소외감을 느끼는 것에 비해, 미국 사람들은 잘 모르는 사람에게도 자연스럽게 접근해서 대화를 끝없이 주고받는다고 한다(정현숙, 2001).

(4) 무엇을 말해야 하나?

일단 말을 시작하기로 한다면 어떤 말이 적절한지 아닌지는 문화마다 다르다. 유교권의 문화에 속하여 겸손을 최고의 미덕으로 여기는 중국 사람이나 한국 사람에게는 글이나 말속에서 자신을 낮추는 것은 당연지사이며 사회적으로 바람직한 행동이다(정현숙, 2001).

호주의 어떤 원주민들은 절대로 '왜'라는 질문을 하지 않는다고 한다. 그 원주민들은 질문을 하는 일이 대답을 요구하므로 상대에게 큰 부담을 준다고 여기기 때문이다(김천기 외, 2013).

(5) 어떻게 말해야 하나?

똑같은 내용이나 자료를 갖고도 어떻게 말을 해야 하는가에는 문화적 차이가 존재하며 말하는 방식이 다를 경우, 서로에 대해 좋지 않은 편견을 갖게 된다고 한다. 논리적인 설득법도 문화마다 다른데, 영어 화자인 미국인들은 서론-본론-결론으로 이루어진 삼단 논법으로 주장을 펼쳐나가는 것에 비해 아랍인들은 자신이 주장하고자 하는 바를 반복하여 말한다고 한다.

흔히 미국인과 같은 서구인들은 직접적으로 의사 표현을 하며, 한국인을 포함한 동양인들은 대부분 간접적으로 의사표현을 한다. 특히 한국인들이 거절을 표현할 때 '예' 또는 '아니오'가 아닌 '괜찮다'를 선호하는 것도 간접 표현의 하나로 볼 수 있다(정현숙, 2001).

2) 비언어적 의사소통방법의 문화 간 차이

언어 커뮤니케이션뿐만 아니라 다른 나라와 문화에 존재하는 비언어 커뮤니케이션에 대한 이해와 중요성을 잘 인식해야 한다(최윤희, 2007).

(1) 몸짓과 자세

몸짓 언어는 모든 문화권에서 발견되지만 전달하는 의미가 다른 몸짓이 있는가 하면, 문화권마다 다른 몸짓이 동일한 의미를 전달하기도 한다. 가령, 미국인은 'OK', '훌륭하다(fine)', '완전하다(perfect)', '위대하다(great)'라는 의미를 나타낼 때 엄지손가락과 집게손가락으로 동그라미를 만들어 보인다. 그렇지만 이 손짓은 한국과 일본에서는 돈을 가리키며, 프랑스에서는 숫자 '0'이나 또는 '별 볼일 없음'을 의미한다.

(2) 신체 접촉

신체 접촉 중 많은 의미를 전달하는 악수는 오늘날 상대방에게 소개될 때나 아는 사람들이 서로 만났을 때 거의 대부분 사회에서 사용된다. 그러나 악수에도 나라마다 많은 편차가 있다.

케냐, 브라질, 칠레 등 많은 국가에서는 남성이 여성에게 악수를 청한다. 인도에서는 여성의 프라이버시를 침해한다는 생각 때문에 남성이 먼저 여성에게 손을 내밀어 악수하지 않는다. 한국인과 일본인은 악수보다 머리를 숙이는 인사를 선호한다.

(3) 얼굴과 눈

한국인들은 완곡한 거절을 할 때 미소를 짓기도 하며, 실수를 했을 때 당황함을 감추기 위해 미소를 짓는 경우가 자주 있다. 이것은 실수한 사람에게 진지한 사죄의 표정을 기대하는 미국인들에게 종종 오해의 소지가 된다. 미국인들에게 그런 상황의 미소는 "잘못은 했지만 신경 안 쓴다."라는 뜻으로 해석되기 때문에 화를 낸다고 한다.

눈길이 전하는 의미도 문화에 따라 다르다. 다만 문화권이 달라도 동일한 의미를 전달하는 눈길이 있는데, 그것은 공공장소에서 낯선 사람을 오랫동안 뚫어지게 쳐다보는 행위이다. 모든 문화권에서 이 행위는 매우 큰 실례를 범하는 것으로 간주된다.

3) 문화 간 의사소통의 실천 태도 및 다문화 수용 능력

외환위기 이후 한국은 많은 이민자들로 이루어진 다문화 국가를 이루고 있으며 특히 귀화 외국인이나 결혼이주 여성들의 한국 귀화, 그리고 취업을 위한 세계 각국의 노동자 이민 등 다양화에 한몫을 하고 있다. 한국 사람들은 다양한 문화를 배경으로 하는 사람들과 원활한 소통을 하며 살아가야 하고, 여기에서 요구되는 것이 다른 문화권의 사람과 성공적으로 소통을 할 수 있는 커뮤니케이션 능력이다. 다음은 한국 대학생을 대상으로 하여 문화 간 의사소통 시 요구되는 태도를 조사한 것으로 서로 다른 문화권의 사람들과 원활한 소통을 실천하기 위해 필요한 태도가 무엇인지를 보여 준다(김정은, 2011).

- 외국인에 대한 이질감과 두려움을 없애기 위해 직접 외국인을 만나는 다양한 기회를 마련한다.

- 한국의 집단주의 문화와 상대적인 개인주의 문화를 이해하고 인지한다.
- 이문화권 사람들과의 다양한 교류와 접촉을 통해 이문화에 대한 정확한 지식과 정보력을 갖추고 이문화의 정서를 이해한다.
- 외국인의 일상생활 문화, 사고방식과 우리 문화와의 차이를 인정하고 존중한다.
- 편견과 고정관념이 없이 외국인과 외국의 문화를 바라보는 태도가 필요하다.
- 모든 인간은 문화적으로 평등하다는 가치관을 머리가 아닌 마음으로 받아들여야 한다.

다른 문화의 수용능력은 다문화 커뮤니케이션 능력의 기반을 형성한다. 다음은 서로 다른 문화적 배경을 지닌 사람들의 문화를 있는 그대로 수용하는 능력을 개발하는 데에 널리 활용되는 검사도구이다. 단계별 지침 내용에 따라 다문화 간 이해와 실천 능력을 쉽게 자가 진단해 볼 수 있다(김천기 외, 2013).

(1) 1단계: 개방적 자세

- 이문화의 이질성을 있는 그대로 인정하는 열린 마음을 지니고 있는가?
- 객관적으로 나 자신의 문화적 성향을 관찰하고 역효과를 초래하는 자문화의 습관에서 벗어날 수 있는 마음의 준비가 되어 있는가?
- 이문화에 대한 성급한 평가를 자제하고 고정관념에 얽매이지 않으며 자민족 중심의 행위를 지양하면서 이문화를 경험하려는 열린 마음을 지녔는가?

(2) 2단계: 자신과 타인에 대한 인식

- 나 자신의 문화적 성향은 어떠한가?
- 내가 속한 문화와 내가 접하는 이문화 사이에서 나는 얼마나 이질적인가?
- 나의 이문화 적응력은 어느 정도인가?
- 다른 문화권 사람들의 문화적 성향은 어떠한가?
- 다른 문화권 사람들의 이문화 적응력은 어느 정도인가?
- 나와 다른 문화권 사람들 간에 공통적인 부분이 존재하는가? 어떻게 서로의 공감대를 형성할 수 있는가?

(3) 3단계: 문화적 지식

- 모든 문화 또는 특정한 문화에 대하여 내가 반드시 알아야 할 것은 무엇인가?
- 내게 필요한 문화적 지식을 제공할 수 있는 자료는 무엇인가?
- 어떻게 장기적으로 나에게 도움이 될 수 있는 실천적 문화 지식을 지속적으로 습득해 갈 것인가?

(4) 4단계: 문화 간 훈련과 기술

- 문화적 인식과 지식을 어떻게 의사소통을 위한 기능적 기술로 활용할 것인가?
- 어떤 기술이 문화 간 갈등을 최소화하는 데 도움이 될 수 있는가?
- 문화 간 기술을 이문화 학습에 대한 개방적 자세를 강화하는 데 어떻게 사용할 수 있는가?

서로 다른 문화적 배경을 지닌 사람들과의 소통에서 우선 다른 문화에 대한 편견과 차별의식을 두지 않고 그대로 수용할 수 있는 개방적인 자세를 갖추고(1단계), 자신과 타문화권의 이질성과 동질성을 인식한 후(2단계), 타문화권과의 소통을 위해 자신에게 필요한 문화적 지식(3단계)과 그에 적절한 의사소통기술을 수용한다면(4단계), 다른 문화권과의 의사소통을 위한 이문화 수용능력이 개발될 것이다.

05 다문화가족센터 프로그램

1) 다문화가족 방문교육

경제적 어려움과 지리적 접근성의 문제로 집합교육에 참석하기 어려운 결혼이민자 및 다문화가족 자녀를 대상으로 전문지도사를 양성하여 맞춤형 서비스를 제공한다(예: 대전 다문화가족센터).

(1) 다문화가족 한국어교육 서비스

한국어교육 방문지도사를 가정에 파견하여 언어소통의 문제로 한국생활 조기 정착에 어려움을 겪고 있는 입국 초기 결혼이민자에게 한국어교육 서비스를 제공한다.

❶ **대상:** 한국어 방문교육이 필요한 입국 5년 이하의 결혼이민자

❷ **서비스 내용**

- 한국어교육 서비스
- 어휘·문법, 읽기, 쓰기, 말하기·듣기
- 가족상담 및 정서 지원 서비스
- 기타 한국생활에 필요한 정보 제공

❸ **기간:** 체류기간 5년 이하

(2) 다문화가족 부모교육서비스

자녀 양육 역량강화를 위하여 필요한 교육, 상담 및 각종 정보를 제공하는 부모교육지도사가 가정으로 찾아가서 서비스를 제공한다.

❶ **대상:** 언어·문화 차이 등으로 자녀 양육에 어려움을 겪고 있는 만 12세 이하의 자녀를 양육하고 있는 결혼이민자
(단, 자녀 1인에 대한 서비스 지원이 가능하며, 자녀마다 교육 지원 불가)

❷ **서비스 내용**

- 자녀 양육 역량강화를 위한 부모교육서비스
- 부모 역할, 부모자녀관계 형성, 영양·건강관리, 학교·가정생활지도 등
- 가족상담 및 정서 지원 서비스
- 기타 한국생활에 필요한 정보 제공
- 생애주기별 3회 서비스 지원(임신·신생아, 유아기, 아동기)

❸ 기간: 1회 5개월 원칙

- 생애주기별 3회 지원(최대 15개월 지원)
- 임신·신생아(임신 중~생후 12개월 이하)
- 유아기(12개월 초과~48개월 이하)
- 아동기(48개월 초과~만 12세 이하)

(3) 다문화가족 자녀생활서비스

자녀생활지도사가 가정에 방문하여 학업성취가 낮고, 자아·정서·사회성 발달에서 어려움을 겪고 있는 다문화가족 자녀에게 생활지원 서비스를 제공한다.

❶ 대상: 집단교육에 참여하기 어렵거나 학업성취가 낮고, 자아·정서·사회성 발달에서 어려움을 겪고 있는 다문화가족 자녀(만 3세~만 12세)

❷ 서비스 내용

- 인지영역: 독서코칭, 일기, 발표토론, 숙제지도 등
- 정서·사회영역: 자아·정서·사회성 발달을 위한 지도
- 문화역량강화영역: 문화인식, 정체성 확립, 공동체 인식 지도
- 서민교육영역: 기본생활습관, 건강 및 안전, 가정생활, 진로지도 등

❸ 기간: 1회(10개월까지) 원칙

2) 다문화가족 자녀 언어발달 지원 교육

다문화가족 자녀의 언어발달을 위하여 다음과 같은 서비스를 지원한다(예: 대전 다문화가족센터).

(1) 사업배경 및 필요성

- 다문화가족의 자녀는 다른 아동에 비해 언어발달이 낮은 수준으로 학령기 학습능력 저하 등 학교, 가족생활 부적응 심화

- 취학 전부터 언어발달이 지연되는 경우, 학령기의 학교수업 이해도 부족 및 정서장애 등으로 조기에 사회적 소외 경험

(2) 대상

언어평가 및 언어교육이 필요한 초등학생(만 12세) 이하 다문화가족 자녀

(3) 서비스 내용

- 다문화가족 자녀 언어평가
- 다문화가족 자녀 언어교육
- 상담: 아동 부모와의 라포 형성을 위한 부모상담 및 자녀의 언어발달을 지원하기 위한 부모교육

(4) 서비스 방법

- 다문화가족센터 내 언어교실
- 보육시설(어린이집) 및 학교 파견

(5) 서비스 기간

대상자별 6개월(48회기) 원칙

3) 외국인노동자 가정의 가족기능 강화 및 사회적응 프로그램

외국인 노동자로 한국인과 결혼, 외국인노동자 간의 결혼을 통해 형성된 가정을 대상으로 가족기능 강화 및 한국사회 적응능력 향상프로그램을 운영한다.

(1) 프로그램 내용 및 실시방법

결과목표	하위목표	프로그램 내용 및 수행방법	프로그램 매개체	사회복지사의 역할 및 과업	클라이언트의 역할 및 과업
가족기능 강화를 위한 프로그램을 통해 긍정적인 가족관계를 형성하고, 가족공동체 의식을 고취시킨다.	가족 간의 이해를 증진하고, 가족구성원 간의 의미 있는 상호작용을 경험하게 한다.	• 상담 • 심리정서적 지원 • 가족기능강화 프로그램	• 내방 또는 방문 • 가족성원 간의 상호 이해도 • 패밀리테스트	• 상담 이론과 원리 숙지 • 클라이언트와의 신뢰감 형성 및 충분한 정보 파악 • 가족관계에 대한 상담을 통한 정확한 문제 사정, 진단	• 기관과 사회복지사와의 협력관계 형성 • 가족관계 및 적응에 대한 정확한 정보 제공 • 가족구성원에 대한 적극적인 의사소통
	가족구성원 간의 자기역할을 확립한다.	• 가족기능강화 프로그램 • 해결중심적 단기가족치료	• 역할극 • 부모교육 • 해결중심적 개입	• 가족기능강화 프로그램을 통한 가족관계의 기능 향상 유도 • 역할극의 중요성을 파악하여 적극적인 참여유도 • 부모교육의 참가 유도	• 가족관계수준 향상을 위해 노력 • 교육의 적극적 참가
	가족구성원 간의 결속력 및 상호 적응력을 향상시킨다.	• 가족기능강화 프로그램	• 자존감 고양 • 의사소통학습 • 가족규칙의 명료화 • 가족을 위한 목표 정하기 • 역할, 지위의 상보성 학습 • 칭찬, 격려하기	• 활발한 session 참여를 통한 관계 개선 도모 • 각 프로그램의 연속성, 진행상의 유연성 확보를 위한 노력	• 프로그램에 성실히 참여하여 변화의 계기를 갖도록 노력한다.
		• 가족캠프	• 1박 2일 가족캠프 • 협동프로그램	• 가족구성원에게 가족의 소중함을 인식시킴 • 가족 간의 집단활동을 통해 대화의 촉진과 친밀감을 높일 수 있도록 개입	• 프로그램의 목적을 이해하고 적극적으로 참여 • 가족캠프로 가족구성원 간의 새로운 경험을 통해 신뢰감 형성에 적극적으로 노력하고 협조

결과목표	하위목표	프로그램 내용 및 수행방법	프로그램 매개체	사회복지사의 역할 및 과업	클라이언트의 역할 및 과업
체계적인 사례 관리를 통해 외국인 노동자의 실질적인 생활문제해결을 돕는다.	상담 및 사례 관리를 통해 심리적, 정서적 지지를 제공한다.	• 상담 • 사례관리	• 내방 또는 방문 • case conference • 심리 정서적 지지	• 정기적인 사례 관리를 통한 각 가정의 상황 파악 • 방문 및 사례관리를 통한 의료서비스 지원, 육아지원 대상자 발굴 • 지원기준 및 관리를 위한 객관적인 기준, 체계 마련	• 사회복지사와의 협력관계 형성 • 적극적인 자기 개방
	조직적인 협력 · 의원 Network를 통해 의료서비스를 지원한다.	• 의료적인 지원(진료, 분만, 입원) • 협력병 · 의원 구축 확대	• 현장방문 • 의료비 지원 • 차량 지원 서비스 • 협력병 · 의원의 진료 • 협력병 · 의원 간담회	• 문제발생 시 조기에 대응, 적절한 시기에 서비스를 받을 수 있도록 조치 • 어려운 상황에 처한 클라이언트의 정서적 안정 및 지지 제공 • 협력병·의원 구성 및 조직 • 협력병·의원의 효율적인 관리	• 즉각적인 서비스 요청 • 본인의 질병상태, 증상에 대한 자각, 적절한 표현 • 의료비 일부분 본인 부담
	육아에 대한 지원 및 교육을 실시한다.	• 육아를 위한 지원(기저귀, 분유비) • 육아교육 • 육아지원 기금 마련 캠페인	• 육아비 지원 • 육아교육 및 정보 제공 • 비디오 시청 • 기금마련캠페인	• 정기적 방문을 통해 서비스 제공 • 클라이언트 자녀 유형, 공통 관심사 발견 • 육아교육에 대한 준비, 참여유도 • 기금마련 캠페인을 위한 사전준비, 홍보 및 기금 마련	• 육아비 일부분 본인 부담 • 자녀 양육에 대한 정보습득

<table>
<tr><th>결과목표</th><th>하위목표</th><th>프로그램 내용 및 수행방법</th><th>프로그램 매개체</th><th>사회복지사의 역할 및 과업</th><th>클라이언트의 역할 및 과업</th></tr>
<tr><td rowspan="4">외국인 노동자 가정의 한국사회 적응능력을 향상시킨다.</td><td rowspan="2">한글, 컴퓨터, 예절교육을 통해 언어 및 의사소통 능력을 향상시킨다.</td><td>• 가나다교육
• 실생활 언어 교육
• 예절교육</td><td>• 한글교실 (교재활용)
• 실생활 언어, 지역사투리 교육
• 한국의 대인 관계에 대한 예의·예절교육</td><td>• 한글교육을 통해 언어표현 및 가족대화기술을 증진
• 언어표현에 따라 발생할 수 있는 문제에 대해 가족들의 이해를 구함.
• 한국에서의 대인 관계에 대한 예절, 기본 에티켓 교육
• 자원봉사자를 모집하고 관리</td><td>• 한글 및 언어표현에 대한 배움의 의지와 적극적인 참여
• 실생활에의 적절한 활용</td></tr>
<tr><td>• 컴퓨터교육
• 인터넷 활용 교육</td><td>• 컴퓨터교실 (교재활용)
• 인터넷 활용 및 자료검색 기술 교육</td><td>• 컴퓨터 사용법 및 활용능력을 증진
• 인터넷 검색 능력 제공
• 생활정보, 자료 제공 및 공유</td><td>• 컴퓨터 활용에 대한 배움의 의지와 적극적인 참여
• 실생활에의 적절한 활용</td></tr>
<tr><td rowspan="2">다양한 한국문화를 체험함으로써 한국사회에 대한 이해를 높인다.</td><td>• 한국문화체험</td><td>• 박물관 관람 및 문화탐방</td><td>• 문화체험장소 선정 및 답사
• 프로그램 개발 및 진행</td><td>• 적극적인 참여와 체험을 통한 지식 습득 의지</td></tr>
<tr><td>• 민속의 날 행사</td><td>• 단오 행사 (그네뛰기)
• 한가위 행사 (송편 빚기, 한복입기)</td><td>• 한국고유의 명절 행사에 관한 자료 수집
• 한국고유의 명절 풍습에 맞는 프로그램 준비</td><td>• 행사에 대한 적극적인 참여
• 민속행사에 대해 배우기
• 실생활에 적용하여 보기</td></tr>
</table>

출처: 평택대 다문화가족센터.

4) 결혼이민가족의 적응향상 프로그램

이혼한 결혼이민여성가족의 적응향상을 위한 통합적 개입프로그램은 다음과 같다.

(1) 프로그램 내용 및 실시방법

결과목표	하위목표	프로그램 내용 및 수행 방법	프로그램 매개체	사회복지사의 역할 및 과업	클라이언트의 역할 및 과업
목표1 이혼 1년 이내 여성가장 세대에 대해 서비스에 접근할 수 있도록 하는 위기개입을 실시한다.	① 대상자의 욕구를 파악한다. ② 대상자의 위기적 반응을 완화하고 안정을 도모한다. ③ 대상자에게 필요한 서비스를 연계한다.	• 위기개입	• 사업안내서 • 개별상담 및 가족상담	사례관리자 상담자	내담자
목표2 이혼여성가족을 위한 가족지원 서비스를 제공한다.	① 의료 및 법률서비스, 취업과 관련된 자원연계를 통해 이혼 후 생활변화에 대한 적응을 지원한다. ② 가족상담을 통해 심리적 안정을 도모하고 적응능력을 향상한다.	• 가족지원 서비스 –필요자원연계 –가족상담	• 사업안내서 • 의료·법률서비스 및 취업훈련, 직업알선 등 다양한 자원 • 가족상담	정보 제공자 사례관리자 상담자	내담자
목표3 이혼여성가족 자녀들을 위한 개입프로그램을 제공한다.	① 부모의 이혼을 현실적으로 받아들일 수 있도록 돕는다. ② 부모의 이혼 후 생활변화에 따른 적응능력을 향상한다. ③ 부모의 이혼으로 인한 상실감을 극복할 수 있도록 돕는다.	• 자녀에 대한 개입 프로그램 –미술치료 –집단상담	• 그림, 찰흙 공작, 모래놀이 finger-painting, 등 다양한 미술작업 • 문장완성, 미술작업, 역할극, 색깔카드, 비디오 외 시청각 자료 등	치료자 정보 제공자	참여자 조력자 정보 제공자 역할모델

결과목표	하위목표	프로그램 내용 및 수행 방법	프로그램 매개체	사회복지사의 역할 및 과업	클라이언트의 역할 및 과업
목표4 이혼하여 자녀를 양육하고 있는 양육모들을 대상으로 하는 부모교육을 실시한다.	① 이혼 이후 자녀의 상태에 대해 이해한다. ② 자녀 양육과 관련된 지식과 기술을 습득한다.	• 부모에 대한 개입 프로그램 –부모교육	• 자녀 양육 관련 교육자료	기획가 교육자 정보 제공자	피교육자 토론자 정보 제공자
목표5 실천현장에서 이혼 여성가족과 함께 일하는 실무자들을 위해 개입프로그램 Workshop을 실시한다.	① 전문가들 간에 정보교환의 장을 마련한다. ② 이혼가족을 지원하는 전문적인 개입프로그램의 모델을 제시한다.	• 실무자 Workshop –프로그램 지침서 제작 및 실무자 Work-shop	• 사업 진행 기록 자료 • 사업안내서, 초청장 • 프로그램 지침서, 강연 토론 등	기획가 교육자	피교육자 토론자

출처: 평택대 다문화가족센터.

5) 다문화가정 부부 행복 프로그램

경기도 거주 국제결혼 부부 70커플을 대상으로 하는 프로그램의 사례는 다음과 같다.

일정 및 시간	활동 내용	비고
첫째 날		
08:00~08:30	집결 및 출발	
08:30~11:00	워크숍 장소로 이동 및 접수	
11:00~11:30	개회식/오리엔테이션/사전설문조사	대강당
11:30~12:30	한 마음으로, GO! GO!(Ice breaking)	대강당
12:30~14:00	맛있는 점심식사	
14:00~15:30	훈남들의 수다(남편의 기 살리기)	소강당
14:00~15:30	훈녀들의 수다(푸드아트를 통한 아내의 스트레스 해소)	대강당
15:30~16:00	휴식 및 자유사진	야외
16:00~18:00	Mission, Possible(다문화운동회)	야외
18:00~19:30	맛있는 저녁식사	
19:30~21:30	당신과 함께 춤을(Dance Party)	대강당
21:30~22:00	풍등은 사랑을 싣고	야외
22:00~	자유시간 및 취침	

일정 및 시간	활동 내용	비고
둘째 날		
07:30~09:00	아침식사 및 산책	
09:00~12:00	영원한 사랑의 약속(부부 체험활동)	대강당
09:00~12:00	다문화 관련법 교육 및 Q.&A	대강당
12:00~12:30	폐회식 및 시상/설문/기념촬영	대강당
12:30~13:30	맛있는 점심식사	
13:30~	출발	

출처: 평택대 다문화가족센터.

6) 언어권그룹 프로그램

(1) 프로그램 목표

- 다문화가족과 이주민들의 정보교류 확대
- 다문화가족과 지역주민들이 함께하는 사회참여 활성화

(2) 프로그램 대상자 특성

안산시 지역에 살고 있는 취약계층의 다문화가족, 다문화 아동, 이주민 및 지역사회주민

(3) 프로그램 내용 및 추진결과

구 분	주요 활동결과 내용
1분기 리더회의	Ⅰ. 다문화가족 커뮤니티 통합 네트워크사업 세부 PG 계획일정 안내 Ⅱ. 5월 진행사업 세부계획(리더역할 및 방향제시) Ⅲ. 2분기 차기회의 일정 계획
제1, 2회 Rainbow Meeting	피아노교실 및 무료급식 봉사활동/병원 방문 및 가정방문 활동/Talk & Talk
	세계인의 날 행사 안내 및 친목도모/6월 친목모임 계획/Talk & Talk
	다문화텃밭 조성과 회원 근황 논의/무료급식봉사활동과 6월 행사 안내/Talk & Talk

구 분	주요 활동결과 내용
2분기 리더회의	Ⅰ. 5월 다문화가족 봄나들이 사업평가 Ⅱ. 6월 진행사업 세부계획(리더역할 및 방향제시) Ⅲ. 7월 진행사업 안내 Ⅳ. 8월 진행사업 안내 Ⅴ. 3분기 차기회의 일정 계획
제3, 4회 Rainbow Meeting	한국생활 경험 나누기 및 피아노 교실/A little surprise party/Talk & Talk
	단합 활동 및 친목도모/한국생활 경험 나누기 및 행사 안내/Talk & Talk
	한국생활 경험 나누기 및 도시가스 안전교육 참여/치안안정 간담회/Talk & Talk
제5, 6회 Rainbow Meeting	다문화 결혼식장 장식/여름캠프 및 여수관광 의논/Talk & Talk
	다문화 결혼식 행사준비 및 안내/여수엑스포 문화체험 및 여름캠프의논/Talk & Talk
	신규회원 초청모임/회원근황 파악 및 중국결혼식 행사 안내/Talk & Talk
3분기 리더회의	Ⅰ. 7월 다문화 반올림 여름캠프 사업평가 Ⅱ. 8월 진행사업 세부계획(리더역할 및 방향제시) Ⅲ. 8월 진행사업 안내 Ⅳ. 9월 진행사업 안내 Ⅴ. 4분기 차기회의 일정 계획
제7, 8회 Rainbow Meeting	한국생활 경험나누기/다문화거리 청소 실시/Talk & Talk
	출입국 법률교육 참여/다문화거리 환경캠페인 실시/Talk & Talk
	회원 근황 및 멘티 대상자와 사례파악/다문화 거리조성 환경캠페인/Talk & Talk
제9, 10회 Rainbow Meeting	무료급식소 청소 봉사활동/다문화 어울림 요리·장기대회 참여/Talk & Talk
	회원근황 파악과 요리대회 토의/다문화 추석명절 체험과 어울림 요리대회/Talk & Talk
	추석 요리대회 행사 알림/추석 명절 다문화 어울림 요리·장기자랑 대회 참여
4분기 리더회의	Ⅰ. 9월 다문화 어울림 요리/장기대회 사업평가 Ⅱ. 10월 진행사업 세부계획(리더역할 및 방향제시) Ⅲ. 10, 11월 진행사업 안내 Ⅳ. 여성가족부 최종사업평가 – 언어권별 리더의견 반영
제11, 12회 Rainbow Meeting	Farewell party/다문화가스안전교육/Talk & Talk
	가족상담 교육안내/무료 의료진료 홍보활동/Talk & Talk
	무료급식소 청소 봉사활동/국경 없는 의료봉사단 의료진료 홍보/Talk & Talk
제13, 14회 Rainbow Meeting	신규 및 추가회원 모집계획/야외 그룹 활동 계획/Talk & Talk
	의료진료 안내 및 통역지원 Ⅰ/의료진료 봉사활동 Ⅱ/Talk & Talk
	의료서비스 봉사활동 Ⅰ/의료서비스 봉사활동 Ⅱ/Talk & Talk

출처: 안산 다문화가족 행복나눔센터.

7) 다문화 역량강화 프로그램

(1) 프로그램 목표

- 다문화가족과 이주민들의 한국사회 적응능력 향상
- 다문화사회의 서로에 대한 다양성 존중과 이해 증대
- 다문화사회 실현을 위한 개인의 역량강화 도모

(2) 프로그램 대상자 특성

안산시 지역의 취약계층인 다문화가족, 이주민 및 지역사회 주민, 다문화지원센터실무지역아동

(3) 프로그램 내용 및 추진결과

구 분	기 간	진행횟수	프로그램 내용
실무자 영어교육	5월~10월	20회	• Essential Expressions 습득 및 익히기 • Useful Expression 습득 및 익히기 • 영어로 수업 진행 및 참여
출입국 법률교육	8월, 10월	2회	• 출입국 관리법 • 출입국 관련 문제 상담(Case by Case)
오물조물 공예점토교실	7월~10월	24회	• 미술 재료를 다양하게 활용하여 사고 및 행동방식 확장 • 타인과의 작품활동을 통해서 사회성 향상
가족상담교육	8월, 10월	5회	• 한국문화이해(한국인사예절교육) • 남녀의 차이, 부부갈등과 해결방법 • 부부의 의사소통, 부부의 생각 차이 paper 작성 및 발표
난타교실	5월~11월	8회	• 타법훈련, 리듬훈련, 파트별 리듬 레슨 • 공연에 대한 이해와 구간별 리듬 연습
Speaking up up	8월	4박 5일	• 입국심사 및 오리엔테이션 • Theme Class, English Activity, 캠프체험, 소감문 작성

출처: 안산 다문화가족 행복나눔센터.

8) 선주민과 이주민이 함께하는 다문화 열매 맺기 프로그램

(1) 프로그램 목표

❶ 이주민의 안정적인 조기정착 및 건강한 사회 분위기 확산

❷ 이주민과 선주민의 삶의 질 향상

❸ 이주민들이 지역사회의 다문화인식에 이바지

❹ 이주민과 선주민이 함께 이루는 지역사회 발전

(2) 프로그램 대상자

안산시 지역에 사는 지역 선주민과 외국인 이주민

(3) 프로그램 내용

성과목표	프로그램명	활동 (수행방법)	시행 시기	수행 인력	참여 인원	시행 횟수 시간
이주민의 한국사회 안정적 정착 지원	다문화 뿌리 내리기	[다문화 쉼터] • 다문화 생활공간 운영 (긴급쉼터, 자립쉼터) • 분기별(4분기) 신청서 접수 • 연 2회 생활공간 개발(OPEN HOUSE)	연중	총괄 1명 복지사 1명 직원 2명 관리 1명	120명	연 4회
		[종합의료컨설팅] • 치과 진료 및 상담 (매월 첫째, 셋째 토요일) • 종합(내 · 외과, 치과)진료 및 상담 (매월 둘째 일요일) • 구강건강관리 및 질병예방교육	연중	총괄 1명 복지사 1명 직원 2명 홍보 1명 자원봉사자 10명	400명	월 3회
		[긴급지원 사례관리] • 월 3회 긴급지원 사례관리 • 경찰서, 병원, 출입국관리사무소, 법률기관과 업무협력	연중	총괄 1명 사례관리자 1명 사회복지사 1명	36명	월 3회
		[통합서비스] • 취업상담 및 연계/통역서비스 • 이미용 서비스/출입국 및 법률 상담	연중	복지사 1명 직원 2명 통역자 3명	30명	매일 월 1회

성과목표	프로그램명	활동 (수행방법)	시행 시기	수행 인력	참여 인원	시행 횟수 시간
교육과 문화행사를 통한 이주민의 삶의 질 향상	다문화 싹 틔우기 1차	[기초 보건교육] • 지역 보건소 연계 보건교육 • 다문화이주민 아동대상	상 / 하반기	복지사 1명 직원 4명	30명	연 2회
		[건강코디네이터 양성] • 이주민 대상 발마사지 교육 • 지역사회 자원봉사활동	상 / 하반기	복지사 1명 직원 4명		
		[다문화 어울림 체육대회] • 이주민, 선주민 통합 체육대회 • 언어권별 참여자 선착순 접수	하반기	복지사 1명 직원 4명 봉사자 5명	100명	연 1회
		[다문화 어울림 축구대회] • 지역사회 조기 축구 네트워크 연계 • 현재 구축되어 있는 네트워크 활용 (시의회, 경찰서 특구팀 등 섭외) • 언어권 리더를 통한 다문화팀 접수	상반기	복지사 1명 직원 4명 봉사자 5명	100명	연 1회
		[다문화 특구 바자회] • 국가별 음식, 의류 등의 부스 구성 • 다문화 거리 광장 부스 배치 • 행사 참여 국가별 신청 접수 • 타지역 선주민과 이주민 바자회 초청	상반기	복지사 1명 직원 4명 봉사자 6명	주최 30명 그 외 참가자 200명	연 1회
교류활동을 통한 선주민과 이주민의 상호 이해 제고	다문화 가지 뻗기 1차	[가족힐링캠프] • 가정 회복 전문 강사 초빙 • 다문화 위기가정과 지역사회 건강 가정 연계	연중	총괄 1명 복지사 1명 직원 3명 봉사자 2명	100명	연 1회
		[선주민-쉼터이주민 멘토링] • 선주민과 쉼터 다문화 이주민의 1대 1 연계 및 교류활동 • 멘토 워크숍	연중	총괄 1명 복지사 1명 직원 3명 봉사자 2명	60명	연중 2회
이주민 반상회 및 지역사회 자원봉사	다문화 열매 맺기 1차	[쉼터 이주민 반상회] • 이주민 자조모임 • 이주민 자체 사례관리 실시 • 지역사회 청결유지 및 봉사활동	연중	총괄 1명 복지사 1명 직원 1명 리더 3명	50명	연 5회
		[다문화거리 환경조성 프로젝트] • 다문화특구 환경개선 • 원예교육 활동 • 원예교육 실습 활용	연중	복지사 1명 직원 2명 자원봉사자 10명 강사 2명	60명	연 15회

출처: 평택대 다문화가족센터.

Chapter 09

사이버상 대인관계

01 사이버 문화

사이버상의 대인관계에서 일어나는 다양한 문제들을 예방하기 위해서는 사이버 윤리가 필요하다. 현대사회에서 거의 모든 사람들이 매일같이 사용하고 있으므로, 사이버상의 대인관계에서의 윤리교육은 학생들을 포함하여 모든 성인들에게 필요하다.

1) 사이버 공간의 의미

인터넷은 사이버 공간이라는 새로운 삶의 공간을 만들어냈다. 사이버 공간은 컴퓨터 네트워크가 창출하는 공간적 은유를 의미하며, 구체적으로는 다른 사람들과 공유하는, 집단적으로 구성되는, 네트워크상의 가상사회를 의미한다. 오늘날과 같은 의미의 사이버라는 말은 1984년 윌리엄 깁슨(William Gibbson)의 소설 "뉴로맨서(Neuromancer)"에서 비롯되었으며, 그 의미는 '가상'이라는 용어로 표현되고 있지만 추상적인 사회는 아니다.

사이버 공간에는 나름대로 행위 주체, 행위 양식, 제도와 규범이 엄연하게 존재하고 있다. 따라서 가상사회로서의 사이버 공간은 실제 사회와 전적으로 격리되어 있는 것은 아니다. 즉 사이버 공간에서는 우리의 일상적인 삶에 영향을 미치는 다양한 정치적·경제적·예술적 행위 등이 펼쳐지고 있다.

사이버 공간은 다음과 같은 네가지의 모습을 하며 발전하여 왔다(조남두, 2015).

첫째, 정보의 바다로서의 사이버 공간이다. 사이버 공간에는 무수히 많은 정보가 들어있다. 그러므로 사이버 공간은 방대한 데이터베이스와 같은 역할을 한다. 네티즌은 정보의 생산자인 동시에 소비자이며, 자기 정보의 관리자이기도 하다.

둘째, 매체로서의 사이버 공간이다. 사이버 공간은 자신의 생각과 견해를 전 세계적으로 전파하고 여론을 형성할 수 있는 효과적인 방안을 제공해준다. 현실 세계에서 스스로의 목소리를 내기 어려운 힘없는 일반 대중들도 사이버 공간에서는 얼마든지 자신의 목소리를 낼 수 있다.

세째, 네트워크로서의 사이버 공간이다. 사이버 공간은 컴퓨터 앞에 앉아있는 사람과 사람을 연결시켜 준다. 네티즌들은 전자우편(이메일)을 통해 서로의 의사를 전달하고, 뉴스그룹을 통해 관심있는 현안을 토론하고, 채팅을 통해 실시간으로 대화를 나눈다. 사이버 공간에서는 시공간적 제약 및 성별, 연령, 계층, 인종 등의 사회적 조건을 초월하여 각자의 관심과 이해를 중심으로 한 다양한 공동체가 만들어진다.

넷째, 생활 세계로서의 사이버 공간이다. 사이버 공간은 또 하나의 삶의 공간이다. 사람들은 사이버 공간에서 쇼핑을 하고, 은행 일을 보고, 교육을 받고, 게임을 즐기면서 휴식을 취하기도 한다. 사이버 공간은 영토도, 권력도, 구조도 존재하지 않는 탈영토화, 탈구조화, 탈물질화, 탈육체화된 공간으로 구성되어 있다. 사이버 공간은 '뿌리없는 식물'처럼 특정한 영토위에 뿌리를 내리지 않은 채 여기저기를 돌아다니는 개방형으로 구성된 그물형 네트워크로 어떠한 중심도 없는 특성을 지니고 있다.

2) 사이버 윤리의 필요성

(1) 사이버 윤리교육이 필요하다.

전세계 국가중에 인터넷 보급률이 선두권에 속하는 우리나라의 인터넷 접속률은 2021년 기준으로 전체 가구 중 99.9%가 인터넷 접속이 가능한 상태이다. 우리나라의 가구수는 2000년에 50%가 조금 안되었는데 2020년 코로나19 팬데믹의 영향으로 급증하여 거의 모든 가구에서 인터넷 접속이 가능하게 되었다. 우리나라 인터넷 이용자 수는 47,316,605명으로 인구의 93%가 해당된다(과학기술정보통신부, 2021년 인터넷이용실태조사 결과). 즉 현재 우리나라는 100명중 99명은 인터넷을 사용하고 있으며, 100명중 93명은 이동중에도 인터넷 검색을 하고 있다.

국내에서 개설된 카페, 미니홈피, 블로그 등 비영리 웹은 수억개로 가히 인터넷

홍수라 할 수 있다. 인터넷 포털 사이트에 음란 동영상을 올리는 등 인터넷 만능시대의 부작용이 심화되어 인터넷 이용자들의 윤리문제에 대한 관심이 높아지고 있다. 윤리문제는 검열, 통제, 단속만으로는 해결이 불가능하다. 따라서 유일한 해결책은 교육이므로 초·중·고의 정규 교과목으로 편성되는 것이 바람직하지만 현실적으로 어렵다. 윤리교육 문제는 좋은 콘텐츠 개발에 의한 사이버 교육이 좋은 방안이 될 수 있다. 또한 인터넷 이용자들의 적극적인 관심도 동시에 따라야 한다.

부모들은 자녀가 올바르게 인터넷을 이용하는지 살펴보고 자녀를 지도할 수 있을만큼 인터넷 이용에 관한 기초지식을 갖춰야 할 필요성이 있다. 그 외에도 신문, 방송 등 대중매체의 역할도 중요하다.

사이버 윤리교육의 목적을 달성하기 위해서는 다음 사항을 고려할 필요가 있다(조남두, 2015).

첫째, 자기보호를 넘어서 타인을 배려해야 한다. 정보윤리교육을 통해 인권 및 사생활 침해를 최소화하기 위한 대책이 필요하다.

둘째, 정부와 국민이 함께 국가 사이버 보안강화 및 위기 대응을 하여 사생활 보호 및 국가적 재앙을 예방해야 한다.

(2) 인터넷 세상의 '규범'도 가르쳐야 한다.

부모는 아이들이 교육적으로 유해한 동영상이 넘쳐나는 사이버 세상에 던져져 있을 뿐 아니라 스스로 가해자까지 될 수도 있다는 사실을 유념해야 한다. 요즘 아이들은 걸음마를 시작하면서 인터넷을 배운다. 만 3-5세 유아의 인터넷도 50%를 넘고, 초등학생과 중고교학생들은 100%이다. 2020년도부터 코로나19 팬데믹 영향으로 학교에서 인터넷을 활용한 비대면 수업으로 화상수업이 3년째 이루어지고 있고, 학습자료로 인터넷을 적극적으로 활용하고 있다. 그러나 인터넷을 사용하는 기술만 가르치기에 바빴지 정작 사이버 상에서 지켜야 할 규칙과 질서에 관한 교육에는 너무나 소홀했다.

인터넷은 하나의 세상이며, 이 세상에서 살아가려면 거기에서 통용되는 규범을 지켜야 함을 아이들에게 제대로 가르쳐야 한다. 인터넷 세상에서 올바른 시민을 길러 낼 책임이 성인들에게 있다고 하겠다(조남두, 2015).

3) 사이버 윤리의 관점

사이버 공간은 개별화되어 있는 개인들의 수평적이고 평등한 만남, 그리고 상호작용에 의해 구성되므로, 사이버 공간의 미래는 네티즌들이 만드는 문화와 가치에 의해 결정되는 것이다. 사이버 윤리는 사이버 공간에서의 인간의 도덕적 관계에 관심을 가지며, 그러한 관계를 규율하는 도덕적 원리들에 의거하여 사이버 세계 속에 거주하는 모든 인간의 책임과 의무를 규정해주는 것을 의미한다(조남두, 2015).

사이버 공간은 사회적 실재감을 저하시켜줌으로써 나르시시즘적인 퇴행을 부추기는 속성을 가지고 있어서, 현실보다 훨씬 강한 자기 통제력이 필요한 공간이다. 그러나 사이버 공간에서 행위자들은 현실세계와는 달리 다른 사람과의 실질적이고 독립적인 존재를 인정하는 상호의존과 책임의 관계를 거부하기 때문에 일상의 도덕적인 자기규제가 사실상 어려운 실정이다.

특히 우리 사회의 경우 산업화와 정보화를 단기간에 추진하여 심각한 가치 혼돈의 위기를 안고 있다. 산업사회에 부합하는 올바른 시민윤리가 정착하기도 전에, 사이버 시대에 부합하는 윤리규범을 모색해야 하는 이중적 어려움을 갖고 있다. 사이버 공간을 도덕적 진공의 상태로 간주하려는 일부 네티즌들의 무분별한 행동으로 인해 각종 범죄와 비도덕적 현상이 사이버 공간을 얼룩지게 하고 있다. 사이버 공간의 윤리적 공백이 현실사회로 다시 스며들어 '사이버 공간의 무도덕화'현상뿐만 아니라 '현실 세계의 무도덕화'현상까지 초래하고 있다.

우리는 정보사회에서 발생하는 새로운 도덕적 문제를 다루는데 있어서 전통적인 도덕적 원리들과 이론에 여전히 의존한다. 사이버 공간이나 현실 공간이나 궁극적인 도덕적 선은 인간의 완성에 있는 것이다. 또한 사이버 공간은 그 자체가 궁극적 선이 아니며, 인간의 번영을 위한 하나의 기술적 수단에 불과하기 때문이다. 기술적 수단의 특성에 맞춰서 인간의 윤리를 바꾸어야 한다거나 윤리가 필요하지 않다는 주장은 설득력이 없으며, 인간으로서의 존엄성을 스스로 훼손하는 행위이기 때문이다.

4) 사이버 윤리의 성격

사이버 윤리는 사이버 공간이라는 새로운 틀에서 우리가 인간다움을 유지하며 살게 해주는 규범을 제시할수 있도록 다음과 같은 성격을 지닌 윤리가 되어야 한다(추병완, 2001).

첫째, 사이버 윤리는 사이버 공간에서 우리가 해야 할 것과 해서는 안되는 것을 선택하고 결정할 수 있게 도와주는 처방윤리가 되어야 한다. 즉 우리가 올바른 판단을 내리는데 도움을 주는 기준으로서 나침판과 같은 역할을 해야한다.

둘째, 사이버 윤리는 향후 정보통신기술의 발전에 따라 사이버 공간이 수반하게 될 윤리문제에 대하여, 사전에 숙고하고 예방하도록 도와주는 예방윤리가 되어야 한다.

셋째, 사이버 윤리는 사이버 공간의 무질서와 혼돈에 대한 하나의 반응으로 출현한 것이기에 , 인간경험이나 제도 및 정책의 변형 필요성을 강조하는 변형윤리가 되어야 한다.

넷째, 사이버 윤리는 국지적 윤리가 아닌 세계 보편윤리가 되어야 한다.

5) 사이버 윤리의 원리

사이버 윤리의 기본 원리는 존중(Respect), 책임(Responsibility), 정의(Justice), 해악 금지(Non-maleficence)이다. 현재 사이버 공간에서 나타나고 있는 비윤리적인 행동들은 대개 이 네가지의 원리에 위배되고 있다. 예를 들어, 지적 재산권 침해, 잘못된 통신언어 사용, 통신중독, 타인 비방 등 자신 및 타인을 존중하지 않는데서 비롯되는 행동들이다.

개인 정보의 오·남용은 자신의 책임을 다하지 않는 경우이고, 크래킹, 바이러스 유포, 인터넷 사기, 엽기·폭력·자살 사이트 등의 반사회적 사이트 제조 등은 남에게 해로움을 주어서는 안되는 해악의 원리에 위배되는 것이다.

그리고 사이버 성폭력, 유언비어 유포, 사이버 따돌림 등은 정의의 원리에 위배

된다. 이 원리를 간단하게 줄여서 'RRJN' 원리라고 말할 수 있다. 그 내용을 구체적으로 살펴보면 다음과 같다(추병완,2001).

(1) 존중의 원리

존중은 사람이나 사물이 지닌 고귀한 가치에 대해서 경의를 표하는 것을 뜻한다. 존중은 자신 및 타인에 대한 존중을 의미한다. 따라서 사이버 공간에만 지나치게 빠져서 자신의 몸과 마음을 제대로 돌보지 않아 건강을 잃는 것은 자신을 존중하지 않는 것이다.

또한 다른 사람에 대한 존중은 다른 사람의 지적 재산권, 사생활, 다양성을 인정하고 존중하는 것을 의미한다. 만일 존중의 원리가 적용되지 않는다면, 사이버 공간은 서로 자기의 이익을 추구하기 위한 싸움의 장소가 될 것이다.

(2) 책임의 원리

책임이란 자기에게 주어진 일을 다하는 것을 의미한다. 또한 책임은 다른 사람들을 피하지 않고 그들에게 향하는 것, 그리고 그들에게 관심을 기울이는 것을 의미한다. 그러므로 책임은 서로를 보살피고 관심을 가져야 할 우리의 적극적인 행동을 강조하고 있다.

현실세계에서는 나의 행동으로 인해 피해를 입는 사람이 소수지만, 사이버 공간에서는 그 수를 헤아릴 수 없는 많은 사람들이 피해를 받고 있다. 예를 들어 내 홈페이지가 바이러스에 감염되면 내 홈페이지에 접속한 사람들의 컴퓨터뿐만 아니라 그 사람들과 이메일을 주소 받은 많은 사람들의 컴퓨터가 바이러스에 감염될 수 있다. 그러므로 사이버 공간에서는 자신의 행동이 다른 사람에게 어떠한 영향을 미치게 될 것인가에 대해 신중하게 생각한후 행동을 하는 것이 바람직하다. 즉 모두를 위한 기회가 가능한 사이버 공간은 모두로부터의 책임과 모두를 위한 책임을 요구하는 사회적 공간이기 때문이다.

(3) 정의의 원리

정의는 공정한 것 자체를 추구하려는 것이며, 함께 살아가는 다른 사람들을 위해 주는 이타적인 삶을 의미한다. 정해진 규칙과 법을 준수하지만, 때에 따라서는 옳지 못한 규칙이나 법에 저항하는 것을 뜻한다. 따라서 사이버 공간에서 우리는 정의의 원리에 따라서 참되고 공정한 정보를 교환해야 하고, 정보화의 혜택이 고르게 보편적으로 돌아갈수 있게하며, 타인의 권리를 침해해서는 안된다. 인간의 자유를 구속하려는 옳지 못한 법이나 규칙에 대해서는 적극적으로 대응해 나가야 한다.

(4) 해악 금지의 원리

해악 금지란 남에게 피해를 주지 않는 것을 의미한다. 사이버 공간에서 다른 사람에게 폭력을 행사하는 것, 해킹을 하거나 바이러스를 퍼뜨리는 것, 타인을 비방하거나 욕설을 하는 행동들은 남에게 해로움을 주는 것이므로 인간이 해서는 안되는 행동이다.

6) 사이버 공동체 생활윤리

사이버 공동체의 생활윤리로 엽기문화, Anti문화, 팬픽문화, 지적재산권에 대해 살펴보면 다음과 같다(조남두, 2015).

(1) 엽기문화

2005년부터 생겨난 엽기의 열풍은 이제 젊은이들 사이에서 일상적인 유행어가 되어버렸다. 공포와 유머라는 공존하기 어려운 양극단의 정서를 동시에 아우르는 엽기란 단어는, 우리 사회에서 정상적인 것 또는 일상적인 것이라 간주되는 정서로부터 벗어난 '일탈과 파격'의 상징어가 되었다. 예를 들면 엽기토끼 마시마로 인형이 그 예이다.

(2) Anti문화

안티란 사물의 발전에 있어 최초의 상태가 부정되고 새로이 나타난 상태를 의미한다. 논지(thesis)속에 숨어있던 모순이 표면에 나타나 제 요소 간의 대립이 심해진 상태를 말한다. NGO가 시민의 대표성을 표방하며 활동한다면, Anti는 개인 내지는 모임의 각 개별적인 문제를 대표성으로 고양시키려는 노력으로 표현된다. 우리나라는 특정인이나 특정 상품에서 사회문제로 점차 거시적인 경향으로 안티운동이 전개되고 있다.

(3) 팬픽문화

팬픽(fanfic)이란 팬(fan)과 픽션(fiction)의 합성어로 자신이 좋아하는 연예인을 주인공으로 하여 쓴 소설을 의미한다. 원래 팬픽의 출발은 십대들 사이에서 팬클럽 회원들이 스타를 주인공으로 이야기를 구성하고 만들어가는 일종의 릴레이 소설의 형태를 가지고 있었다.

팬픽의 대상이 되고있는 연예인은 대부분 남성 인기그룹이며, 주로 이들 남성그룹끼리의 '사랑'을 다룬 내용이 대부분을 차지하고 있다. 주요 내용이 동성애를 다루는 것으로 자신의 우상인 '오빠'를 다른 여성에게 빼앗기기 싫다는 의식에서 출발하여, 남성 멤버들간의 동성애가 주된 내용이다.

(4) 지적재산권

정보나 지식의 중요성이 인식됨에 따라 이를 보호하거나 촉진시키려는 노력도 심화되는데, 그 방법 중 가장 많이 논의되고 또 호응을 얻고 있는 것이 지적재산권 또는 지적소유권의 강화이다. 기존에 인정해온 지적재산권의 강화뿐 아니라 영업비밀, 데이터베이스 등에 대한 신지적 재산권을 인정하고, 인터넷 등 뉴미디어 분야에 상표법 등 기존의 지적 재산권 보호체제를 도입하는 등 지식 및 정보의 재산화는 점점 더 많은 분야로 확산되고 있다.

그런데 한편으로는 지적재산권의 과보호와 지나친 상업화가 오히려 지식의 활용과 확산에 방해가 된다는 주장도 있다.

02 사이버 폭력

사이버상의 대인관계에서 사회적으로 문제가 되고 있는 사이버 폭력에 대하여 살펴보면 다음과 같다.

사이버 폭력의 정의와 요소, 기술과 도구, 구체적 문제사항 및 유형에 대하여 차례로 보면 다음과 같다(조아미 외, 2012).

1) 사이버폭력의 정의 및 요소

사이버 폭력은 '컴퓨터, 핸드폰, 전자기기를 사용해서 의도적이고 반복적인 해를 가하는 것'이라고 정의한다. 사이버폭력의 주요 요소는 다음과 같다.

첫째, 의도성(willlful)으로 행동이 우연이 아니라 고의로 일어난다.

둘째, 반복성(repeated)으로 폭력이 일회성의 사건이 아니라 반복적인 행동의 패턴을 반영한다.

셋째, 해(harm)로 피해자는 해를 입었다고 지각한다.

마지막으로 컴퓨터, 핸드폰, 전자기기를 사용한 폭력으로 전통적 폭력과 다르다.

사이버폭력의 특징은 대단히 반복적으로 해로운 일이 일어날 것으로 여겨진다는 것이다. 예를 들어, 어떤 사람은 특별히 다른 사람의 곤란한 사진을 온라인에 게시하는데, 그런 방식은 다른 사람들이 그 사진을 보거나 혹은 그 사진이 반복적으로 제공되어 결국 피해자들에게 되풀이되는 모욕과 부끄러움을 주게 된다. 왜냐하면 한 사람이 이 사진을 볼 수도 있고, 수백만 명의 사람이 볼 수도 있기 때문이다.

2) 사이버폭력의 기술과 도구

사이버폭력의 가해자는 피해자들을 보다 더 괴롭히기 위해서 많은 전자기기들을 사용하고 있으며, 그 상황들은 더욱 더 다양해지고 있다.

첫째, 인터넷에 연결된 컴퓨터를 사용하여, 가해자들은 실시간으로 해로운 이메일이나 문자를 보낼 수 있고, 음란하고 모욕적인 비방성 메시지를 온라인 게시판 또는 소셜네트워크 사이트에 게시할 수 있다.

둘째, 핸드폰을 이용하여 악의적인 문자를 폭력의 대상에게 보낼 수 있다. 대부분의 사람은 개인 핸드폰을 가지고 있고 그들이 가는 곳 어디든지 핸드폰을 가지고 다닌다. 대부분의 핸드폰은 사진을 찍거나 비디오를 녹화하는 기능을 가지고 있다. 이 기능은 가해자들이 콘텐츠(사진 등)를 모을 수 있는 기회를 추가적으로 만들어 주고, 다른 사람에게 사용될 수도 있다.

마지막으로 많은 다른 휴대용 전자기기들이 시장에 나타나고 있다. PDA 또는 스마트폰은 사용자가 캡처, 저장 그리고 배포할 수 있게 하고 이는 다른 이들에게 해를 끼치는 원인이 될 수 있다. 사람들은 다양한 기능을 가진 전자기기를 활용하여 다양한 결과물을 만들어낸다.

3) 사이버폭력의 구체적 문제사항

(1) 익명과 필명 사용

온라인 폭력은 사실상 익명으로 남는다. 채팅방에서의 임시 이메일 계정과 필명, 메시지 프로그램, 피해자와 떨어진 인터넷 접속 장소 등으로 인해 가해자의 신분을 확인하기가 어렵다. 타인을 괴롭히기 위해 개인 컴퓨터 혹은 핸드폰을 사용하는 경우, 가해자는 익명 뒤에 숨어 있을 수 있다. 이 익명성은 사람들을 규범적으로 행동하도록 하는 사회, 양심, 도덕성 및 윤리의 압박으로부터 자유롭게 한다.

익명이라고는 하지만 사람들이 사이버 공간에서 교류할 때 완전히 익명이 아니라는 것을 알아야 한다. 인터넷에 접속할 때 고유의 식별주소(인터넷 프로토콜 IP)가각 컴퓨터와 접속장치에 할당되며, 그 컴퓨터로부터 나온 모든 자료와 통신내용은 이 주소를 기억한다. 따라서 사이버폭력은 항상 행위의 증거가 남고 그 근원을 알 수 있다(조아미외, 2012).

(2) 바이러스적 특성

사이버 폭력을 더욱 문제화시키는 또 다른 특징은 피해자에게 상처가 되거나 수치스러울 수 있는 내용이 짧은 시간에 많은 사람들에게 전달될 수 있다는 것이다. 소문이 삽시간에 퍼질 때 전자기기를 이용하면 그 전파속도는 더욱 빨라진다. 한 사람이 언어적으로나 신체적으로 자신을 괴롭히는 한 두명의 사람에게 대항할 수 있을지 모르지만, 많은 사람들이 그러한 폭력에 참여하게 되면 피해자는 압도적으로 고통받게 될 수 있다.

(3) 끊임없는 괴롭힘의 위협

전자기기를 통해 개인은 언제 어디서든 친사회적 또는 반사회적 목적을 위해 타인과 접촉할 수 있다. 집과 같은 개인적 보호공간인 사적 공간에서도 인터넷에 접속하고 있다는 사실은 온라인상에서의 폭력이 심각한 문제가 될 수 있음을 나타낸다. 각 개인은 핸드폰을 사용하기 위해 켜두어야 하고, 가해자는 협박적이고 모욕적인 문자를 전송함으로써 피해자를 하루 종일 괴롭힐 수 있다. 사이버폭력이 모든 공간, 특히 피해자들의 피난처까지 침투하는 한 그들을 위한 휴식처는 있을 수 없다. 그러므로 익명과 필명, 바이러스적 특성을 갖는 컴퓨터를 기반으로 한 의사소통 그리고 인터넷상에서의 끊임없는 괴롭힘·학대의 위험은 잠재적 사이버폭력 가해자와 피해자의 수를 증가시킬 뿐만 아니라 피해의 규모와 정도 역시 증가시킨다.

4) 사이버폭력의 일반적 형태

(1) 포토샵

포토샵은 가장 인기있는 이미지 편집 소프트웨어 프로그램의 하나인 Adobe Photoshop을 가르키는 신조어이다. 그러나 이 용어는 어떤 소프트웨어 프로그램을 사용하여 만든 이미지나 사진을 수정하고 변경하는 것을 지칭하기도 한다. 오로지 말끔하게 하거나 보기좋게 만들려는 의도로 작업을 하는 것과 달리, 사이버폭력의 경우 포토샵은 주요 인물을 낯 뜨겁고 당황스러운 맥락이나 장면에 배치하기 위하여 사진을 수정한다.

(2) 소문의 확산

이메일, 문자 또는 소셜네트워킹 웹사이트의 포스트를 통하여 저지르는 특정인에 관한 험담과 소문은 인터넷을 통해 매우 쉽게 사람들 사이에 퍼질 수 있다.

(3) 플래이밍과 트롤링

플래이밍(flaming, 온라인 비방)은 전형적으로 타인의 기분과 감정을 상하게 하려는 의도로 적대적 감정을 드러내며 노엽게 하고, 남에게 해를 주는 메시지를 발신하거나 그런 글들을 포스팅하는 것을 의미한다. 이런 비판이나 메시지들은 건설적이거나 논의할 만한 것이 아니며, 오히려 다른 사람을 사회적 또는 심리적으로 상처받게 하고, 그 사람의 권위를 손상시킨다.

트롤링(trolling)은 온라인 사회에서 논쟁, 논란 및 분열을 선동하려한다. 종종 잔인하고 모욕적인 메시지를 포스팅하는 것으로 끝나지만 때로는 부정확하거나 터무니없고, 부적절하거나 확실하지 않은 내용을 담고 있다. 트롤링은 타인에게 의도적으로 비생산적인 반응을 불러일으켜 자극하기 때문에 그들이 말한 내용들이 순수해 보일지라도 우리는 그들이 악하거나 악한 행동을 한다고 믿는다.

(4) 신분 도용 및 위조

자신의 비밀번호, 개인보안정보를 지키기 위해 이를 타인과 공유하지 않거나 노출시키지 않는 것이 중요하다. 만일 누군가가 여러분의 온라인 계정에 대한 사용자 이름과 비밀번호를 알고 있다면, 그 사람은 마치 여러분이 보낸 것처럼 이메일이나 인스턴트 메시지를 보낼 수 있다. 이런 메시지의 수신자는 여러분의 계정이 이용당했다는 것을 모를 것이다. 많은 수신자는 매우 화가 나거나 마음이 상할 것이고 복수를 할지도 모른다.

사이버폭력 가해자는 여러분이 믿고 알려주었던 개인정보를 게시하거나 폭로할 수 있다. 이것은 개인 혹은 가족의 문제에 관한 폭로, 여러분이 우연히 듣고 비밀로 공유했던 민감한 정보 또는 핸드폰, 집 주소와 같은 연락처 등의 신원정보일 것이다. 이 모든 것들은 감정적, 심리적 그리고 신체적 고통을 가하려는 악의적 혹은 비뚤어진 동기를 가진 다른 이들에 의해 사용될 수 있다. 그렇기 때문에, 여러분이나 타인에 대한 기밀의 정보 혹은 개인적 정보 뿐만 아니라, 정보 사용자 이름과 비밀번호 등의 누설을 막는 것이 매우 중요하다.

(5) 무차별 폭행

무차별 폭행은 사이버폭력과 일반적인 학교폭력이 결합된 비교적 최근의 현상이다. 무차별 폭행사건에서, 신체적 학대를 통해 괴롭힘을 당하는 피해자의 모습이 기록된다. 이러한 모습을 담은 디지털 사진이나 영상은 웹사이트에 업로드되거나 다른 사람에게 전송됨으로써 폭행 당사자에게 수치와 모욕감을 준다.

(6) 물리적 위협

타인의 신체적 안전과 안녕을 위협하는 사이버폭력이 자주 목격되고 있다. 물론 이러한 형태의 사이버폭력은 실제 위협 여부를 판단하기 위해 사법기관의 즉각적인 관심과 조치가 뒤따라야 한다.

03 사이버 공간에서의 정보보호

사이버 공간에서의 정보보호를 위한 보안강화를 위해서 지켜야 할 사항은 다음과 같다(이규은·이영선, 2015).

첫째, 비밀번호를 정기적으로 바꾸는 습관이 필요하다.

대체로 같은 비밀번호를 계속해서 유지하는 경향이 있는데, 이러한 경우 비밀번호가 노출되어 손해를 볼 수 있다.

둘째, 정체불명의 사이트는 가급적 멀리해야 한다.

인터넷을 검색하다보면 경품을 준다는 등의 홍보문구에 넘어가 사이트에 가입하면서 개인정보를 유출하는 경우가 있다. 이러한 경우 개인정보의 유출은 물론이거니와 각종 바이러스나 해킹 툴로부터 공격을 받을 수 있다.

셋째, 쉬운 비밀번호를 사용하지 말아야 한다.

생일, 전화번호, 동일한 번호나 연속된 번호를 비밀번호로 사용할 경우 쉽게 노출될 수 있다. 비밀번호는 영문자를 섞어서 최소한 8자리 이상으로 설정하는 것이 좋다.

넷째, 중요한 문서 등에는 비밀번호를 달아 놓도록 한다.

최근에는 보안을 위해 데이터 파일에 비밀번호를 삽입할 수 있는 기능들이 지원되고 있다.

마지막으로 공인인증서를 활용하도록 한다. 공인인증서는 사용하기 복잡하여 정보화와 전자상거래의 발전을 저해하는 요소로 지목되고 있으나, 개인정보의 보호측면에서는 긍정적인 역할을 한다. 다소 불편하더라도 보안을 위해 공인인증서를 사용하는 것이 바람직하다.

제2부

실제편

Chapter 10

자기이해 프로그램

01 MBTI 프로그램

1) 프로그램의 목적

MBTI는 심리학자 융(Jung)의 심리유형론을 바탕으로 캐서린 브릭스(Katharine C. Briggs)와 이사벨 마이어스(Isabel B. Myers)가 연구·개발한 성격유형 선호지표로서 자신과 타인의 성격역동을 이해하는 데 쓰이는 도구이며 4개의 양극지표를 표출해 낸다.

우리나라에서는 김정택·심혜숙(1991)이 한국판 MBTI 성격유형검사로 표준화하여 여러 현장에서 다양하게 활용되고 있다.

MBTI의 목적은 개인의 타고난 성격을 발견함으로써 인간관계 개선 및 개인의 성장, 발달에 도움을 주고자 하는 것이다. 선천적으로 타고나는 개인의 심리적 선호경향을 이해하고 수용함으로써 자신을 보다 잘 이해하고 수용하며, 자신에 대해 긍정적인 시각을 가질 수 있다. 또한 타인이 자신과 다르다는 것을 이해하고 인식함으로써 타인을 이해하고 수용하는 폭을 넓혀 준다.

2) 프로그램의 내용

(1)MBTI 네 가지 선호지표

MBTI에서 제시하는 성격을 나타내는 네 가지 지표는 다음과 같다.

➔ 외향형인가? 내향형인가? E : I

에너지의 방향이 자기 외부에 있는가? 자기 내부에 있는가?

➔ 감각형인가? 직관형인가? S : N

상황의 인식, 즉 정보를 해석할 때 현실에 토대를 두고 구체적인 사실을 기준으로 해석하는가? 육감, 영감에 따라 직관적으로 해석하는가?

➔ 사고형인가? 감정형인가? T : F

상황을 판단할 때 옳고 그름을 중요하게 생각하는가? 서로에게 좋은 방법을 더 중요하게 생각하는가?

➔ 판단형인가? 인식형인가? J : P

행동을 실행할 때 미리 결정하고 계획한 대로 일을 하는가? 상황에 따라 융통성 있게 하는가?

〈표 10-1〉 MBTI 네 가지 선호지표

E	외향(Extraversion) 외부세계의 사람이나 사물에 대하여 에너지를 사용	에너지 방향 Energy	내향(Introversion) 내부 세계의 개념이나 아이디어에 에너지를 사용	I
S	감각(Sensing) 오감을 통한 사실이나 사건을 더욱 잘 인식	인식기능 Information	직관(iNtuition) 사실, 사건 이면의 의미나 관계, 가능성을 더 잘 인식	N
T	사고(Thinking) 논리적, 분석적 근거를 바탕으로 판단	판단기능 Decision Making	감정(Feeling) 개인적, 사회적 가치를 바탕으로 판단	F
J	판단(Judging) 외부 세계에 대하여 체계적이고 계획적으로 접근	생활양식 Life Style	인식(Perceiving) 외부 세계에 대하여 개방적이고 융통성 있게 접근	P

❶ 에너지 방향: 외향형과 내향형(EI: Extraversion, Introversion)

외향형(Extraversion)은 에너지 방향이 주로 외부세계를 지향한다. 외향형의 사람들은 사람들과의 만남이나 활동을 통해 활력을 얻는다. 행동지향적이고 때로는 충동적으로 사람들을 만나며 솔직하고 사교성이 많으며 대화를 즐긴다.

내향형(Introversion)은 자기 내부세계를 지향한다. 바깥세계보다 자기 내부의 개념이나 생각, 또는 이념에 더 관심을 둔다. 내향형은 개인적인 공간과 혼자 하는 일을 좋아한다. 그래서 내향형은 외부활동에서 쉽게 피로를 느끼며 혼자 있는 시간을 통해 에너지를 충전한다.

❷ 인식의 기능: 감각형과 직관형(SN: Sensing, iNtuition)

인식은 개인이 정보를 수집하는 기능으로 사물, 사람, 사건 및 사상을 깨닫게 되는 다양한 방법을 가리킨다. 정보를 수집할 때 감각을 통해 정보를 인식하기도 하고 또는 통찰을 통해 가능성, 의미, 관계를 파악할 수 있다.

감각형의 사람은 감각기관을 통해 관찰 가능한 사실이나 사건을 잘 받아들인다. 현재 자신이 경험하고 있는 일을 중시하며 현실적이고, 관찰능력이 뛰어나며 세세한 것까지 기억을 잘한다. 그러나 구체적 사실을 중시하기 때문에 전체를 보지 못할 위험이 있다.

직관형의 사람은 오감보다 통찰, 육감, 영감에 의존하여 구체적인 사실보다 사건의 이면에 있는 의미, 관계, 가능성 또는 비전을 보고자 한다. 직관형은 새로운 가능성을 추구하고 현재에 안주하기보다 미래의 성취와 변화 그리고 다양성을 즐긴다. 상상력이 풍부하고 이론적이며 추상적이고 미래지향적이며 창조적이다. 그러나 구체적인 것을 잘 보지 못하고 전체를 보려고 하기 때문에 세세한 부분을 간과하기 쉽다. 과수원의 나무에서 사과가 떨어지는 것을 본 감각형의 사람은 '저 사과는 덜 익어서 맛이 없을 텐데'라는 반응을 보이지만, 반면에 직관형의 사람은 '벌써 가을이구나, 스피노자는 내일 지구가 멸망해도 오늘 한 그루의 사과나무를 심는다고 했지'와 같이 대조적인 반응을 보인다.

❸ 판단기능: 사고형과 감정형(TF: Thinking, Feeling)

감각과 직관을 통해 정보를 얻으면 그 정보에 바탕을 두고 판단, 결정 또는 선택을 하게 된다.

사고형은 상대방, 인정, 체면보다 논리적 분석과 원리에 따라 판단한다. 감정형은 개인적, 인간적, 사회적 가치에 기준을 두고 판단한다. 예를 들어, 돈을 빌려줄 때 사고형은 돈을 어디에 쓸 것인가, 제때에 갚을 수 있는가 등 돈을 빌려 주어야 할 만한 상황을 파악하려고 한다.

그러나 감정형은 사람과의 관계에 초점을 두고 돈을 빌려 주지 못했을 때 상대방이 느끼게 될 서운함이나 당황함에 더 많이 주의를 기울인다.

사고형은 객관적인 기준을 바탕으로 인정에 치우치지 않고 원칙, 정의, 공정성, 무엇이 옳고 그른가에 따라 판단한다. 반면에, 감정형은 주관적이고 인간적이기 때문에 논리나 분석보다 자신이 타인에게 어떤 영향을 줄 것인지에 대해 더 많은 관심을 둔다.

감정형이 보기에 사고형은 딱딱하고 인간미가 없으며 경직되어 있는 원칙주의자들이다. 이와 반대로 사고형의 입장에서 보면 감정형은 우유부단하여 결단력이 없어서 상황에 따라 변한다.

❹ 생활태도: 판단형과 인식형(JP: Judgement, Perception)

판단과 인식은 외부세계에 대한 태도나 적응에 있어서 어떤 과정을 더 선호하는가를 보여준다. 외부세계를 조직화하는 방법에 있어서 판단과 인식은 차이를 보인다. 판단형은 의사결정하고, 활동을 계획하고, 어떤 일을 조직하고, 체계적으로 진행시키고, 종결짓는 것을 좋아한다. 단계적이고 순차적인 행동을 선호하는 판단형은 외형적으로 빈틈없고 목적의식이 뚜렷하다.

인식형은 들어오는 정보 자체를 즐긴다. 삶을 통제하고 조절하기보다 상황에 맞추어 잘 적응하며 이해하는 편이다. 자발적이고 적응적인 행동을 하며 새로운 사건이나 변화를 추구하기 때문에 아무것도 잃은 것이 없다.

판단형은 일을 마무리해야 마음이 편하기 때문에 한 가지 일을 빨리 끝내고 다른 일을 추진하며 동시에 두 가지 일을 하지 못한다. 반면에, 인식형은 동시에 두 가지 이상의 일을 할 수 있으나 마무리가 약하다. 판단형은 단기전에 강하고 인식형은 장기전에 강하다. 판단형이 보기에 인식형은 느리고 답답하다. 인식형에게 판단형은 성급하고 여유가 없으며 조급하다. 판단형은 노는 것도 일처럼 하며 인식형은 일도 놀듯이 한다. 판단형은 시간에 쫓기며 살고 있고, 인식형은 여유를 갖고 살고 있다.

(2) 16가지 성격유형

MBTI에서 개인은 검사 문항에 응답하며 네 가지 선호 경향마다 대립되는 두 가지 지표 가운데 어느 것을 더 선호하는지 응답하게 되고, 그 결과 4개의 알파벳을 조합하여 개인의 성격유형 코드가 만들어진다.

이렇게 하여 제시될 수 있는 성격유형은 모두 16가지이며, 다음의 16가지 성격유형 도표는 MBTI 성격유형을 효과적으로 이해하고 응용하는 기초가 된다.

이 유형도표는 사람들의 상호작용을 쉽게 이해할 수 있도록 함으로써, 서로가 서로를 더 잘 이해하고 존중하는 세상을 만드는 데 도움을 주고 있다.

또한 각 성격유형은 선천적인 경향성일 뿐 성격유형 간에 우열이 있는 것이 아니다. MBTI 성격유형은 사람들이 어떻게 세상을 감지하고 이해하는가를 비롯하여 인간의 다양한 행동의 차이점을 설명해 준다(김정택 외, 1995).

〈표 10-2〉 MBTI 16가지 성격유형

ISTJ 세상의 소금형	ISFJ 임금 뒤편의 권력형	INFJ 예언자형	INTJ 과학자형
ISTP 백과사전형	ISFP 성인군자형	INFP 잔다르크형	INTP 아이디어뱅크형
ESTP 수완 좋은 활동가형	ESFP 사교적인 유형	ENFP 스파크형	ENTP 발명가형
ESTJ 사업가형	ESFJ 친선도모형	ENFJ 언변능숙형	ENTJ 지도자형

3) 프로그램의 실제

이번 모임에서는 사람은 자신이 타고난 성격에 내포된 선호성향에 따라 행동한다고 보는 성격유형론에 기초하여 자기 자신과 타인을 이해하는 시간을 갖는다.

(1) 자신의 성격을 짧게 발표한다(예 적극적이다, 내향적이다, 혼자 있는 시간을 즐긴다, 사교적이다, 등)

(2) 가족이나 친구와의 성격 차이로 불편을 느낀 경우를 이야기한다.

(3) 성격유형의 네 가지 선호지표를 설명한다.

외향형(E)	내향형(I)
폭넓은 대인관계를 유지하며 정열적이고 활동적이다. • 자기외부에 주의집중 • 외부활동과 적극성 • 정열적, 활동적 • 말로 표현 • 경험한 다음에 이해 • 쉽게 알려짐	깊이 있는 대인관계를 유지하며 조용하고 신중하며 이해한 다음에 경험한다. • 자기내부에 주의집중 • 내부활동과 집중력 • 조용하고 신중 • 글로 표현 • 이해한 다음에 경험 • 서서히 알려짐
감각형(S)	**직관형(N)**
오감에 의존하며 실제의 경험을 중시하며 지금 현재에 초점을 맞추고 정확하고 철저히 일처리한다. • 지금 현재에 초점 • 실제의 경험 • 정확하고 철저한 일처리 • 사실적 사건묘사 • 나무를 보려는 경향 • 가꾸고 추수함	육감 내지 영감에 의존하며 미래지향적이고 가능성과 의미를 추구하며 신속 비약적으로 일처리한다. • 미래 가능성에 초점 • 아이디어 • 신속 비약적인 일처리 • 비유적 암시적 묘사 • 숲을 보려는 경향 • 씨 뿌림

사고형(T)	감정형(F)
진실과 사실에 주 관심을 갖고 논리적이고 분석적이며 객관적으로 판단한다. • 진실, 사실에 주 관심 • 원리와 원칙 • 논리적 · 분석적 • 맞다, 틀리다 • 규범기준 중시 • 지적 논평	사람과 관계에 주 관심을 갖고 상황적이며 정상을 참작한 설명을 한다. • 사람 관계에 주 관심 • 의미와 영향 • 상황적 · 포괄적 • 좋다, 나쁘다 • 나에게 주는 의미 중시 • 우호적 협조
판단형(J)	**인식형(P)**
분명한 목적과 방향이 있으며 기한을 엄수하고 철저히 사전계획하고 체계적이다. • 정리정돈과 계획 • 의지적 추진 • 신속한 결론 • 통제와 조정 • 분명한 목적의식과 방향감각 • 뚜렷한 기준과 자기의사	목적과 방향은 변화가능하고 상황에 따라 일정이 달라지며 자율적이고 융통성이 있다. • 상황에 맞추는 개방성 • 이해로 수용 • 유유자적한 과정 • 융통과 적응 • 목적과 방향은 변화할 수 있다는 개방성 • 재량에 따라 처리될 수 있는 포용성

(4) 나 자신은 어떤 유형인지 생각해보고 옆사람과 이야기 나눈다. (예 ISTJ, ENFP…)

(5) MBTI 성격유형검사를 실시한다.

(6) 자가채점 및 선호에 의한 각자의 성격유형을 확인한다.

(7) 각 유형별로 모여 유형의 행동특성 즉 성격의 장점과 보완점을 토의한 후 발표한다..

➔ 장점은?

➔ 보완점은?

(8) 오늘 다루었던 내용에 대한 나의 생각과 느낌에 대하여 발표한다.

02 에니어그램

1) 프로그램의 목적

에니어그램은 러시아의 구르지예프(Gurdjieff, 1887-1949)에 의해 서구에 전해졌고, 그 뒤 1960년대에 볼리비아 이카죠(Ichazo)에 의해 개발되기 시작하여 1970년경에 미국으로 확산되었다.

에니어그램(Enneagram)은 ennea와 gram을 합친 말로 ennea는 그리스어로 '9 아홉'을 뜻하고, gram은 모형을 뜻한다. 따라서 에니어그램은 9모형 또는 9도형이라고 할 수 있다. 이카죠는 처음 칠레에 있는 아리카(Arica) 연구소에서 에니어그램에 대한 연구를 시작하다가, 1970년 Arica 학회가 창설된 후 미국의 몇몇 학교에서 인간변화를 위해 에니어그램을 가르치기 시작했다.

국내에는 윤운성 교수에 의해 한국에니어그램학회(1998)가 창설되었고, 2001년에는 표준화된 한국형 에니어그램 성격유형검사(KEPTI)가 출간되었다.

에니어그램은 자신의 성격 유형을 인식하는 데 도움을 주고, 일상생활에서 직면하는 일과 문제를 해결하는 데 정보를 제공한다, 또한 자신과 다른 삶을 사는 다른 유형들에 대한 통찰을 제공함으로써 다른 사람들을 더욱 잘 이해할 수 있다. 에니어그램을 배움으로써 자신을 살리는 방법을 알 수 있음은 물론, 다른 사람을 살리는 방법을 알려줄 수 있는 지혜가 생김으로서 '성숙의 원리'를 알게 된다.

에니어그램 훈련의 구체적인 목적은 다음과 같다.

(1) 우리 자신을 찾게 해주며, 자기인식의 행로를 확실하게 해 준다. 또한 갈등과 혼란에서 벗어나는 방법을 찾게 해주고 절망의 순간에서 희망을 갖도록 해 준다.

(2) 우리의 삶 에너지의 균형을 이루게 하고, 참된 자기를 발견하도록 안내하며, 궁극적으로 개인으로 하여금 통찰의 지혜를 통해 마음의 평안(심리적 자유)을 얻도록 한다.

(3) 인간본성을 이해하고 성격의 개선과 커뮤니케이션 기술을 통해 인격 개선을 도모하고, 타인과의 인간관계를 개선한다.
(4) 내적 여정을 통해 자신 속에 내재해 있는 무한한 잠재능력을 개발하고, 자기 집착을 통합적인 성숙의 원리로 전환하여 전인을 형성한다.
(5) 자기 내면의 비밀스런 보배가 어디에 있는지를 발견케 하는 보물지도로 건강한 자아실현을 도모한다.
(6) 억압으로부터 자신을 해방함으로써 자기개발 및 자기 혁신의 도구로 활용함을 물론 가정, 직장, 교육, 조직, 경영 및 인사분야 등에서 성장의 도구로 활용할 수 있다.

2) 프로그램의 내용

에니어그램의 성격은 기본적으로 인간 성격의 근간을 장(본능) 중심, 가슴(감정) 중심, 머리(사고) 중심의 3가지 에너지와 생명력의 근원 요소로 보고 있다.

장(본능)에 에너지의 중심을 두고 살아가는 이들은 자신을 보호하기 위해 끊임없이 타인과 나를 구분하며 지키려 하는 '영역의 유지, Maintaining boundaries'를 위해 삶을 투쟁하며 살아간다. 따라서 이들은 기본적으로 자신의 경계로의 타인의 침입과 도전에 대한 '분노'를 기본정서로 가진다.

가슴(감정)에 에너지의 중심을 두고 살아가는 이들은 삶의 모습 속에서 자신이 스스로에게 또는 타인에게 어떻게 보일 것인가에 대한 '자아이미지, Self image'에 대해 항상 고민하며 자기 자신을 찾기 위해 살아간다. 따라서 이들은 기본적으로 자신의 이미지가 타인에게 어떻게 비추어질까에 대한 의식을 하면서 '수치심'을 기본정서로 가진다.

머리(사고)에 에너지의 중심을 두고 살아가는 이들은 세상을 살아가기에는 어떤 일이 일어날지 모른다는 것을 항상 생각하면서 살아간다. 따라서 이들의 머릿속에는 항상 세상에 대한 '불안, Anxiety'를 가지고 살아가며 불안으로부터 벗어나기 위해 생각하게 된다. 따라서 이들은 세상을 살아가는 것을 위험하다 느끼고 있기에 '공포'를 기본정서로 가진다.

〈표 10-3〉 에니어그램의 유형별 특징 및 기능

유형 번호	중심 영역	유형 별칭	유형의 특장	기능	회피	함정	약점	강점
2	감정 (가슴)	조력가	**보호적, 모성애적 유형:** 배려하는 도움이 되는, 소유욕이 강한, 조종하는 성격	감정이입, 이타주의	욕구	봉사	교만	겸손
3		성취자	**성공 지향적이고, 실용주의적 유형:** 자기 확신에 차 있고 야망이 있으며, 자기도취적, 적대적 성격	자기존중, 자기개발	실패	효율	기만	정직
4		예술가	**명상적이고 수줍은 유형:** 창조적, 개인주의적이며, 수줍어하고, 우울한 성격	자의식 예술적 창의성	평범	독특	선망	마음의 평안
5	사고 (머리)	사색가	**지적이고 분석적인 유형:** 통찰적, 독창적, 괴짜, 병적 공포심이 많은 성격	열린마음, 독창적 사고	공허	지식	탐욕	애착하지 않음
6		충성가	**의무적이고, 전통적인 유형:** 호감형, 책임감, 의존적, 매조키즘적인 성격	동일시, 사회협력	벗어남	안전	겁	용기
7		낙천가	**활동적이고 개방적인 유형:** 정열적, 완벽한, 과도한 광적인 성격	열정, 실용적 행동	고통	이상	탐닉	절제
8	본능 (장)	지도자	**강력하고 지배하는 유형:** 자기 신념, 단호함, 독재적, 파괴적인 성격	자기주장, 지도성	나약	정의	과도한 욕망	적절한 힘
9		중재자	**태평하고 양보하는 유형:** 수용적, 믿음직한, 수동적, 억압적인 성격	수리성, 수용성	갈등	평화	자기 망각	행동으로 옮김
1		개혁가	**합리적이고 이상적인 유형:** 이상적, 원칙적, 규범적, 완벽주의적 편협한 성격	합리성, 사회적 책임성	성냄	완전	분노	침착

3) 한국형 에니어그램

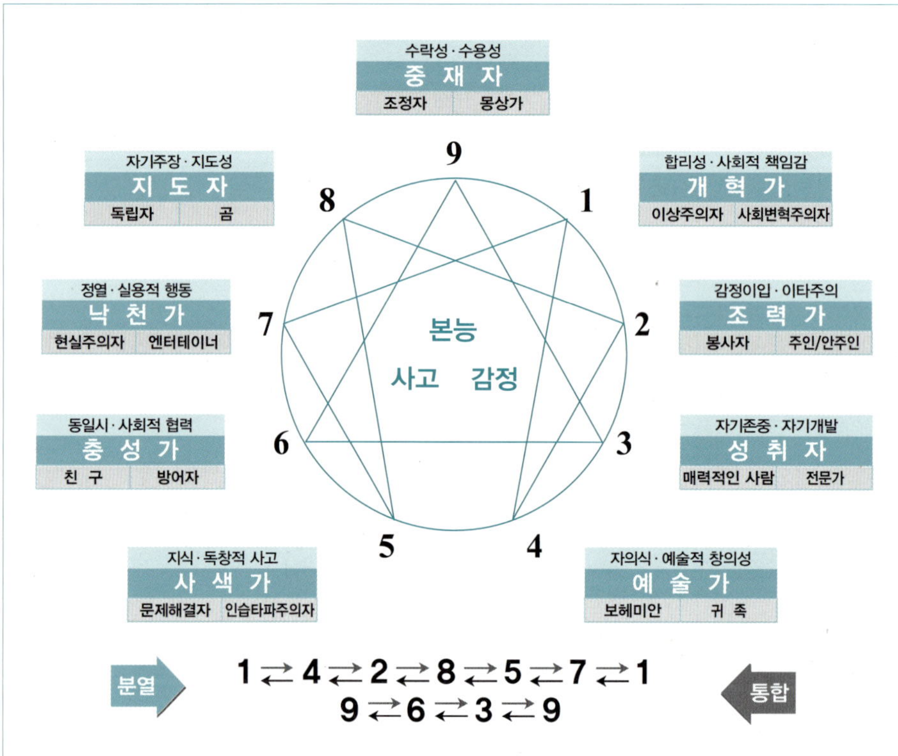

출처: 한국에니어그램교육연구소 윤운성 https://www.kenneagram.com/

4) 프로그램의 실제

• 에니어그램 Worksheet 1

성명	나의 중심	중심별_________조 참가자 성명

※중심별 집단토의: 나의 중심과 관련된 행동특징을 살펴보고, 집단내의 공통점과 차이점을 토의해 보자.

나의 중심 특성(감정, 본능, 사고)	공통점	차이점
1. 고층빌딩에 투숙하여 자는데 불이 났을 때? • • •		
2. 다른 사람들과 하는 일이 뜻대로 되지 않았을 때? • • •		
3. 혼자 있을 때 주로 무슨 생각을 하는지? • • •		
4. 어떨 때 가장 속이 상하는가? • • •		
5. 한밤중에 옆집에서 고성방가를 할때? • • •		
6. 예상하지 못한 1,000만원이 생겼을 때? • • •		
7. 세상을 떠나면서 마지막 유언을 남긴다면? • • •		

• 에니어그램 Worksheet 2

성명	나의 중심	중심별________조 참가자 성명

※유형별 집단토의: 자신에 대해서 솔직하게 기술하고 유형별로 토의해 보자.

1. 나는 주로 무엇을 원하는가?	2. 나에게 중요한 것은 무엇인가?	3. 나에게 일어난 가장 나쁜 일은 무엇인가?	4. 나는 평상시 나 자신을 어떻게 보는가?
5. 나의 장점은?	6. 나의 단점은?	7. 나의 성격유형의 형성 배경은?	8. 개선책(의식개발)은?

03 TCI 프로그램

1) 프로그램의 목적

TCI(Temperament and Character Inverntory-Family) 즉, 기질 및 성격검사는 미국에서 C. R. Cloninger가 1994년 개발한 이후, 심리학과 신경과학 등의 분야에서 인성 연구와 관련하여 많은 발전이 이루어져 왔다. 인간의 기질과 성격에 대해 더 정확하고 깊은 이해를 통해 자각적 의식을 인성의 핵심 요소로 포함하면서 인간 개인의 인성발달에 대한 이해를 높이고자 하는데 목표를 두고 있다.

인성은 타고난 기질과 기질을 바탕으로 환경 속에서 형성되어 가는 성격으로 구분되며, 기질은 받아들이고, 성격은 지속적으로 성숙시켜 나가는 것이라고 한다. 우리는 TCI에 대한 이해를 통해 인간 자신의 기질을 제대로 이해함으로서 자신에 대한 불필요한 자책이나 수치심에서 벗어날 수 있으며, 자신의 기질을 바꾸기 위해 힘든 노력을 해도 변화되지 않는 부분에서 보다 자유로워질 수 있도록 한다.

2) 프로그램의 내용

TCI(기질 및 성격검사)는 Cloninger 가 만든 인성검사로, 생물학적으로 타고 났으며, 변화하기 힘든 타고난 인성인 기질과 이러한 기질을 조절할 수 있으며, 변화 가능하고 후천적인 영향을 더 많이 받는 성격을 측정하여 수량화된 개인의 인성을 나타내는 심리검사이다(Cloninger & Svrakic, 1997). TCI는 총 140문항으로 구성되어 있으며, 국내에서는 2007년 ㈜마음사랑에서 TCI 표준화 작업을 거쳐 판매하고, 다양한 곳에서 사용, 활용되고 있다.

TCI에서 기질이란 다양한 환경 자극에 대해 자동적으로 반응하는 정서적 경향성(emotional tendency)을 의미하는 것으로 이러한 기질은 마치 눈 색깔이나 체형처럼 유전적으로 타고나며, 전 생애를 통해 안정적으로 나타난다. 이러한 기질은 그 자체가 좋다거나 나쁘다고 할 수 없으며, 주어진 상황에 따라 개인에게 장단점으로 작용한다. 반면 성격은 개인이 의식적으로 추구하는 목표와 가치에 대한 자기개념(self-concept)을 토대로 발전하는 것으로 환경과의 상호작용을 통해 전 생애에 걸쳐 변화될 수 있다(이수진 외, 2021).

기질(Temperament)	성격(Character)
자극추구 NS: Novelty Seeking 위험회피 HA: Harm Avoidance 사회적 민감성 RD: Reward Dependence 인내력 PS:Persistence	자율성 SD: Self-Directedness 연대감 CO:Cooperativeness 자기초월 ST: Self-Transcendence

(1) 기질 척도

기질은 다양한 환경 자극에 대해 자동적으로 반응하는 정서 또는 감정적 경향성을 의미하는 것으로 위험회피, 새로운 자극 추구, 보상의존이나 사회적 민감성, 인내력이 여기에 해당된다. 위에서 기술한대로 기질 척도 점수가 높거나 낮다는 것에 가치를 둘 수 없으며, 단순히 타고난 개인의 선천적 특성으로 이해해야 한다(민병배 외, 2007; 이수진·채한, 2014).

❶ 자극추구(NS: Novelty Seeking)

인간은 새로운 자극이나 잠재적인 보상 단서에 접하면 이러한 자극에 끌리면서 행동이 활성화되는 유전적 경향성을 지니게 된다. 즉 흥분과 보상을 추구하는 탐색 활동을 하며 처벌과 단조로움을 회피하는 성향을 보인다. 자극추구 척도는 이러한 기질적 성향에서의 개인의 차이를 측정하기 위한 것이다. 자극추구가 높은 경우는 탐색적이고 충동적이며, 화를 잘 내는 특성을 보이게 되고, 낮은 경우는 경직되고 검소하며 성격이 느긋하고 절제하는 특성을 나타낸다.

❷ 위험회피(HA: Harm Avoidance)

인간은 위험하거나 혐오스러운 자극을 접하면 행동이 억제되고 위축되는 경향성을 지니고 있다. 따라서 처벌이나 위험이 예상될 때, 이를 회피하기 위해 행동이 억제되며, 이전에 하던 행동을 중단하는 성향을 보인다. 위험회피 척도는 이러한 기질적 성향에서의 개인차를 측정하기 위한 척도이다. 위험회피는 처벌 혹은 보상의 박탈에 의해 행동이 억제되는 것으로, 위험회피가 높은 경우에는 조심성이 많고 미리 염려하고 걱정하며 비관적인 성향을 보이는 반면, 낮은 경우에는 자신감 있고, 위험을 무릅쓰고 사교적이며 낙관적인 특성을 나타낸다.

❸ 사회적 민감성(RD: Reward Dependence)

우리가 다른 사람들과 관계를 맺으며 살아가고자 하는 것은 인간의 본성이다. 따라서 관계에서 따뜻하게 애착을 이루기 위해 사회적 보상 신호에 민감하게 반응하는 경향성을 지니게 된다. 사회적 민감성 척도는 사회적 보상 신호 즉, 타인의 칭찬이나 불만족한 표정과 타인의 감정을 민감하게 반응하고 그에 따라 정서나 행동이 달라지는 것을 말한다. 사회적 민감성이 높은 경우는 감수성이 예민하고 따뜻하고 동정심이 많으며 타인의 인정을 바라는 경향이 있으며, 낮은 경우는 둔감하고 거리를 두고 떨어져 지내거나 냉담하고 무심한 특성을 보인다.

❹ 인내력(PS:Persistence)

인간은 지속적인 강화가 없더라도 보상된 행동을 일정 시간 꾸준히 지속하려는 경향성을 지니고 있다. 지금 당장 보상이 없거나 간헐적으로만 보상이 주어지더라도 한 번 시작된 행동을 계속하려는 성향을 보일 수 있다. 인내력 척도는 이러한 기질적 성향을 의미한다. 인내력이 높은 경우에는 부지런하고 끈기가 있으며, 성취에 대한 야망이 있고 완벽주의적 성향이 있으며, 낮은 경우에는 의지가 약하고 태평스럽고 다소 게으르며 능력보다 성취를 적게 하는 경향을 보인다.

(2) 성격 척도

사람들이 의식적으로 추구하는 목표와 가치에 있어서 차이가 있다. 이것은 '자기개념(self-concept)으로 반영되는데, 성격은 성장 및 발달 과정에 있어서 환경에의 적응방식을 결정하며, 인간적인 성숙을 반영한다. 성격의 3가지 척도는 자율성, 연대감, 자기초월로 개인이 추구하는 목표와 가치에서의 차이, 즉 자기개념에서의 개인차를 측정하는 것이다. 자율성은 '자율적 개인'으로서의 자기개념을, 연대감은 '인류의 한 부분'으로서의 자기개념을, 자기초월 척도는 '우주의 한 부분'으로서의 자기개념을 측정한다(민병배 외, 2007; 이수진·채한, 2014).

❶ 자율성(SD: Self-Directedness)

자율적 개인으로서의 자아개념을 의미하는 자율성은 인간적 성숙과 통합된 인성의 정도를 측정한다. 자율성 점수가 높은 사람일수록 자율성에 높은 가치를 부여하며 자신을 자율적인 인간으로 이해하고 또한 그렇게 되고자 노력한다. 따라서 책임감 있고, 목적의식이 있으며 자기수용적이고 자발적인 특성을 보이며 스스로를 신뢰하고 자아존중감이 높고 목표에 맞게 조절할 수 있다. 반면 낮은 점수를 보이는 사람은 미성숙하고 약하며 상처받기 쉽고 남을 원망하거나 무기력하고 방어적이기도 하다.

❷ 연대감(CO:Cooperativeness)

사회와 인류의 한 부분으로서 자기를 이해하고 있는 연대감은 타인이나 사회에 대한 공감과 수용 능력 및 자신을 사회의 일부분으로 인지하고 있는 정도를 측정한다. 연대감이 높은 경우에는 공감적이고 관대하며 동정심이 많고 지지적인 사람이다. 또한 공정하고 도덕적 원칙이 분명하고 남을 위해 봉사하는 것을 즐거워하며 타인과 협력하는 경향이 높다. 반면 낮은 경우에는 타인보다 자신에게 몰두해 있으며, 타인에게 관대하지 않고 비판적이며 비협조적이고 적대적이며 혼자 독자적으로 행동하는 것을 더 선호하는 경향을 보인다.

❸ 자기초월(ST: Self-Transcendence)

우주의 통합적 한 부분으로 자신을 이해하고 동일시하는 정도를 측정하는 것이 자기초월 척도이다. 이 척도는 우주만물과 자연을 수용하고 동일시하며 이들과 일체감을 느끼는 능력에서의 개인차를 의미한다. 자기초월은 모호함과 불확실성에 대한 태도, 상상력, 예술, 종교, 자연의 이치 등에 대한 감흥, 고통과 죽음에 대한 태도 등에 대한 태도를 결정한다. 자기초월이 높은 사람은 꾸밈이 없고 참을성이 있고 창조적이며 사심이 없고 영적인 사람이며, 낮은 사람은 자긍심이 높고 참을성이 적고 상상력이 부족하며, 모호함이나 불확실함, 경이로움 등을 잘 견디지 못한다.

3) 프로그램 실제

자신이 갖고 있는 기질이 성장하면서 어떻게 성격으로 변화되고 있는지를 알아보는 TCI 검사를 통해, 자신과 타인을 이해해 보도록 한다.

1. 검사를 통해 자신의 기질성향을 알아본다.

(예 얼마나 자극을 추구하는지? 위험에 대한 불안으로 회피하지는 않는지? 다른 사람과 관계를 맺고자 하는 민감성 정도는 어떠한지? 인내력은 얼마나 있는지?)

2. 검사를 통해 자신의 성격특성을 알아본다.

(예 성장과 발달과정을 통해 환경에 적응한 자신의 방식, 내가 자율적 개인으로서, 인류와의 연대감 정도, 우주의 한 부분으로서의 자기초월 정도는 어떠한지?)

3. 친구나 파트너, 가족들과 자신의 기질과 성격 특성이 어떠한지 알아보고, 서로 이야기한다.

4. 자신의 기질특성을 타인과 함께 나누면서 공통점과 차이점을 비교한다.

5. 자신의 성격특성을 타인과 함께 나누면서 공통점과 차이점을 비교한다.

6. 위 과정을 통해 자신의 강점과 취약점을 지각하고, 타인을 이해하기 위해 무엇을 보완해야 하는지 생각해 본다.

Chapter 11

부부관계 프로그램

01 부부관계향상 프로그램 구성

본 프로그램의 목적은 부부관계를 향상시켜 건강하고 행복한 결혼생활을 할 수 있도록 도와주기 위함이다. 프로그램의 세부목표는 다음과 같다.

❶ 성장가족에서의 성장배경을 살펴보고 그것을 통해 결혼생활을 방해하고 있는 것이 무엇인지 살펴본다.
❷ 건강한 결혼생활을 할 수 있도록 '생각의 기능'을 활성화시켜 결혼생활의 다양한 법칙을 바람직하게 만든다.
❸ 결혼생활을 통해 발산되는 분노를 건전하게 조절할 수 있는 정서능력을 향상시킨다.
❹ 부부간에 주고받는 표면적 행동의 상호작용이 바람직하게 이루어지도록 한다.

본 부부관계향상 프로그램은 총 4회로 구성되어 있으며, 내용은 다음과 같다.

모 임	교 육 내 용
1회기	마음이 어떠니? –마음을 탐색하기
2회기	슬기로운 결혼생활 –생각을 성장시키기
3회기	결혼생활에서 분노 아웃 –감정을 성장시키기
4회기	유연한 결혼행동 –행동을 성장시키기

02 부부관계향상 프로그램 실제

1회기: 마음이 어떠니? – 마음을 탐색하기

1) 나의 원가족

많은 사람들은 보호와 사랑을 받지 못했던 성장과정이 자신에게 얼마나 많은 영향을 미치는지 모르는 채 살아가고 있다. 과거의 자신에 대해 안다는 것은 현재의 삶의 고통을 이해하고 해결할 수 있는 기초가 된다. 왜 자신의 삶이 탈진되고 있는지, 결혼생활이 왜 불행하게 다가오는지를 알게 해 준다. 과거를 다루는 데는 많은 시간이 걸리지만, 과거 원가족(family of origin)에서의 성장과정을 다루는 것은 결혼생활을 포함해서 자신의 전체 삶에 미치는 부정적인 영향이나 통제를 줄일 수 있다.

(1) 정서적 상처를 주는 잘못된 가족

▸ 다음은 자녀들에게 초라한 자아상을 만들어 내는 부모의 실수이다. 귀하 부부의 성장가족의 모습은 어떠했는가?

문 항	본인	배우자
1. 부모님은 자녀의 실수를 용납하지 않았다.		
2. 부모님은 냉담하거나 권위적이었다.		
3. 무엇인가 '필요하다'는 것을 인정하는 것이 약하다는 뜻으로 받아들여졌다.		
4. 부모님이 신체적으로, 정서적으로, 정신적으로 위약했다.		
5. 부모님은 성적, 육체적, 정서적 학대를 했다.		
6. 부모님은 자부심이 너무 강해 그 누구의 도움도 필요 없다고 했다.		
7. 부모님은 자신들의 잘못을 결코 인정하지 않았으며 용서를 구하지도 않았다.		
8. 부모님은 자식들에게 사랑과 애정을 표현하지 않았다.		
9. 부모님은 아이가 아이답도록 허락하지 않았고 어른처럼 행동하길 기대했다.		
10. 부모님은 자식들에게 너무 많은 것을 기대하고 잘 처리된 일에 대해서도 만족한 표현을 하지 않으셨다.		

문 항	본인	배우자
11. 어른이 되어서도 부모를 결코 만족시킬 수 없다고 생각한다.		
12. 현재도 부모님의 생각에 지나치게 얽매여 있다.		
13. 부모에 대해 분노의 감정이 있다.		
14. 부모를 공경하고 싶지 않다.		
15. 부모는 자식들에게 무관심하였다.		
총 개수		

* 평가: 체크된 개수가 많을수록 역기능적인 가족이라 볼 수 있다.

(2) 부모로부터 물려받은 무형의 유산들

원가족에서의 부모님의 모습은 자녀들에게 무형의 유산을 물려주게 된다. 자녀들은 물려받은 무형의 유산을 직장생활, 사회생활, 결혼생활 등 다양한 삶의 현장 속에서 활용하게 된다. 그러므로 이러한 유산들을 건강하게 물려받아야 할 필요가 있다. 그러나 이것은 본인의 선택에 의해 결정되는 것이 아니라 무조건 물려받게 되는 것이다. 자신들이 부모로부터 어떠한 심리, 정서적 유산을 물려받았는지 다음 가계도 작업(그림11-1. 가계도 기호 참조)을 통해 원가족의 역동을 탐색해 보기로 한다.

① 부모님은 본인 자신을 어떻게 생각하고 계셨는가? 자신의 삶에 대해 얼마나 만족해 하셨는가?
② 부모님의 부부관계는 어떠했는가?
③ 부모님이 인생에서 가장 소중하게 생각한 것은 무엇이었는가? 돈이었는가? 학벌이었는가?
④ 부모님의 일상생활 모습은 어떠했는가?
⑤ 부모님의 자녀교육관은 어떠했는가?
⑥ 부모님의 남녀차별은 어떠했는가?
⑦ 부모님의 성역할 구별은 어떠했는가? 남성다움과 여성다움의 가치관은 어떠했는가?
⑧ 성장하면서 부모로부터 가장 많이 들었던 말들은 무엇인가?
⑨ 부모님은 당신을 어떻게 대해 주셨는가?
⑩ 부모님의 모습을 통해 결혼생활에 대해 가졌던 이미지는 무엇인가?
⑪ 부모님은 세상을 어떻게 바라보셨는가? 긍정적이셨는가, 부정적이셨는가?
⑫ 부모님에 대한 가장 큰 불만이 무엇이었는가?

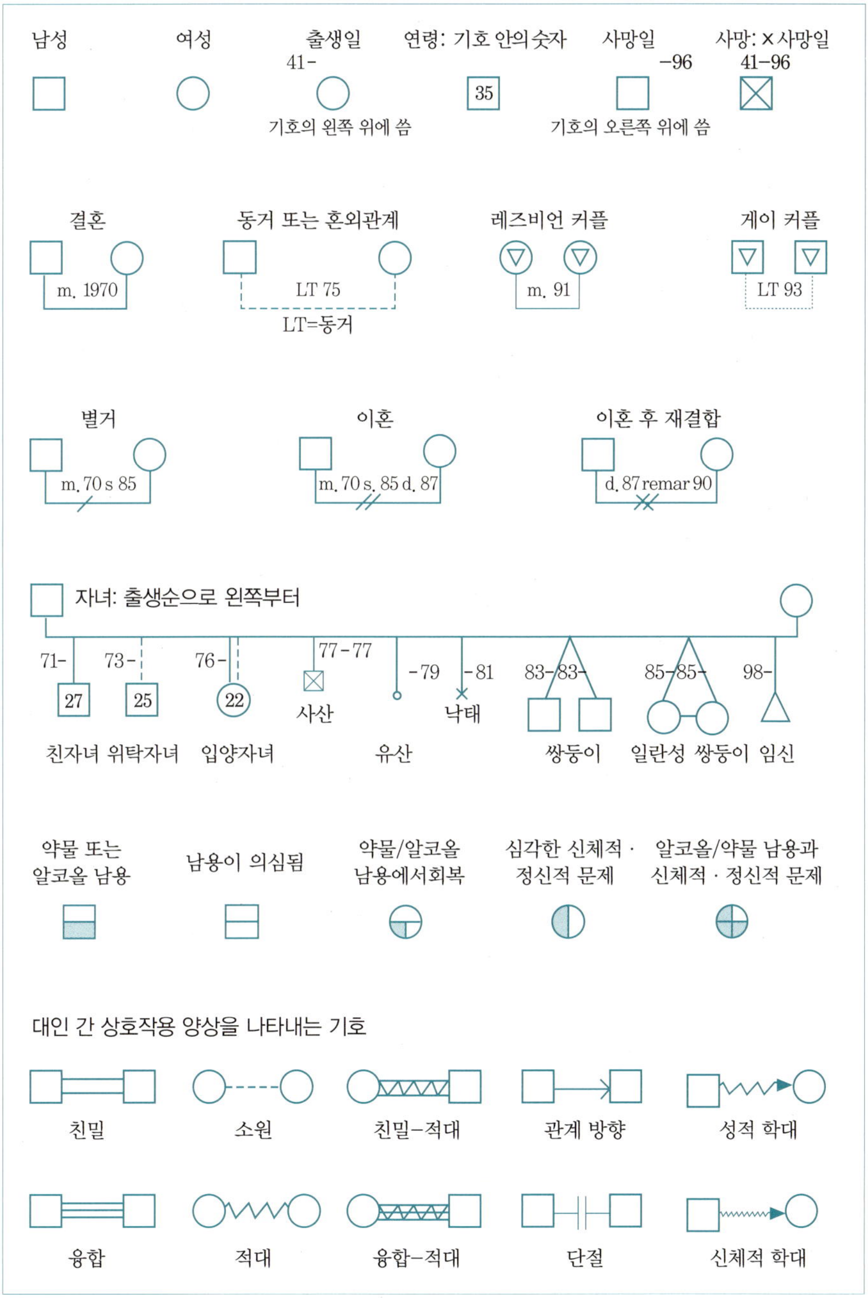

[그림 11-1] 가계도 기호(정문자 외, 2018)

생각해 보기

본인의 3세대 가계도를 그리고, 원가족에서 관계의 패턴은 어떠했는지, 반복되어 나타난 패턴은 무엇인지, 부모님이 물려주신 무형의 유산 중에서 무엇을 취하고 어떠한 것을 버려야 하는지 살펴보도록 한다.

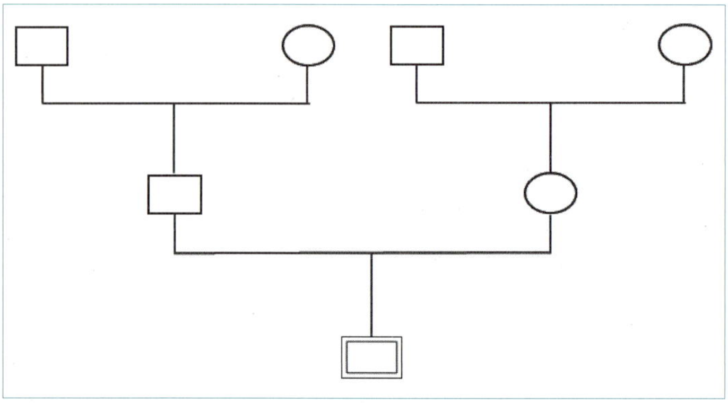

2) 굳어진 나의 모습

성장과정은 현재의 나의 모습을 만들어 낸 중요한 자료이다. 성장과정에서 빚어진 자신의 굳어진 모습을 보며 변화의 기회를 갖는 것은 결혼생활을 성장시킬 수 있는 유익한 기회이다. 거울을 보듯이 자신의 모습을 보며 부족한 점, 연약한 점을 살펴보고 재조정할 수 있는 기회를 가져 보자.

① 대화습관
② 생활패턴(규칙, 불규칙)
③ 소비생활
④ 여가활용
⑤ 삶에서 중요하게 여기는 것들
⑥ 경멸하는 인간의 유형
⑦ 좋아하는 인간의 유형
⑧ 인생관
⑨ 자녀교육관
⑩ 일과 가족

생각해 보기

1. 굳어진 나의 모습에서 무엇을 개선해야 하는가?
2. 배우자와 갈등을 일으키는 것은 무엇인가?

3) 결혼생활에 대한 기대와 욕구

원가족에서의 다양한 경험들은 현재의 삶 속에 깊이 관여한다. 성장과정에서 어떠한 경험을 하며 가치관을 형성하여 자라 왔는가는 부부관계, 자녀관계, 기타 자녀교육 등에 광범위하게 영향을 미친다. 즉, 결혼생활의 다양한 부분들에 대해 기대와 욕구를 갖게 한다. 이처럼 결혼생활에 대해 갖는 기대와 욕구들은 대부분 자신의 과거경험에 기초한다. 따라서 현재의 결혼생활을 건강하게 유지하기 위해서는 성장과정에서 물려받은 다양한 모습들이 어떠한 영향을 미치고 있는지를 검토해 보아야 한다. 이러한 것들이 건강한 결혼생활을 유지하는 데 방해가 되거나 부적절한 영향을 미치고 있다면 이들을 재수정하여 원만한 결혼생활이 유지되도록 해야 할 것이다.

▸ 당신은 결혼생활에 대해 어떠한 욕구와 기대를 갖고 있는가?

(1) 꿈꾸어 왔던 성공적인 결혼생활의 청사진

(2) 나에 대해

- 배우자로서의 모습(건강/성격/외모/직업/경제적 능력/신앙 등)
- 부모로서의 모습

(3) 배우자에 대해

- 배우자로서의 모습
- 부모로서의 모습

(4) 자녀들에 대해

- 학업능력
- 생활습관
- 성격과 외모

생각해 보기

당신의 기대와 욕구는 당사자들이 실현시키기에 얼마나 적절한 것들인가?

2회기: '슬기로운 결혼생활' – 생각을 성장시키기

1) 결혼규칙에 대한 이해

규칙이란 어떠한 대상이나 상황에 대해 "A는 ~해야 한다."라고 설정해 놓은 기준을 말한다. 규칙은 자신이 직·간접적으로 경험한 것들을 토대로 세워지므로 개인의 주관적 신념과 가치가 강하게 내포되어 있다. 결혼한 사람들은 가족생활, 배우자, 자녀, 시댁 등에 대해 다양한 규칙들을 설정해 놓는다. 예를 들어, "사이가 좋은 부부는 싸우지 않는다. 그러므로 한평생 살면서 우리부부도 절대 싸우지 말아야 한다", "부부관계는 공평하고 평등해야 한다. 그러므로 가사분담도 배우자와 공평하게 이루어져야 한다", "결혼성공의 한 징표는 물질적 풍요이다. 그러므로 배우자가 돈을 많이 벌어 와야 한다" 등이다. 이러한 규칙들은 결혼생활을 방해하는 나쁜 소리들이 아니다. 오히려 풍요로운 결혼생활에 도움을 주는 소리들이다. 그러나 이러한 규칙들에 의해 결혼생활의 자연스러움이 상실되고 지나친 책임감과 의무감으로 마치 준법을 꼭 지켜야 하는 것처럼 가족원을 속박할 때 문제가 된다.

결혼규칙

① 부부간에는 절대 싸우지 말아야 한다.
② 부부는 서로의 욕구, 감정, 생각이 무엇인지 다 알아야 한다.
③ 우리 관계가 좋아지려면 배우자 성격이 변해야 한다.
④ 서로 완벽한 성적 파트너가 되어야 한다.
⑤ 배우자는 성적으로 나를 항상 만족시켜 주어야 한다.
⑥ 남편은 아내보다 더 큰 인격을 소유해야 한다.
⑦ 남편은 아내보다 사회적으로 더 유능해야 한다.
⑧ 남편은 항상 가정의 리더가 되어야 한다.
⑨ 우리의 결혼생활은 완전해야 한다.
⑩ 배우자가 나를 사랑한다면 나의 생각과 내가 필요로 하는 것을 알아야 한다.
⑪ 배우자는 나를 늘 보살펴 주고 배려해 주어야 한다.
⑫ 부부는 무슨 일이든 함께 해야 하고 생각도 같아야 한다.

부부 모두 혹은 한쪽이 이러한 결혼규칙들을 만들어 놓고, 옳고 그름의 잣대로 엄격하게 통제할 때, 결혼생활은 우울하고 자신의 기대대로 이루어지지 않아 분노가 생기는 등 문제가 생길 수 있다.

2) 결혼규칙의 유형

결혼생활에 대해 유연하게 적응하는 사람들은 가족원들과 조화로운 관계를 형성하며 적절한 심리적 만족을 느낄 수 있다. 이들의 공통된 특징은 결혼규칙을 적응적이고 바람직하게 설정하는 특성이 있다.

합리적 · 현실적 결혼규칙	비합리적 · 비현실적 결혼규칙
① 조건적이거나 상대적이다. • 당신이 피곤하지 않으면, ______ 하길 바라요. 아침에 아이들과 운동 • 당신 사정이 허락된다면, ______ 해요. 주말에 친정집에 다녀왔으면 ② 강제로 요구하지 않는다. • 당신이 ______ 좋겠어요. 일찍 들어오면 ③ 바람, 희망, 소망, 선호로 표현된다. • 당신이 좀 더, ______ 좋겠어요. 가정적인 사람이 되었으면 아이들에게 신경을 써 주었으면 ④ 유연성이 있다(규칙이 객관적으로 맞는다 할지라도 자신들의 결혼 생활에 유용하지 못할 경우 제외시킨다). • 당신이 바쁘다고 그러니, 이번 휴가는 집에서 시간을 보내도록 해요.	① 절대적(반드시, 꼭, 항상…)이다. • 당신은 무조건(항상) ______ 해야 해요. 아침에 아이들과 운동을 • 우리는 꼭 ______ 해요. 주말에 친정집에 다녀와야 ② 강제로 요구한다(지시적). • 당신은 꼭 ______ 해요. 일찍 들어와야 ③ 과장성이 있다. • 이렇게 되지 않으면 ______ 그것은 끔찍해요. 용납할 수 없어요. 그것을 참을 수 없어요. 완전히 실패한 거예요. 더 이상 희망이 없어요. ④ 경직되어 있다. • 아무리 바빠도 모처럼의 연휴니 집에 있지 말고 꼭 여행가야 해요.

3) 건강한 결혼생활을 위한 결혼규칙 세우기

부부간의 갈등을 자주 일으키는 사람들은 규칙을 설정할 때 자신의 실제 결혼생활 속에서 실현되기 어려운 비현실적이고 배우자를 전혀 고려하지 않은 자기중심적인 결혼규칙을 설정한다. 결혼생활을 건강하게 성장시키기 위해서는 명확한 결혼규칙이 설정되어야 한다.

첫째, 규칙을 설정할 때는 자신들의 결혼생활에 맞는 실행 가능성 있는 규칙들을 설정해야 한다. 즉, 현재 결혼생활의 특수성, 배우자의 특수성, 자녀들, 나 자신을 고려한 현실성 있는 규칙들이 설정되어야 한다. 아무리 좋은 규칙이라 할지라도 자신들의 결혼생활에서는 조화될 수 없는 불필요한 것들도 있고 실현 불가능한 것들도 있다. 그러므로 대다수 사람들이 객관적으로 인정하는 일반화된 규칙들에 너무 집착하지 않도록 해야 할 것이다.

둘째, 규칙을 바람직하게 설정하기 위해서는 이를 위해 배우자와 충분한 대화를 해야 한다. 자신의 바람을 배우자에게 전달하고 배우자의 의견도 수렴하는 타협과정을 통해 규칙이 설정되어야 한다. 자신이 일방적으로 규칙을 세워 놓고 배우자에게 요구하게 되면 배우자는 강요받는다는 느낌이 들어 규칙실행에 협조하지 않을 수 있다.

셋째, 규칙은 성장 지향적인 내용들로 설정되어야 한다. 단순히 자신의 개인적 선호에 의해 만들어지기보다 그 규칙으로 인해 부부관계, 부모자녀관계가 향상되고 가족의 전체 기능이 향상될 수 있는 것으로 설정되어야 한다.

넷째, 설정된 규칙은 변화가 필요할 때 변화시킬 수 있는 유연성이 있어야 한다. 즉, 규칙설정에 유연성이 있어야 한다. 사회는 변화하고 그 안에서 가족 기능은 변화할 수밖에 없다. 따라서 규칙들도 적절히 수정, 변화되어야 한다. 가족의 규칙들이 변화되지 않고 경직되어 있다면 그만큼 가족은 성장, 발전할 수 없다.

5) 결혼규칙 다루기

(1) 결혼규칙 탐색하기

▸ 당신이 갖고 있는 결혼생활에 관한 규칙들을 모두 제시해 보시오

결 혼 규 칙	중요도(0~10)		규칙 불이행 시, 나의 감정반응
	나	배우자	
예) 주말에는 온 가족이 함께 지내야 한다.	9	5	분노 90

① 당신이 가장 중요하게 생각하는 결혼규칙은 무엇인가?

② 내가 배우자에게 규칙준수를 엄격하게 강요할 때 배우자는 어떠한 느낌을 받겠는가?

③ 배우자가 규칙을 불이행할 때 어떻게 하는가?

④ 내가 규칙에 반한 행동을 할 때 스스로에게는 어떻게 반응하는가?

(2) 결혼규칙의 건강성 검토하기

▸ 당신이 가장 중요하게 생각하는 결혼규칙 2가지를 평가해 보시오.

➜ **결혼규칙 1.** ______________________________

➜ **결혼규칙 2.** ______________________________

판단기준	규칙 1.	규칙 2.
1. 배우자가 규칙을 수행하는 데 스트레스가 없는가?		
2. 이 규칙은 우리 결혼생활의 특수성을 고려한 것인가?		
3. 규칙은 결혼생활을 성장시켜 주는가?		
4. 규칙을 설정할 때 배우자와 타협했는가?		
5. 배우자가 규칙을 현실적으로 수행할 수 있는가?		
6. 규칙은 부부관계(가족관계)를 좋게 만드는가?		
7. 규칙의 가치를 배우자가 인정하는가?		
8. 배우자가 규칙을 적극적으로 수행하고 있는가?		
9. 규칙은 지속적으로 수행할 가치가 있는가?		
10. 규칙은 가족화목에 기여하는가?		
총 점수		

(3) 결혼규칙 다시 세우기

▸ 당신의 결혼생활에 맞는 규칙들을 재설정해 보시오.

결혼생활 언약

규칙 (1)

규칙 (2)

규칙 (3)

규칙 (4)

규칙 (5)

상기의 결혼규칙들에 동의합니다. (배우자 사인)

* 당신이 설정한 결혼규칙들을 배우자와 협상하여 수정하시오. 그리고 배우자의 최종동의를 얻어 내시오.

(4) "반드시 결혼규칙이 시행되어야 한다"는 비합리적 사고 수정하기

▸ 당신의 비합리적 사고를 검토하고 논박해 보시오.

비합리적 사고 검토하기

탐색 영역	내용	전혀 그렇지 않다	그렇지 않다	보통 이다	그렇다	정말 그렇다
당위성	1. 반드시 결혼규칙들이 시행되어야 한다.	1	2	3	4	5
	2. 배우자는 꼭 결혼규칙을 잘 지켜 주어야 한다.	1	2	3	4	5
과장성	3. 결혼규칙들이 잘 지켜지지 않는 것은 끔찍한 일이다.	1	2	3	4	5
	4. 결혼규칙들이 잘 지켜지지 않을 경우 우리 가족은 발전하지 못할 것이며 비참하게 실패한 가족이 될 것이다.	1	2	3	4	5
좌절에 대한 낮은 인내성	5. 결혼규칙들이 잘 지켜지지 않아 무척 마음이 괴롭다.	1	2	3	4	5
	6. 빈번히 결혼규칙을 불이행하는 배우자와 도저히 함께 살 수 없다.	1	2	3	4	5
가치절하	7. 결혼규칙을 잘 지키지 않는 배우자는 무책임한 사람이고 한심한 사람이다.	1	2	3	4	5
	8. 결혼규칙을 불성실하게 수행하는 배우자는 인간으로서 형편없는 사람이다.	1	2	3	4	5
비현실성	9. 나는 우리의 결혼생활을 빈틈없이 완성시키고 싶다.	1	2	3	4	5
	10. 나의 결혼생활은 항상 내가 마음먹은 대로 잘 돌아가야 한다.	1	2	3	4	5

* 점수분포(10~50점)

비합리적 사고 점수 ____________

비합리적 사고 깨기

논박하기
① 결혼규칙들이 잘 시행되지 않으면 안 되는가? 언제든지 잘 시행되지 않으면 안 되는가? 항상 잘 시행되어야만 하는가?
② 결혼규칙이 잘 시행되지 않을 때 어떠한 끔찍한 일들이 벌어지는가?
③ 일부분의 결혼규칙이 잘 실행되지 않았는데 결혼생활 전체가 실패한 것인가?
④ 나는 어떠한 상황에서도 결혼규칙들을 잘 시행하고 있는가?
⑤ 빈번히 결혼규칙을 잘 수행하지 못한 배우자는 인간으로서 가치를 100% 상실한 사람인가?

3회기: '결혼생활에서 분노 아웃' - 감정을 성장시키기

1) 결혼생활에서 분노 이해

서로 다른 생각, 가치관, 행동양식을 갖고 있는 배우자와 함께 살다 보면 서로의 차이와 이질성으로 갈등이 생기게 되고 갈등이 누적되면 상대방에 대한 분노가 쌓이게 된다. 부부관계에서 분노의 표출은 피할 수 없는 모습이지만 그것이 지나치게 역기능적으로 나타나면 부부관계에 치명적인 손상을 입힐 수 있다. 그러므로 부부들은 상호작용 속에서 피할 수 없는 분노를 바람직하고 건강한 방법으로 다스려야 한다. 분노가 결혼생활을 방해하는 측면들을 살펴보면 다음과 같다.

첫째, 분노는 전염성이 있다. 한 가족원이 분노하게 된다면 그 사람의 분노는 곧 다른 가족원들에게 전이되어 또 다른 분노를 만들어 내 가족 전체에 좋지 못한 영향을 미친다.

둘째, 분노는 세대에서 세대로 전이된다. 분노가 자주 폭발되는 가족에서 성장한 사람들은 분노의 정서가 누구보다 잘 발달되어 있다. 가족원들 간의 빈번한 갈등상황에서 분노의 정서가 강화되었기 때문에 분노가 자신의 주된 정서가 되어 버린 경우이다. 그러므로 분노가족에서 성장한 사람들은 결혼하여 '제2의 분노가족'을 만들어 내기 쉽다.

셋째, 분노가 자주 폭발되는 가족의 자녀들은 일차적으로 정서에 문제가 생긴다. 부모의 폭발적 분노는 자녀들에게 심각한 불안과 두려움을 낳게 한다. 불안과 두려움의 정서가 반복적으로 경험이 되어 정서적으로 만성적 불안감을 갖게 되며 나중에는 불안장애까지 이른다. 그들은 평온한 상태임에도 불구하고 마음이 불안하고 안절부절못해 한다.

넷째, 분노는 부부관계에서도 많은 부작용을 일으킨다. 무엇보다 부부간에 심리적 친밀감을 현저하게 감소시키며 여러 가지 부부기능을 감소시킨다.

2) 결혼생활에서의 분노 유형

분노의 모습은 다음과 같이 다양하게 나타날 수 있다(유영주·이창숙, 2002; 김진숙 외, 2014).

(1) 액션스타형

화가 나면 숨도 제대로 안 쉬고 목청껏 크게 소리를 질러 댄다. 자기한테 방해가 된 사람들에게 침을 뱉기도 하고 때리고 달려든다. 때로는 분을 참지 못해 엉엉 울면서 자기 머리를 벽에 부딪치며 소리소리 질러 댄다. 방문, 현관문도 발로 차고 문이 으스러지도록 쾅 닫는다. 주위의 물건을 잡히는 대로 집어던지며 간혹 화를 내다가 경련까지 일으킨다.

(2) 활화산형

화가 나면 속에 있는 모든 못마땅함을 상대에게 쏟아 붓는다. 상대가 감당할 수 없을 정도로 몰아세우고 비난한다. 상대는 자신이 몰아세워지는 동안 호흡도 제대로 못해 현기증까지 일으키며 손, 다리가 저려옴을 느낀다. 이들은 비난과 신랄한 혹평으로 상대의 자존심을 여지없이 짓밟아 놓고 상대가 이의를 제기하면 "왜 꼭 그렇게 생각하느냐?"고 "잘해 보자고 하는 것인데……."라며 이해할 수 없다고 또 비난한다.

(3) 경건형

화가 나도 자기의 감정을 적절히 표현하지 못한다. 얼굴이 무표정하고 말투도 평소와 다름이 없다. 얼굴표정 하나 변하지 않는다. 약간 눈빛이 붉어져 있을 뿐이다. 그러나 마음속에서는 지옥과 천국이 왔다 갔다 하면서 상대를 증오하고 못마땅해 한다. 분노의 폭풍우가 일고 있는 것이다. 그러나 주변 사람들은 그가 화가 났는지 잘 알지 못한다.

(4) 압력기형

분노의 감정을 본인이 인정하지 않는다. 더 이상 자기가 분노하고 있지 않다고 생각한다. 그러나 분노의 감정을 속으로 꾹꾹 눌러 버린 것에 불과하다. 그래서 본인은 "화나지 않았어! 괜찮아!"라고 하지만 계속해서 우울해하고 소화가 안 된다고 호소한다. 그리고 머리가 아파 잠을 청한다.

(5) 자기파괴형

분노의 정도가 극에 달해 극심한 우울증까지 일으킨다. 자살까지도 생각하고 있다. 자살을 통해 자신을 파괴하면서까지 그가 가지고 있었던 적개심과 증오를 발산하려고 기회만 본다.

(6) 도피자형

분노의 감정을 주체할 수 없어 결국 술, 도박, 담배, 일중독에 빠진다. 적어도 이들은 그것에 몰입하는 동안에 혼란스러운 정서에서 벗어나 어느 정도 마음의 안정감을 찾는다. 이들은 분노의 근본적 문제를 해결하지 않으면 계속해서 다양한 중독 증세를 일으킨다. 도박에선 손을 뗐지만 과도한 주식투자를 하기 시작한다. 부동산투기에선 손을 뗐지만 사업을 한다고 밤낮없이 일중독에 빠져든다. 일중독에서 벗어나 이젠 집에서 쉰다고 하면서 하루 종일 컴퓨터에 매달려 있다. 그리고 게임으로, 채팅으로 시간을 보낸다.

3) 분노의 촉발 요인

분노 표현방법은 유전병처럼 가족의 대를 이어 나간다. 즉, 부모의 표현방법을 그대로 학습하게 된다. 부모가 자녀에게 퍼붓는 분노는 자녀의 머릿속에 그대로 각인되어 내적 힘이 커진 성인이 되었을 때, 상대가 누구이든 통제하지 못하고 그대로 분노를 분출하게 된다. 일반적으로 한 가족이 사용하는 분노 표현방법은 모두들 매우 유사하다. 이들은 결혼하여 비슷하게 부부싸움을 한다. 자녀들은 성장하면서 부모의 분노 표현방법을 모델로 삼아 다른 형제에게 똑같이 재현하면서 동일한 분노 표현방법을 학습해 나간다.

4) 분노의 처리방법

분노의 처리방법은 다음의 6가지로 나누어 볼 수 있다(유영주·이창숙, 2002; 김진숙 외, 2014).

(1) 강압적 억제형

분노를 표현해서 부정적 결과를 경험한 사람들은 대부분 분노를 억제한다. 이들이 분노를 억제하는 이유는 첫째, "무례하고 교양이 없다"는 평가를 받는 게 두려워서이다. 둘째, "분노를 표출하는 것은 나쁘다"라는 신념을 갖고 있기 때문이다. 셋째, 권위체(부모)로부터 무조건 분노를 억제하는 방법을 배워 왔기 때문이다.

(2) 노골적 공격형

노골적 공격형은 적대감이 많이 누적되어 있는 외향적인 사람들에게 많이 나타난다. 노골적인 공격에는 격정, 화냄, 위협, 비난, 괴롭힘, 빈정거림 등이 있다.

(3) 직설적 주장형

직설적인 형태의 분노표현은 내적 힘의 표현이다. 내면적으로 힘을 소유한 사람은 상대에게 진실된 자기주장을 할 수 있다. 그러한 표현은 배우자를 괴롭힌다는 의미로 전달되지 않으며 자신의 가치, 욕구, 신념 등을 조심스럽게 나타내는 것으로 전달된다. 그러나 자기주장을 제시하는 정도로 행해져야 하며 강제성을 띠어서는 안 될 것이다. 그렇게 된다면 곧 배우자는 방어적이 되고 반발하게 될 것이다.

(4) 건설적 포기형

분노를 처리하는 방법 중 가장 어려운 것은 분노를 자연스럽게 사라지게 하는 것이다. 가장 관계를 원만하게 유지할 수 있는 방법은 건설적으로 분노를 마음속에서 포기하게 하는 것이다. 상대방 문제에 대한 강한 집착에서 벗어나 체념하고 포기하는 것이다. 분노포기는 자신이 여러 가지 상황을 완전하게 조절할 수 없다는 것을 인정하게 될 때 이루어진다. 즉, 자신의 의도대로 배우자를, 자녀를 완전히 통제할 수 없다는 것을 인정하고 수용할 때 이루어진다. 분노를 포기한다는 것은 상대방을 이해하는 태도가 전제된 것으로 상대에 대한 적개심이 없는 상태이다.

(5) 용서형

건설적인 분노포기만으로 모든 문제가 깨끗이 해결되지 않는다. 분노해결의 마지막 과정으로 분노를 잠재우는 '용서의 과정'이 필요하다. 진정으로 용서한다는 것은 아무런 불평 없이 상대가 입힌 피해를 그대로 받아들인다는 것이다. 일반적으로 용서가 어려운 이유는 피해를 당한 사람이 피해를 준 사람을 용서해야 하기 때문이다. 피해를 당한 사람이 상대를 용서하기 위해서는 자신이 피해를 본 만큼의 대가를 스스로 치루겠다고 생각해야 한다. 그러므로 용서를 하기 위해서는 희생이 뒤따라야 한다. 피해를 입힌 사람을 자유롭게 놓아 주기 위해서는 스스로 아픔을 해결해야겠다는 희생정신이 있어야 한다. 또한 용서를 하기 위해서는 보복할 수 있는 나의 권리도 포기해야 한다. 용서를 쉽게 하기 위해서는 고통받은 것에 대한 해석과 평가를 달리해야 한다. 용서를 못하는 이유는 상황을 지나치게 부정적으로만 평가하고 있기 때문이다. 따라서 용서를 하기 위해서는 문제에 대한 전반적 평가를 균형 있게 할 수 있어야 한다. 문제에 대한 긍정적 측면도 생각해 보고, 합리적이고, 발전적으로 문제를 해결할 수 있다는 확신도 갖고, 문제의 전후 상황에 대해서도 살피는 사고의 유연성을 가져야 한다.

5) 분노 다루기

(1) 분노 진단하기

▸ 아래의 사건에 대해 당신이 얼마나 화가 나는지 체크(✔)하시오.

내 용	화나지 않는다	약간 화난다	중간 화난다	매우 화난다	극도로 화난다
1. 방금 사 온 가전제품의 포장을 풀고 플러그를 꽂았는데 작동이 되지 않는다.	1	2	3	4	5
2. 수리공이 수리를 끝낸 후 부당한 요금을 요구한다.	1	2	3	4	5
3. 다른 사람들의 잘못은 그냥 넘어갔는데 유독 당신만 지적되어 주의를 받고 있다.	1	2	3	4	5
4. 당신 차가 진흙탕이나 논두렁에 빠졌다.	1	2	3	4	5
5. 당신이 어떤 사람한테 말을 걸었는데 그 사람이 대꾸도 하지 않았다.	1	2	3	4	5
6. 당신이 아는 사람을 보고 아는 척을 했는데 그 사람은 당신을 못 본 척 한다.	1	2	3	4	5
7. 당신이 커피를 들고 거실로 걸어가는데 아이가 뛰어가다 치는 바람에 커피가 다 엎질러졌다.	1	2	3	4	5
8. 당신이 옷걸이에 옷을 걸어 놓았는데 어떤 사람이 지나가다가 바닥에 옷을 떨어뜨리고서도 다시 걸어 놓지 않았다.	1	2	3	4	5
9. 당신이 슈퍼에 갔는데 주인이 당신을 주시하고 있다.	1	2	3	4	5
10. 빨간 신호로 정차하고 있는데 뒤에서 계속 클랙슨을 누르고 있다.	1	2	3	4	5
11. 약속시간에 임박해서 상대가 오늘 약속을 취소한다고 전화했다.	1	2	3	4	5
12. 배우자가 잘못을 했는데 오히려 당신이 틀렸다고 우겨댄다.	1	2	3	4	5
13. 당신이 집중해서 무엇을 하고 있는데 아이가 자꾸 방해를 한다.	1	2	3	4	5
14. 옆집에서 책이나 도구를 빌려갔는데 돌려줄 생각을 하지 않는다.	1	2	3	4	5
15. 당신은 바빠서 야단인데 배우자가 이러쿵저러쿵 투덜거린다.	1	2	3	4	5
16. 중요한 문제를 배우자와 상의하려고 하는데 배우자가 응해 주지 않는다.	1	2	3	4	5
17. 당신이 슈퍼에서 무를 사왔는데 다 썩어 버렸다.	1	2	3	4	5
18. 주변 사람들이 당신을 구설수에 오르게 하고 있다.	1	2	3	4	5
19. 공중전화기가 망가져 당신의 돈을 삼켜 버렸다.	1	2	3	4	5
20. 배우자가 빈번히 약속을 지키지 않는다.	1	2	3	4	5

출처: 이정연 역(1998). 재구성.

분노의 총점: ____________________점

* 평가: 0~45점	분노의 양이 현저히 적다. 이 점수는 소수인에 불과하다.
46~55점	보통 사람들보다 평온한 편이다.
56~75점	보통이다.
76~85점	보통 사람들보다 더 많이 화를 내는 편이다.
86~100점	극도로 화를 내고 쉽게 풀리지 않는 편이다. 폭탄 같은 성격이나 불같다는 평을 듣는다. 종종 분노를 걷잡을 수 없어 큰 피해를 입는다.

▸ 다음 빈 란에 당신이 배우자에게 분노(화)하게 되는 경우를 제시하고 그 강도를 체크(✔)하시오.

내 용	화나지 않는다	약간 화난다	중간 화난다	매우 화난다	극도로 화난다
1.	1	2	3	4	5
2.	1	2	3	4	5
3.	1	2	3	4	5
4.	1	2	3	4	5
5.	1	2	3	4	5
6.	1	2	3	4	5
7.	1	2	3	4	5
8.	1	2	3	4	5
9.	1	2	3	4	5
10.	1	2	3	4	5
11.	1	2	3	4	5
12.	1	2	3	4	5
13.	1	2	3	4	5
14.	1	2	3	4	5
15.	1	2	3	4	5
16.	1	2	3	4	5
17.	1	2	3	4	5
18.	1	2	3	4	5
19.	1	2	3	4	5
20.	1	2	3	4	5

(2) 분노 조절하기

합리적 사고에 의한 분노조절

분노는 사건에 대해 내가 어떠한 생각을 가졌느냐에 따라 달라진다. 사건에 대해 긍정적이고 합리적인 생각을 한다면 분노는 훨씬 통제될 수 있다.

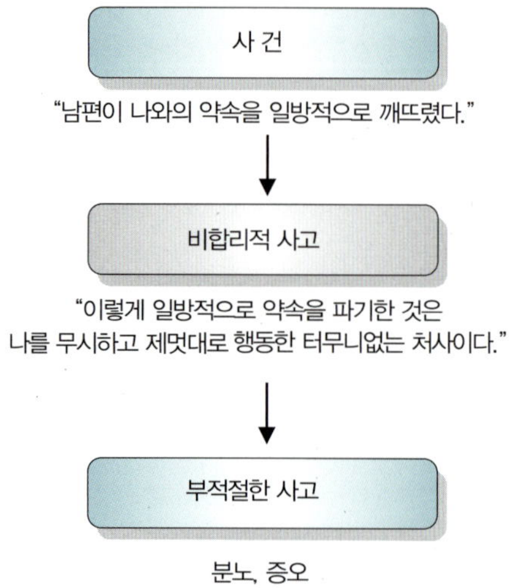

[그림 11-2] 비합리적 사고와 정서

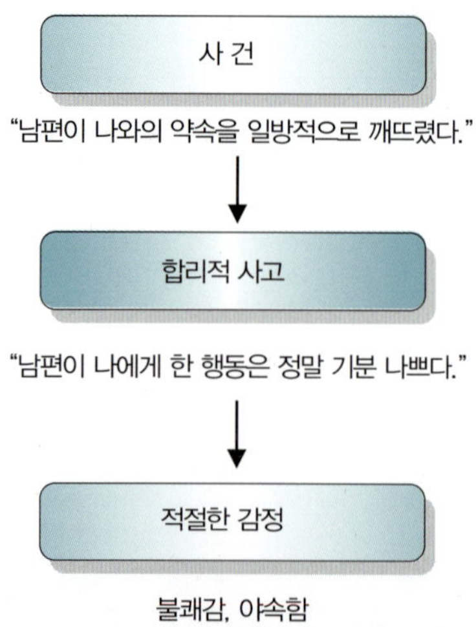

[그림 11-3] 합리적 사고와 정서

일반적으로 분노감은 어떠한 행동이나 사건을 "터무니없는…", "절대 있어서는 안 될…", "결코 참을 수 없는…" 등 극단적으로 인식하는 비합리적 사고로 인해 유발된다. 그러므로 분노를 조절하기 위해서는 극단적인 부정적 사고들을 변화시켜야 한다. 부부들이 갖고 있는 극단적인 비합리적 사고들은 다음과 같다.

① "당신의 그러한 부당한 행동은 정말 터무니없는 것이에요!"
② "나는 당신의 무책임하고 부당한 태도를 절대 참을 수 없어요!"
③ "당신은 나에게 결코 그렇게 하지 말았어야 했어요!"
④ "당신이 나에게 그렇게 했으니 당신은 마땅히 그에 대한 처벌을 받아야 해요"
⑤ "당신이 그러한 행동을 한 것을 보니, 당신은 정말 형편없는 인간이에요!"
⑥ "당신이 나에게 그렇게 행동하다니, 용서할 수 없어요! 모든 것이 끝장이에요!"

위의 각 문장들은 부정적인 의미가 강하게 내포되어 있으며, 그밖에 몇 가지 공통적인 특징을 가지고 있다. 즉, 문제행동과 사람을 동일하게 놓고 본다는 것(이러한 경우, 문제행동을 한 당사자의 인격을 짓밟아 버릴 수 있다), 그리고 부분적인 문제행동으로 그 사람 전체를 평가해 버린다는 것이다. 상대방에 대한 분노를 조절하기 위해서는 문제행동을 한 배우자의 불완전성을 이해하고 수용하는 일이 중요하다. 부부관계에서 자신의 높은 기준들을 배우자에게 일방적으로 강요하는 것도 변화되어야 한다.

▸ (진단 1) 내용 중, 높은 점수의 사례에 대해 합리적 사고를 해 보시오.

①

②

③

▸ (진단 2) 내용 중, 높은 점수의 사례에 대해 합리적 사고를 해 보시오.

①

②

③

4회기: '유연한 결혼행동' – 행동을 성장시키기

1) 부부간의 상호작용 행동

부부관계에서 가장 명료한 교류는 행위의 주고받음이다. 일반적으로 부부관계는 행위의 교류를 통해 관계의 건강도를 예측해 볼 수 있다. 즉, 부부들이 서로 어떻게 대화하는지, 문제를 해결하기 위해 어떻게 협상하는지, 상대배우자의 자극에 대해 어떠한 행동반응을 보이는지에 대한 것들을 통해 부부관계를 진단할 수 있다. 부부들이 주고받는 상호작용 행위들은 몇 가지 전형적인 패턴을 갖고 있다. 이것은 배우자가 주는 자극에 대한 나름대로의 독특한 '대처양식'이라고 볼 수 있다. 대처양식에는 능동적, 회피적, 공격적, 맹종적 반응양식 등이 있다. 부부들의 행위적 상호작용을 건강하게 유지하기 위해서는 이러한 다양한 대처양식 중에서 역기능적 행동패턴을 바람직하게 변화시켜야 할 것이다.

2) 부부관계를 방해하는 행동유형

(1) 공격적 행동

부부 상호작용에서 공격행동은 언어적 공격과 신체적 공격으로 나타난다. 언어적 공격은 말을 통해 배우자의 자존심을 짓밟고 인격을 무시하여 정서에 상처를 주는 것이다. 대체로 비난과 질책으로 이루어진다. 또한 신체적 공격은 몸을 치거나 때려 상해를 가하거나 물건을 던져 신체상의 손상을 입히는 것이다. 이러한 공격적 행동은 피해의식에 사로잡히게 될 때 나타난다. 이들은 늘 마음속에 '당신 때문에…….', '나는 피해자다.'라는 생각을 하고 있고 배우자에게 증오와 적개심을 품고 있다. 한편 공격적 행동은 반드시 노골적인 공격만 이루어지는 것이 아니다. 음성적이며 소극적인 공격행동도 있다. 예를 들어, 부부싸움 후 집에 안 들어온다거나, 밥을 차려 주지 않는다거나, 술주정을 하여 상대의 마음을 괴롭힌다거나, 월급을 안 갖다 준다거나 하여 상대의 마음을 힘들게 만드는 행동 등이 있다.

(2) 위축적 행동

이러한 행동은 심리적으로 많이 위축되어 있는 사람들에게 나타나는데, 행동을 위축시켜 자신을 안전하게 보호하려는 사람들이다. 이들은 이러한 행동을 통해 덜 불안해하며 오히려 안정감을 느낀다. 위축된 행동은 배우자에 대한 자기비하감, 열등감 때문에 나타난다. 위축된 행동 이면에는 "나는 보잘것없는 사람이야.", "나는 실패자야.", "나는 잘하는 것이 없어." 등 자신에 대한 지나친 무가치감이 지배하고 있다. 위축된 행동반응은 배우자와 활발한 상호작용을 할 수 없게 만들기 때문에 궁극적으로는 두 사람 모두에게 결혼생활의 무력감을 가져다준다. 또한 낮은 자존감으로 현실에 안주하려 하기 때문에 결혼생활에 발전과 성장을 기대하기 힘들다.

(3) 회피적 행동

이러한 행동유형을 보이는 사람들은 좋은 일이든 나쁜 일이든 상관하지 않고 가족의 전반적인 일에 별로 개입하지 않는 무관심을 보인다. 이들은 대체로 가족에 대한 책임감이 약하거나 책임감에 대한 정신적 스트레스를 많이 받거나, 자신의 행동결과에 대한 실패를 두려워한다. 회피행동은 문제가 발생했을 때 해결을 위해 어떠한 적극적이고 능동적인 행동을 하지 않기 때문에 사실상 아무 문제도 해결하지 못한다. 따라서 결혼생활이 건강하게 유지되지 못한다. 회피적 행동은 역할이나 능력에 대해 자신감을 갖지 못하고 불안해할 때 나타나는데 이 역시 자아존중감이 낮은 사람들에게서 볼 수 있다. 회피적 행동을 하는 사람들에게도 "난 ~이 정말 싫어!", "나는 잘 못할 거야.", "~이 정말 두려워!"라는 부정적인 생각들이 가득 차 있다.

(4) 맹종적 행동

자신의 의지적 판단 없이 배우자에게 무조건 동조하며 따르는 행동반응이다. 이들은 대체로 배우자에게 의존하려는 마음이 많이 있다. 내면적으로 자기확신감이나 자기기준도 없이 배우자에게 비위만 맞추려는 사람들이다. 맹종적 행동 이면에는 자기불확실감, 불안감이 가득 차 있다. 이들은 좋은 게 좋다고 하며 배우자에게 모든 것을 맞추어 주고 자기의 생각, 느낌, 의견을 하찮은 것으로 취급해 버린다. 맹종적 행동반응을 보이는 사람들은 배우자와 노골적인 싸움을 일으키지 않아 부부관계에 별로 문제가 없어 보이지만 한쪽 배우자만의 일방적 주도권 아래서 결혼생활이 이루어지기 때문에 바람직하지 못하다.

3) 부부관계를 향상시키는 행동패턴

(1) 능동적 행동

결혼생활은 매우 사소한 일들의 연장이다. 가족의 큰일에만 신경 쓰겠다고 사소한 일들을 소홀히 했다가는 결혼생활에 구멍이 난다. 결혼생활의 활력을 유지하기 위해서는 크고 작은 모든 일에 부부 모두가 적극적이고 능동적인 모습을 보여야 한다. 능동성과 적극성이 없는 결혼생활은 역동성을 만들지 못해 성장의 기회를 얻지 못한다. 일반적으로 배우자에게 만족감이 높을 때, 자신의 욕구가 적절히 충족되어 결혼만족도가 클 때, 그리고 결혼생활에 중요한 가치를 부여하고 있을 때, 또한 자아존중감이 높은 사람들이 가족 일에 능동적이며 적극적이다. 그러나 가장 중요한 것은 자신이 가족 안에서 중요한 존재로 취급될 때 결혼생활에 적극적이고 능동적이게 된다.

(2) 융화적 행동

건강한 부부관계는 그들이 얼마나 서로에 대해 융화하느냐에 따라 좌우된다. 그러므로 융화행동은 결혼생활에 매우 필수적 요소이다. 관계가 좋지 못한 부부들은 서로에 대한 이해와 수용력이 낮아, 배우자와 융화하려고 노력하지 않는다. 자신의 페이스를 그대로 강조하며 배우자가 자신에게 맞추어 주기만을 요구한다. 그렇지 못한 배우자는 매우 이기적이라고 비난한다. 부부간에 융화하기 위해서는 자신을 배우자에게 어느 정도 동화시켜야 한다. 자신의 일부를 배우자에게 흡수시켜야 한다는 것이다. 즉, 자기조절능력이나 변화에 대한 유연성이 있어야 한다. 또한 융화행동은 배우자를 존중할 줄 아는 사람들만이 할 수 있다. 배우자의 직업과 시간과 체력과 자존심과 가치관이 자신의 것과 마찬가지로 소중하다고 생각하는 사람들은 융화하려고 할 것이다.

(3) 협동적 행동

결혼생활은 어느 누구의 일방에 의해 이루어질 수 없는 특수한 구조적 특성이 있다. 남자와 여자의 생리적 기능으로 자녀를 낳고 남편과 아내, 아버지와 어머니라는 사회적 지위로 부부관계, 부모자녀관계가 구성되고 그 안에 각 역할이 주어지면서 가족의 기능이 온전히 이루어진다. 그러므로 결혼생활은 부부 중 한 사람에 의해서만 결정되고, 해결되거나 진행될 수 없는 특성이 있다. 그러므로 어느 한 쪽 배우자만의 기능수행은 결핍된 가족을 만들어 언젠가 그 결핍된 부분들에서 문제가 발생하게 된다. 가족생활은 부부간에 협동이 이루어질 때 진정한 성장이 이루어진다.

(4) 성장·발전적 행동

건강한 부부들은 결혼생활에 대한 비전을 갖고 있다. 건강한 부부관계 기초 위에 서로의 개인적 성장을 이루며, 가족의 전체 성장을 꿈꾸는 비전을 갖는다. 결혼생활은 누구에게나 40~50년 이상 걸리는 장기간의 인생과업이기 때문에 부부들은 그러한 긴 세월 동안 성장과 발전을 이루고자 하는 비전을 가져야 한다. 모든 부부들은 자녀를 낳고 양육하고 그들을 결혼시키고 노후를 즐긴다. 이러한 결혼과정에서 부부들은 각자의 현실에 맞는 비전을 세워 더욱 풍요로운 결혼의 결실을 맺어야 할 것이다. “나는 지금 나의 성장과 발전을 위해 무엇을 하고 있는가?”, “배우자와 자녀의 성장과 발전을 돕기 위해 어떠한 구체적 도움의 행동을 하고 있는가?”, “결혼생활의 비전을 갖고 있는가?”를 자문해 보아라.

(5) 사랑행동

부부간에 사랑의 행동은 매우 중요한 행동이다. 배우자로부터 사랑의 행동을 많이 제공받고 확인한 사람은 대체로 결혼만족도가 높다. 부부간의 사랑행동이 얼마만큼 중요하고, 왜 중요한지 굳이 언급하지 않겠다. 사랑의 행동을 구체적으로 나타내길 강조한다. 사랑의 행동은 부부들의 개성에 맞게 다양하게 표현될 수 있다. 사랑의 편지를 보내거나 하루에 세 번 이상 "사랑해"라는 말을 건네거나, 아침 출근길에 입맞춤을 해 준다거나, 성생활에서 적극적이고 배우자가 원하는 다양한 육체적 애무행위를 해 주는 등 매우 많은 표현들이 있다. 따뜻한 마음과 긍정적이고 합리적인 생각만으로는 결혼생활의 활력과 생기를 주지 못한다. 그 안에 '이스트' 성분이 첨부되어야 하는데 그것이 바로 '사랑의 행위'이다.

4) 부부행동 다루기

(1) 진단하기

▸ 당신과 배우자의 행동의 정도를 막대그래프로 그려 보시오.

100(%)									
50									
	공격	위축	회피	맹종	능동	융화	협동	발전	사랑

행동

무엇을 느꼈는가?

① 당신(배우자)은 건강한 결혼생활을 위해 얼마나 능동적으로 행동했는가?

② 당신(배우자)은 건강한 결혼생활을 위해 얼마나 융화하는 행동을 했는가?

③ 당신(배우자)은 건강한 결혼생활을 위해 얼마나 협동하는 행동을 했는가?

④ 당신(배우자)은 가족이 성장·발전하는 데 어떠한 도움의 행동을 했는가?

⑤ 당신(배우자)은 건강한 결혼생활을 위해 얼마나 사랑의 행동을 했는가?

부부가 개선하고 보충해야 할 행동유형은 무엇인가?

(2) 건강한 행동 만들기

▸ 당신이 실천할 수 있는 건강한 행동들을 계획해 보시오.

능동행동 계획하기

내가 먼저 아침에 일어나기/내가 먼저 부부싸움 화해하기/
내가 먼저 배우자 부모님에게 전화 걸기/내가 먼저 휴가계획 제안하기 · 계획하기/
내가 먼저 쓰레기 치우기/내가 먼저 세탁기 돌리기/내가 먼저 사랑표현하기/
내가 먼저 아이 공부 봐 주기/내가 먼저 청소하기

	내 용
1	
2	
3	
4	
5	

융화행동 계획하기

함께 외출하기/함께 쇼핑하기/함께 여행가기/함께 운동하기/함께 산책하기/
함께 앉아 있기/함께 잠자리에 들기/함께 식사하기/함께 TV 보기/함께 책 읽기

	내 용
1	
2	
3	
4	
5	

협동행동 계획하기

짐 같이 정리하기/함께 쓰레기 버리기/함께 청소하기/함께 집안일하기/
서로 힘들어하는 일 도와주기/무거운 짐 들어 주기/
자녀교육에 신경 쓰기/양가 어른 잘 모시기

	내 용
1	
2	
3	
4	
5	

발전·성장행동 계획하기

국내외 여행하기/문제해결하기/책 읽고 대화 나누기/
공부하기/체력 다지기/가족의 미래에 대해 의논하기
신앙 성장시키기/재산 증식하기

	내 용
1	
2	
3	
4	
5	

사랑행동 계획하기

사랑의 편지 쓰기/매일 사랑한다고 말해 주기/사랑을 신체적으로 표현하기
/팔짱끼기/사랑을 언어로 표현하기/식사 신경 써 주기/퇴근할 때 편안하게 맞아 주기
/성생활 관심 갖기/애정표현 잘 받아 주기/눈동자 마주치기/손잡고 잠들기/
얼굴 쓰다듬어 주기/퇴근 시 옷 받아 주기

	내 용
1	
2	
3	
4	
5	

Chapter 12

부모-자녀관계 프로그램

01 감정이해 및 감정표현

1) 자녀의 감정이해

우리 아이들은 매일 행복할까?

부모들처럼 아이들도 매일 다양한 감정을 느낀다. 기쁘고, 행복한 감정을 느낄 때도 있고, 화나고, 슬프고, 속상한 감정을 느낄 때도 있다. 이때 부모는 자녀에게 어떻게 반응하는가? 특히 자녀가 화가 나거나 속상한 감정을 표현할 때 부모는 그 화난 감정을 축소시키거나 부정하려고 애쓴다. 그러나 그것은 오히려 나쁜 결과를 초래하게 된다. 왜냐하면, 아이들은 부모가 자신을 이해하지 못한다고 느끼기 때문이다.

감정이해하기에 앞서 부모들이 흔히 사용하는 아이를 기죽이는 걸림돌을 한번 체크해 보는 시간을 가져보기로 한다. 즉, 집에서 어떤 걸림돌을 쓰는지 한번 함께 생각해 보자.

아이가 미장원에서 긴 머리를 자르고 집에 들어오면서 속상해하고 짜증낸다.

- 이왕 자른 머리 투덜대지 마! ⋯➝ **명령**
- 잘하는 미장원에서 자르고 속상해하면 다음엔 집에서 내가 자를 거야 ⋯➝ **경고**
- 괜한 걱정하지 말고 동화책이나 읽어 ⋯➝ **훈계**
- 머리 자르고 투덜대는 사람은 속이 좁은 사람이야 ⋯➝ **비난**
- 네 친구들은 네 머리에 관심도 없어. 너도 친구들 머리에 관심이 없는 것처럼 말야 ⋯➝ **설득**
- 머리에 마음 쓰지 마, 어서 씻고 잠이나 자. 그리고 내일 다시 보자 ⋯➝ **충고**
- 괜찮아, 짧으니까 산뜻해서 참 이쁜데 ⋯➝ **칭찬**
- 외모에만 관심 있는 넌 속은 텅 비었어 ⋯➝ **욕설**

- 네가 짧다고 느끼는 건 늘 긴 머리만 해서 그래 ⋯▸ **진단**
- 왜 넌 동생만도 못하니 ⋯▸ **비교**
- 걱정하지 마, 며칠만 있으면 금방 자랄 거야 ⋯▸ **동정**
- 무엇 때문에 속상해? 뭣이 그렇게 맘에 안 들어? 쪼그만한 게 ⋯▸ **질문**
- 그러면 자르기 전에 설명을 잘 하시지 그랬어 ⋯▸ **빈정거림**
- 미장원 언니가 어련히 알아서 잘 자른 거야 ⋯▸ **타인변호**

위의 기죽이는 걸림돌을 부모가 사용했을 때 아이의 반응은 어떨까요? 반항하거나 화를 내거나 짜증을 내게 되며 자신을 이해하지 못하는 부모 때문에 부모자녀 관계가 악화되기도 한다.

그러므로 자녀가 기분이 좋지 않거나 속상해할 때 부모는 아이의 감정을 인식하고 이해해 주는 것이 필요하다. 자녀의 감정을 이해하는 것은 시간과 연습이 필요한 기술이며 저절로 얻어지는 것이 아니다. 왜냐하면 감정은 행동 안에 숨어 있기 때문에 부모는 자신도 모르는 사이에 감정보다 행동에 대해 이야기하게 되기 때문이다. 부모는 행동 속에 숨은 감정을 인식하고 이해해야 한다.

자녀가 화가 났을 때의 대화를 보자.

영준이는 초등학교 2학년이다. 지난밤 월드컵 축구 대회 결승전이 있었다. 축구 경기를 보고 싶었던 영준이는 엄마에게 중계방송 시간에 맞춰 깨워 달라고 부탁하고 잤다.

다음 날 아침

영준: (볼멘소리로) 엄마! 어젯밤에 깨워 달랬는데 왜 안 깨웠어?
엄마: (어이없어 하며) 깨워도 네가 안 일어났잖아!
영준: 여러 번 흔들어 깨웠으면 되잖아! (심통스럽게) 어떻게 됐어? 우리나라가 이겼어? 졌어?

아빠: 몰라! 엄마도 그냥 잤는데 어떻게 알아. 사내 녀석이 아침부터 신경질 부리지 말고 빨리 학교 갈 준비나 해!
영준: 알았어. (퉁탕거리며 방으로 들어간다.)
아빠: 아니! 저 녀석이!

자녀가 기분이 좋지 않거나 불평을 할 때 부모는 아이의 감정을 이해해 주고 수용해 주는 것이 필요하다. 왜냐하면 아이는 기분이 좋지 않을 때 되도록이면 그러한 감정에서 빨리 벗어나고 싶기 때문에 부모에게 자신의 감정을 표현하고 부모가 자신의 이야기를 진심으로 들어주기를 원한다.

부모가 자녀의 이야기를 잘 들어주고 감정을 이해하는 반응을 해주면 아이들 스스로 문제를 해결해 나갈 수 있다. 그러나 감정을 이해해 주는 공감적인 말은 자연스럽게 우러나오는 것이 아니다.

공감적인 언어에 익숙해지기 위해 부모는 감정을 이해하는 방법을 배우고 연습해야만 한다(김진숙·김지은, 1997).

특히 자녀가 화가 나거나 속상해할 때 부모가 자녀의 감정을 이해하는 기술은 놀라운 효과를 가져온다.

(1) 관심을 갖고 조용히 아이들의 이야기를 들어준다.

부모가 자녀의 이야기를 들을 때 침묵을 지키는 것은 매우 중요한 일이다. 부모가 아무 말도 하지 않고 아이의 이야기를 들어주는 것은 비언어적인 수용 태도이며 이때 자녀는 진심으로 수용되었다고 느낀다.

자녀의 이야기를 들을 때 부모가 말을 많이 하면 아이는 자기의 어려움에 대해 더 이상 부모에게 이야기할 수 없게 되기 때문이다.

부모가 자녀의 활동에 간섭하지 않음으로써 자녀를 수용하고 있는 예를 보기로 하자.

거실에서 블록 쌓기를 하고 있는 아이를 옆에서 조용히 바라보고 있는 어머니는 아무 말도 하지 않고 수용의 메시지를 보내고 있는 것이다.

그러나 소극적 경청만이 효과적인 방법이라고는 할 수 없다. 자녀가 어려움을 호소할 때는 소극적 경청보다 좀 더 적극적인 방법이 필요하다.

(2) 한마디로 아이들의 말을 인정해 준다.

조용히 아이들의 이야기를 들어주는 것은 아이들과의 대화를 방해하지 않는다. 하지만 부모가 진정으로 아이의 말에 주목하고 있다는 것을 알려주기에는 부족하다. 그러므로 부모가 아이의 이야기를 실제로 잘 듣고 있다는 것을 나타내기 위해 이야기 중간 중간에 언어적·비언어적 신호를 보내는 것이 필요하다. 이러한 신호를 '인정하는 반응'이라고 부른다.

고개를 끄덕인다든지, 앞으로 몸을 기울인다든지, 미소를 짓는다든지 등의 비언어적 신호를 적당히 사용함으로써 부모가 정말로 아이의 말을 듣고 있다는 사실을 알려주어야 한다.

언어적 신호로는 '아하'나 '아아', '오오', '음', '그래', '저런', '대박', '정말' 등과 같이 부모의 이해, 수용, 공감을 나타내는 말이 있다.

다음은 부모가 한마디로 인정해 줌으로써 자녀 스스로 문제를 해결하도록 도와준 예이다.

아이: 엄마! 유치원에서 내 빨간 색연필이 없어졌어요.
엄마: 그래?
아이: 내가 화장실에 갈 때 책상 위에 놓아두었는데 누가 가져가 버렸어요.
엄마: 저런…
아이: 이번이 두 번째예요.
엄마: 음… 지난번에도 그랬지…

아이: 이제 책상 서랍에 넣어 두어야겠어요.
엄마: 그래…

(3) 마음의 문을 열도록 격려한다.

부모는 때때로 아이가 더 이야기를 하도록 하기 위해 또는 대화의 시작 단계에서 말을 꺼내기 위해 특별한 격려를 해 줄 필요가 있다. 이렇게 상대방의 생각이나 판단 혹은 감정을 표현하도록 촉진하는 메시지를 '마음의 문을 여는 대화'라고 부른다. 즉, 아이가 자연스럽게 자신의 감정이나 생각, 문제를 이야기하게 하는 것이다.

예를 들면 다음과 같다.

"저런... 그랬구나."
"그것에 대해 좀 더 말해 주겠니?"
"네 생각을 더 듣고 싶어."
"그 다음이 궁금한데…."
"좀 더 자세히 이야기하겠니?"

아이: 나 오늘 지아랑 싸웠어.
엄마: 저런 그랬구나.
아이: 지아가 미워요. 다시 안 놀 거야.
엄마: 지아가 미워?
아이: 네.
엄마: 엄마한테 좀 더 말해 줄 수 있겠니? 궁금한데.

그리고 엄마가 이야기를 더 듣고 싶다는 표현을 함으로써 아이의 말문을 열어 주고 있다.

이와 같이 마음의 문을 여는 대화는 아이에게 마음을 열고 계속 이야기하도록 하여 자녀와의 대화를 촉진시킬 수 있다. 아이가 속마음을 털어놓고 마음의 문을 활짝 열도록 격려하면 아이는 자신의 생각과 감정을 쏟아낼 것이다.

(4) 아이들이 원하는 것을 상상으로 표현해 준다.

아이가 원하는 것을 해 줄 수 없을 때 부모는 논리적으로 설명하는 것보다 상상으로 표현해 주는 방법이 더욱 효과적일 수가 있다. 아이가 원하는 것을 부모가 정말로 이해해 주는 편이 아이들로 하여금 원하는 것을 참을 수 있도록 도와준다.

다음은 슈퍼마켓에서 다섯 살 된 딸의 열렬한 요구에 부모가 상상으로 표현해 준 예이다.

아버지: 아이스크림 1개면 되지?
아이: 아뇨, 더 많이 사줘요.
아버지: 몇 개나 사줄까?
아이: 많이요.
아버지: 많이 먹고 싶은 모양이구나. 10개 어때?
아이: (웃으면서) 아뇨, 100개요.
아버지: 1000개!
아이: 이 세상 있는 것 모두 다!
아버지: "짜잔! 이 세상 모든 아이스크림 나와라."

두 사람은 크게 웃었고 잠시 후 아버지는 아이스크림 두 개만 샀다. 아버지는 아이가 원하는 것을 상상으로 표현함으로써 아이와의 싸움을 피할 수 있었다.

(5) 아이들이 느끼는 감정을 말해 준다.

아이의 감정을 이해하기 위한 기술로 침묵, 인정하는 반응, 마음의 문을 여는 대화 등은 비교적 소극적인 반응이다. 이러한 방법들은 단지 부모가 듣고 있다는 사실만을 알릴 뿐 충분한 상호작용이 일어나게 하지는 못한다. 그뿐 아니라 근본적인 문제의 원인과 감정, 즉 마음속 깊은 곳의 이야기를 끌어내는 데 한계가 있다.

이에 반해, 아이가 느끼는 감정을 말하는 것은 아이의 이야기를 비판하거나 판단하지 않고 그대로 수용하고 그 아이의 감정을 진심으로 이해하려는 태도로 적극적으로 대화에 참여하는 것을 말한다. 즉, 듣는 부모가 아이의 입장이 되어 아이의 생각과 감정을 바꾸어 말해 주는 것이다. 다시 말하면, 부모 자신이 '제3의 귀' 곧 '마음의 귀'를 가지고 아이의 가슴에 있는 '마음의 소리'를 듣는 것을 말한다.

이때 부모는 아이의 감정을 비춰 주는 거울의 역할을 해야 한다. 감정을 비춰 주는 거울의 역할이란 더하거나 덜하지 않고 자녀가 느끼는 감정을 있는 그대로 확인시켜 주는 것으로 반영적 경청이라고 한다.

이 반영적 경청은 자녀가 화가 나거나 마음이 상했다면, 부모는 단지 자녀가 느끼는 감정만을 말해 주는 것이다.

다음은 감정을 이해하려고 노력한 어머니와 진수의 대화이다.

아홉 살 난 진수가 매우 화가 난 채 집에 돌아왔다.
어머니: 오늘 소풍 못 가서 무척 실망했겠구나.
진수: 네. 너무 실망했어요.
어머니: 넌 소풍 갈 날을 그렇게도 기다렸었는데…
진수: 정말 그랬어요.
어머니: 네가 소풍 갈 준비를 다 해놓으니까 그만 비가 와 버렸구나.
진수: 맞아요. 정말 그래요.
잠깐 침묵이 흐른 뒤, "선생님이 다음 주에 소풍 간다고 하셨어요."라고 말했다.
그 날은 비교적 평화롭게 보낼 수 있었다.

아이: 엄마! 나 주사 맞기 싫어요!

어머니: 지현이가 주사 맞는 게 무섭구나. 아플까 봐 걱정이 되지?

아이: 안 맞으면 안 돼?

어머니: 많이 두렵고 무섭지. 엄마가 꼭 손잡아 줄까?

아이: 주사 맞을 때 엄마가 나랑 같이 들어가고 손도 잡아 줘.

어머니: 그럼. 엄마가 꼭 손 잡아 줄게!

그래서 그 날은 놀랍게도 아이가 주사를 울지 않고 무사히 맞을 수가 있었다. 물론 아이에게 칭찬도 해주었다.

지금까지 살펴본 다섯 가지 기술 중에서 가장 힘든 부분은 아마도 아이의 감정 표현을 주의 깊게 들어주는 것과 아이가 느끼는 감정을 이야기해 주는 반영적 경청이다. 일단 아이들의 이야기를 잘 듣고 그들이 느끼는 감정을 부모가 다시 말해 주면 아이들은 자신의 문제를 스스로 해결할 수 있게 된다.

그러나 부모들이 하는 어떠한 말보다도 더 중요한 것은 자녀를 대하는 부모의 태도이다. 부모가 하는 말과 태도에 진정한 공감이 느껴질 때 아이들은 자기들의 속마음을 부모에게 진실하게 털어놓는다.

부모교육 활동

<Tip>

아이들의 감정을 이해하려면!!

❶ 조용히 아이들의 이야기를 들어준다. - 일을 멈추고 이야기를 듣는다.

❷ 아이들의 말을 인정해 준다. - '오, 음, 그래…'

❸ 마음의 문을 열도록 격려한다. - '그 다음이 궁금한데.'

❹ 원하는 것을 상상으로 표현한다. - '짜잔 이 세상 모든 아이스크림 나와라.'

❺ 아이들이 느끼는 감정을 말해 준다. - '매우 실망이 컸겠구나.'

(1) 부모로서 자녀의 감정을 인식해 보는 연습을 한다.

No	감정을 유발한 상황	자녀의 감정
①	자녀가 엄마는 동생만 안아 준다고 말한다.	속상하고 화가 난다.
②		
③		
④		

(2) 자녀가 화를 내거나 속상해할 때 부모로서 어떻게 반응할지 적어 보고 두 사람씩 짝이 되어 역할놀이를 한다.

① 친구들이 안 놀아 준다며 어깨를 축 늘어뜨리고 들어온다.

➔ 이전의 나의 반응

➔ 감정을 이해해 주는 반응

② 힘들여 그린 그림을 동생이 찢었다며 운다.

➔ 이전의 나의 반응

➔ 감정을 이해해 주는 반응

(3) 4~5명이 1조가 되어 마음속의 감정을 나타내는 단어를 생각해 본다.

기쁨이나 즐거움 등의 긍정적인 감정과 분노나 슬픔 등을 나타내는 부정적인 감정을 나타내는 단어를 적어 보고 발표한다.

〈긍정적인 감정〉

기쁘다. 즐겁다. 신난다. 통쾌하다.

〈부정적인 감정〉

화가 난다. 속상하다. 창피하다. 불안하다.

(4) 두 사람씩 짝이 되어 아래의 상황에서 자녀의 감정을 이해해 주는 말을 적어 보고 역할놀이를 한다.

아이들의 이야기	느낄 수 있는 감정	감정을 이해해 주는 말
예 "선생님이 내게 고함을 쳐서 모두들 웃었어요."	당황	"당황했겠구나."
	창피	"저런, 창피했겠네."

① "나는 친구가 싫어."

② "입을 옷이 너무 없어."

③ "선생님은 주말에 과제를 너무 많이 내주셔."

④ "나 이번 시험 망쳤어요."

(5) 조별로 자녀의 감정을 이해해 주는 말의 장 · 단점에 대해 토의한 후 발표한다.

(6) 오늘 배운 감정이해 프로그램에 대해 부모로서 느낀 점과 각자의 생각을 이야기 한다.

(7) 과제를 전달한다.
자녀의 감정을 이해하고 표현해 준 경험 사례를 적어 온다.

2) 부모의 감정 표현

날마다 환하게 맑은 날만 있으면 얼마나 좋을까요?

그러나 아이를 키우다 보면 기쁘고 행복한 날도 있지만 속상하고 힘든 날도 많다.

부모들이 아이들의 행동으로 인해 속상하거나 화를 내는 것은 아무리 아이들을 사랑한다 하더라도 불가피한 일이다.

부모는 자녀들에게 화내는 것을 애써 참으려고 하지만, 언젠가는 마침내 터지고 만다. 즉, 감정 폭발을 하게 된다. 그리고 참는 데도 한계가 있다. 분노는 마치 태풍과 같아서, 우리가 살아가면서 화를 내는 것은 어쩔 수 없는 사실이기 때문에 그것을 알고 대비하는 수밖에 없다.

아이를 키우면서 부모는 화가 날 때가 있다. 실제로 부모가 화를 내야 할 때 묵과해 버리면 아이는 그것을 선의로 받아들이기보다 오히려 부모가 관심이 없는 것으로 받아들인다. 그렇다고 하여 부모의 격분한 말이나 채찍을 아이들이 감수한다는 뜻은 아니다.

부모들의 분노는 감정이다. 이것을 쓸데없는 일에 쓰는 것은 아무 값어치가 없다. 분노는 부모 자신에게 고통을 덜어 주고, 아이에게는 반성의 기회를 줄 수 있다. 따라서 부모들은 긴장을 해소하고 평화로운 마음을 갖기 위해서 다음과 같은 사실들을 인정해야만 한다.

첫째, 자녀는 부모를 화나게 할 수 있다.

둘째, 죄의식이나 부끄럼 없이 분노의 감정을 표현한다.

셋째, 느끼는 대로 감정을 표현한다.

구체적으로 부모를 화나게 하거나 속상하게 하는 자녀의 행동을 예로 들어보자.

- 부모가 전화통화를 하는데 옆에서 큰 소리로 떠든다.
- 동생하고 놀다가 때려서 울린다.

- 화장실을 사용하고 난 후 불을 끄지 않는다.
- 게임하느라 늦게까지 잠을 자지 않는다.
- 아침에 여러 번 깨워도 일어나지 않는다.

마음에 안 드는 아이의 행동에 대해서 어떻게 해야 할까? 어떤 대안이 있을까?

아이들의 자존심을 상하게 하지 않고 부정적인 감정의 응어리를 남기지 않으면서 부모의 감정을 표현할 수 있는 방법은 없을까? 또 아이들에게 상처를 주지 않으면서 부모들이 감정을 쉽게 표현할 수 있는 방법은 없을까?

이제 아이들의 행동 때문에 부모들이 화가 날 때 도움이 되는 감정 표현의 여섯 가지 방법을 소개하고자 한다.

그러나 이 방법이 모든 아이들에게 똑같이 적용되지는 않을 것이다. 또 어떤 부모는 이 방법이 성격과 맞지 않을 수도 있다. 항상 효과적인 방법은 없는 것이다. 그렇지만 이 여섯 가지 방법은 아이로 하여금 부모에게 협력하고 싶은 마음이 생기도록 분위기를 만들어 줄 것이다(김진숙·김지은, 1997).

(1) 본 대로 이야기해 주자.

부모가 본 대로 혹은 문제점에 대해 자녀에게 이야기해 주자. 문제가 되는 행동만을 이야기해 주면 가장 좋은 점은 부모는 아이를 비난하지 않고 아이도 수치심을 느끼지 않으며 어떤 행동이 문제가 되는지 알 수 있다는 것이다.

> "날씨가 쌀쌀한데 코트 안 입고 나가네."
> "화장실에 불이 켜져 있구나."
> "바지가 찢어졌구나."

부모는 위와 같은 말을 사용해 보고 싶을 것이다. 그러면 이번에는 먼저 '너'라는 말과 함께 문장을 시작해 보자. 예를 들어 "너 코트 안 입고 나가네.", "너 불을 안 꼈구나.", "네가 바지를 찢었구나." 앞의 말과의 차이를 알 수 있는가? '너'라는 말은 아이에게 비난받는 것처럼 느껴져서 방어적으로 만든다. 그 상황을 이야기할 때 '네가 했구나'라고 말하는 대신 문제점이 무엇이고 어떻게 처리해야 하는가에 대해 말해 주는 것이 자녀들을 더 편안하게 해준다.

흙투성이가 된 두 아들이 집에 들어온다.

엄마: 흙투성이 두 아들이 나타났네!
아이들: 지금 씻을 거예요. (아이들이 욕실로 뛰어가서 씻기 시작했다)
엄마: 이번엔 목욕탕이 온통 흙투성이네.
큰아들: 우리가 닦을 거예요.
엄마: 와우! 목욕탕이 정말 깨끗해졌네. (잠시 후 가서 보니)
아이들: 우리가 깨끗이 했지요?
엄마: 그래, 너희들이 정말 열심히 닦아서 깨끗해졌구나. 고마워!

이와 같이 마음에 들지 않는 아이의 행동을 말해 주기만 해도 아이가 행동을 바꿀 수 있게 된다는 것이다. 이때 아이를 비난하거나 화내지 않는 것이 중요하다. 본 대로 이야기해 주는 이 기술은 부모가 어느 정도 화가 났을 때 사용하는 것이 좋다.

(2) 정보를 제공해 주자.

부모가 자녀에게 정보를 주기 좋아한다면 이것은 아이에게 평생 사용할 수 있는 멋진 선물을 제공해 주는 셈이 된다.

"우유를 냉장고에 넣지 않으면 상해서 못 먹는단다."
"과자 봉지를 묶지 않고 계속 열어 두면 과자가 맛이 없어지지."
"친구를 놀리는 것은 친구의 마음을 아프게 한단다."

부모는 자녀에게 정보를 제공해 줌으로써 자녀의 행동을 변화시킬 수 있다.

정보를 제공해 주는 기술은 그리 어렵지 않다. 그러나 문제가 되는 것은 "더러운 옷은 세탁기 옆에 있는 바구니에 넣어야 해. 넌 왜 그렇게 못하니?"와 같이 말한다는 점이다. 처음은 정보 제공이었지만 끝에 가서 모욕을 줌으로써 본래 의도를 벗어난 결과를 불러올 수 있다. 또한 부모는 정보를 제공함으로써 아이에게 신뢰한다는 마음을 전할 수 있다. 정보를 제공해 주면 아이들도 자신의 행동에 책임이 있다고 생각하게 된다.

(3) 한마디로 말하자

아이들은 부모가 장황하게 이야기하면 잔소리로 생각하고 부모의 말에 무감각해지며, 앞서 이야기한 것은 잊어버리는 경향이 있다. 그러므로 가능한 한 짧게 말하는 것이 바람직하다.

많은 부모들은 이 '한마디로 말하기' 방법이 아주 효과적이라고 한다. 부모들은 이 방법이 시간을 절약해 주고 지루한 설명을 하지 않도록 해준다고 말한다. 십 대 아이들도 "문", "잠옷" 또는 "준비물"이라고 한마디로 말하는 것을 역시 좋아한다. 즉, 한마디로 말하는 것이 매일 듣는 부모의 지루한 설교에서 고맙게도 자신들을 해방시켜 준다고 생각한다.

'한마디 규칙'의 장점은 부모가 강압적인 명령을 하지 않고 자녀가 자신의 뜻대로 솔선해서 해 볼 수 있는 기회를 제공해 준다는 데 있다. 부모가 자녀에게 "도시락"이라고 말하면 아이는 '도시락? 아, 깜빡했네. 도시락 가져가야지'라고 생각하게 된다. '한마디로 말하기' 방법을 사용할 때 주의할 점은 아이의 이름을 부르지 말아야 한다는 것이다. 말할 때마다 아이의 이름을 부르게 되면 아이는 잘못한 것과 자기 이름을 연관 지어 함께 떠올린다.

(4) 메모를 남기자.

많은 아이들은 글을 읽을 수 있는지의 여부와 관계없이 편지 받는 것을 좋아한다. 어린아이들은 대개 부모로부터 편지를 받으면 감동한다. 그것이 비록 짤막한 편지나 메모일지라도 말이다. 그래서 편지를 받은 자녀들은 부모들에게 글씨나 그림을 그려서 답장을 보내기도 한다. 십 대 아이들도 부모에게 편지를 받으면 마치 친구로부터 편지를 받은 것처럼 기분 좋아한다. 자녀들은 부모가 시간을 내서 자신들에게 편지를 써 주었다는 것에 대해 고마워하며 감동을 받는 것이다.

짧은 편지는 부모들이 아이에게 자신의 뜻을 전할 수 있는 쉽고 빠른 방법이며, 일반적으로 즐거운 여운을 남기기도 한다. 실제로 한 청년은 부모에게 편지를 받으면서 가장 고마웠던 점에 대해 “부모님의 큰 소리를 듣지 않아서 좋았어요.”라고 회상했다.

이처럼 짤막한 편지나 메모는 부모자녀 관계에서 얼굴을 붉히거나 큰 소리를 내야 할 상황에서 활용하기 좋은 방법이다.

요즈음 부모나 자녀 모두 카톡을 사용하기 때문에 카톡으로 메모를 남기는 것도 좋은 방법이다.

다음 몇 가지 메모의 사례를 보도록 하자.

강아지를 괴롭히는 아들이 볼 수 있도록 메모를 붙인 경우

> 사랑하는 병준이 형
> 아침 이후로 쉬지를 못했어요.
> 제발 날 쉬게 해 주세요.
>
> -멍멍이 올림-

다음은 시간제로 근무하는 어느 어머니가 매우 특별하게 메모를 사용한 사례이다.

나는 우리 집에 20명 정도의 손님을 초대하기로 했다. 나는 학교를 일찍 나와 모든 일이 제시간에 준비될 수 있을지 몹시 신경 쓰고 있었다.

집에 돌아온 나는 집 안을 보고 실망했다. 집 안은 온통 난장판이었다. 신문, 우편물, 책, 잡지 등이 널려 있고 욕실은 더럽고 침대는 정리되지 않은 채였다. 약 두 시간 이상 집 안을 다 정리하고 나니까 난 신경질이 났다. 아이들이 집에 오기만 하면 아이들과 당장이라도 싸울 것 같은 마음이었다.

그러나 나는 아이들에게 말하거나 설명하고 싶지도 않았다. 그래서 메모를 남기기로 했다. 쪽지를 걸어 놓을 곳이 마땅치 않아서 마분지 한 장을 뜯어 구멍을 두 개 내고 실을 꿰어 내 목에다 걸었다.

엄마가 폭발하기 직전이다.
지치고 화가 나서 폭발할 것 같구나!
손님들이 곧 오신다.
급히 도움이 필요하단다.

그러고 나서 나는 화난 상태로 계속 일을 했다. 아이들이 돌아와서 내 목에 걸려 있는 쪽지를 보고 자진해서 책과 장난감을 정리했다. 나는 아무 말도 하지 않았으나 아이들은 침대를 정리했다. 심지어 내 침대까지도! 믿을 수 없는 일이었다.

내가 욕실을 청소하려고 할 때 초인종이 울렸다. 나는 잠시 당황했다. 그때 의자를 배달하기 위해 한 아저씨가 집에 왔다. 안으로 들어오라고 했으나 그 사람은 이상하게도 전혀 움직이지 않고 계속 내 가슴만 쳐다보는 것이었다.

내가 내려다보니 그때까지도 쪽지가 내 목에 걸려 있었다. 내가 이유를 설명하려고 하자 그 사람은 "염려 마세요. 아주머니, 말씀만 하시면 원하시는 곳에 의자를 놓아 드리고 갈게요."라고 말했다. 얼마나 멋진 날인가!

(5) 화난 상황에서 잠시 떠나자.

부모가 화났을 때 그 상황에서 잠시 벗어나 있음으로써 부모 자녀 모두에게 해를 입히는 감정의 폭발을 막을 수 있게 된다. 즉, 상황을 잠시 떠나 있음으로써 나중에 후회하지 않고 화난 감정을 표시할 기회를 갖는 것이다. 화장실에 가거나 샤워를 하는 부모들도 있다. 또 어떤 부모들은 라디오를 크게 틀어 놓고 소리를 지르기도 한다. 베개를 탕탕 치는 부모들도 있고, 화난 심정을 글로 적는 부모들도 있다.

예를 들어 보자.

밖에서 지쳐 집에 온 엄마는 아이들에게 스파게티를 만들어 주었다. 그때 영훈이가 의자에서 뛰어내리다가 식탁에 있는 접시를 떨어뜨렸다. 스파게티와 소스가 바닥에 온통 튀었다.

엄마: 아이고!
영훈: 실수로 그랬어요. 엄마도 저번에 주스 병을 떨어뜨렸잖아요.
엄마: (깨진 접시 조각을 쓰레기통에 넣으면서) 그래 편안히 음식 좀 먹을 수 없겠니? 식사 중 네가 뛰어다니는 통에 골치가 아파 죽겠다.

잠시 후

엄마: 이 깨진 조각 버리고 올게.

엄마는 쓰레기를 버린 후 주변 의자에 앉아 20분가량 마음을 진정시켰다.

엄마가 돌아올 동안 영훈이는 조용히 앉아 기다리고 있었다. 잠시 후 엄마는 영훈이에게 다가가서 "우리 이야기 좀 하자"라고 말문을 열었다. 그리고 엄마가 화가 났다는 말을 함으로써 좋은 감정을 되찾을 수 있었고 영훈이도 엄마의 감정을 이해하게 되었다.

아이들이 부모를 화나게 하는 것은 무엇인가? 일반적으로 부모는 자신이 아이를 통제할 수 없다는 무능력에서 오는 무력감 때문에 더욱 화를 낸다. 또한 아이들이 잘못된 행동을 할 때, 부모는 자신의 체면이 손상된다고 믿는다.

화가 난 상황에서 잠시 떠나는 것이 좋다고 했지만 주의해야 할 때가 있다. 화가 난 상황이 공공장소이거나 위험한 장소인 경우 아이를 혼자 남겨 두는 것은 피해야 한다.

(6) 부모의 감정을 이야기하자.

마음에 안 드는 아이의 행동에 대해 아이의 자존심을 상하게 하지 않고 부정적인 감정의 응어리를 남기지 않으면서 부모의 감정을 표현하는 방법은 없을까? 또 부모라고 해서 자신의 감정을 참을 필요는 없다. 아이들은 부모의 말을 충분히 이해할 수 있으므로 아이에게 부모의 감정을 알려주는 것이 좋다.

자녀들의 행동으로 인해 부모들이 화가 나거나 속상할 때 부모의 감정을 표현하는 방법을 알아보자. 이 방법을 나-전달법이라고 한다.

나-전달법(I-message)은 '나'를 주어로 하여 상대방에 대한 자신의 생각과 감정을 솔직하게 표현하는 바람직한 부모감정의 표현방법이다. 이것은 자녀의 행동에 대하여 부모가 느끼는 불쾌한 감정을 표현하는 것이다. 완전한 나-전달법은 '자녀의 행동', '자녀의 행동으로 인해 부모에게 미치는 구체적인 영향', '부모의 감정'으로 구성된다.

- "저녁 먹자고 불렀는데 빨리 안 오니까 화가 난다."
- "네가 동생을 때리면 엄마는 몹시 속상하다."
- "엄마가 전화하고 있는데 옆에서 큰소리로 떠들면 전화를 제대로 할 수가 없단다. 그래서 짜증이 나."
- "방바닥에 옷과 책이 널려 있으면 엄마가 정리해야 해서 힘들고 지친다."

나-전달법의 세가지 구성 요소

- **자녀의 행동:** 부모를 화나게 하는 자녀의 행동을 무비판적으로 진술한다.
  "네가 …… 하면"
  예) 네가 거실에서 뛰면
- **부모에게 미치는 구체적인 영향:** 부모의 시간, 에너지, 금전, 노력 등의 소모를 뜻한다.
  "왜냐하면…… "
  예) TV 뉴스 소리가 잘 들리지 않기 때문에
- **부모의 감정:** 부모가 느끼는 부정적인 감정을 표현한다.
  "나는 …… 느낀다."
  예) 엄마는 화가 난다.

이에 비해 너-전달법(you-message)은 '너'를 주어로 하여 상대방의 행동에 대한 평가나 비평을 하는 대화방법이다. 즉, 아이를 기죽이는 걸림돌이 너-전달법이다. 이러한 너-전달법은 아이에게 일방적으로 강요하거나 공격하는 느낌을 주어 부모 자녀 관계를 악화시키게 된다.

예를 들어 지하철에 사람이 많아서 옆 사람이 내 발을 밟았을 때 "왜 밟아요?"라고 하는 것은 "너 왜 내 발을 밟아?"라는 의미여서 너-전달법이 된다. 그래서 상대방은 "내가 알고 밟았어요?"라고 반응하게 된다.

그런데 "아야!"는 내 발이 아프다는 의미로 나를 주어로 하는 가장 짧은 나-전달법이어서 상대방은 이때 "아이고 미안해요"라고 반응하게 된다.

나를 주어로 하는 나-전달법은 아무런 피해 없이 부모의 분노를 해소시킬 수 있는 것이다. 또한 아이도 부모를 통해 무의식적으로 감정표현하는 방법을 배우게 되기도 한다.

부모교육 활동

<Tip>

부모의 감정을 표현하려면!!

❶ 본 대로 이야기해 준다.

"침대 위에 젖은 수건이 있구나."

❷ 정보를 제공해 준다.

"남에게 욕하고 놀리는 것은, 마음을 아프게 한단다."

❸ 한마디로 말한다.

"잠옷", "강아지", "껌"

❹ 메모를 남긴다.

"화장실 불은 껐나요?"

❺ 화난 상황에서 잠시 떠난다.

❻ 부모의 감정을 이야기한다.

"네가 접시를 깼을 때 엄만 화가 났단다."

(1) 자녀의 행동으로 인해 부모가 기분이 좋지 않았던 경험을 생각해 보고 발표한다.

예 아이가 늦었다며 아침을 먹지 않고 등원한다.

동생하고 놀다가 싸운다.

① 자녀가 위와 같은 행동을 했을 때 부모로서 어떻게 반응할까요?

② 사용한 방법이 효과적이었나요?

③ 또 그 때 어떤 감정을 느낄까요?

(2) 부모의 감정표현을 연습한다.

예 "저녁 뉴스를 보고 있는데, 네가 큰 소리로 말하면 (행동) 아빠는 화가 난다(감정). 왜냐하면 뉴스에서 무슨 소리를 하는지 들을 수가 없거든(영향)."

- 네가 일요일에 음악을 크게 틀면 (　　) 화가 나(　　). 왜냐면 엄마가 잘 수가 없기 때문이야(　　).
- 장난감을 가지고 놀고 난 후 정리하지 않으면 (　　) 짜증이 난다(　　). 방이 지저분해서 엄마가 치워야 하거든(　　).

(3) 다음의 사례에서 부모로서 여섯 가지 감정표현 기술을 적용해 본다.

① 장난감을 가지고 논 후 제자리에 두지 않는다.

➔ 이전의 반응

➔ 감정표현 기술

② 손을 씻고 난 후 물을 잠그지 않는다.

➔ 이전의 반응

➔ 감정표현 기술

③ 아침에 여러 번 깨워도 일어나지 않는다.

➔ 이전의 반응

➔ 감정표현 기술

(4) 위의 다섯 가지 사례 중 한 가지를 택하여 두 사람이 짝을 지어 한 사람은 부모역할, 다른 한 사람은 자녀역할을 한다. 그리고 역할놀이 후에 서로의 감정을 이야기해 본다.

(5) 조별로 효과적인 부모의 감정표현 기술의 장 · 단점에 대해 토의한 후에 발표한다.

(6) 오늘 배운 감정표현 프로그램에 대해 부모로서 느낀 점과 각자의 생각을 발표한다.

(7) 과제를 전달한다.
부모의 감정을 자녀에게 표현해 본 경험 사례를 적어 온다.

02 칭찬·격려 및 자율성 향상

1) 칭찬하기

인간의 일생에 중요한 영향을 미치는 자아존중감(self-esteem)은 영유아기에 형성되기 시작하여 환경과 상호작용하면서 다양한 경험에 의해 변화되고 다시 형성되어 간다. 부모는 영유아들이 자아 개념을 긍정적인 방향으로 형성해 나갈 수 있도록 최선의 도움을 주어야 한다.

자아존중감이란 한 개인이 자신에 관하여 스스로 형성하고 습관적으로 지속시키고 있는 자신에 관한 평가를 말하는 것으로, 스스로의 가치에 대한 한 개인의 판단을 의미한다. 유아기는 특히 자신의 특성이나 능력에 대한 판단 및 평가로부터 나오는 감정인 자아존중감의 토대가 형성되는 중요한 시기이다.
만일 아이들의 자아존중감이 인생에서 매우 중요하다면, 부모들은 그것을 높이기 위해 무엇을 할 수 있을까?
부모로서 아이들이 긍정적이고 현실적인 자아상(self-image)을 가질 수 있도록 어떻게 도와줄 수 있을까? 아이들을 칭찬하는 일이 도움이 되리라 확신한다.
아이들에게 평가를 하는 칭찬보다 구체적으로 표현해 주는 칭찬이 도움이 된다.

(1) 부모가 본 대로 표현한다.

실생활에서 어떻게 적용되는지 사례를 통해 보도록 하자.

"방을 치웠구나. 정말 착하네."라고 하기보다
"일을 많이 했구나. 블록을 바구니에 정리하고, 책도 제자리에 꽂아 두고, 옷도 옷걸이에 다 걸었네."라고 하는 것이 도움이 된다.

(2) 부모가 느끼는 대로 표현한다.

일곱 살 난 딸의 장점을 표현해 준 아버지의 사례를 보자.

우리 아이는 혼자 아침에 일어나 세수하고, 아침을 먹고 옷을 입은 후 유치원에 갈 준비를 합니다. 자율성이 있다고 할 수 있지요! 며칠 뒤 딸아이가 이를 닦으면서 저를 계속 부르더니 입을 가리키며 '아빠! 이 깨끗하죠! '라고 말했어요.

다음 상황을 보자.

어린 딸이 처음으로 혼자서 옷을 입었다. 아이는 당신이 봐주기를 바라면서 당신 앞에 서 있었다.

"넌 착한 아이야."라고 하기보다
"셔츠 위에 이름표를 붙였구나. 바지 지퍼도 올렸고, 양말도 색깔을 맞춰 신었네. 여러 가지 일을 잘 해냈구나!"라고 말한다.

"엄마는 공부 잘하는 딸 때문에 살맛 난다."라고 하기보다
"열심히 공부하더니 성적이 올라서 기분 좋겠네."라고 결과보다 과정을 칭찬해 주는 것이다.
즉, 아이가 노력한 과정을 당신이 본 대로 구체적으로 표현해 주는 칭찬이 도움이 된다.

감기로 몸이 아파 누워 있는 엄마에게 죽을 끓여 온 딸에게
"고맙다"라고 하기보다
"엄마가 아프다고 죽을 끓였네. 이 죽 먹고 나면 금방 나을 것 같구나. 우리 딸의 사랑이 느껴지네, 고마워."
라고 부모가 느끼는 대로 표현해 주는 구체적인 칭찬이 더 효과적이다.

구체적으로 표현하는 칭찬에 또 다른 방법이 있다.

(3) 아이의 칭찬받을 만한 행동을 한두 마디로 요약해 주는 것이다.

예를 들면,

"동생하고 사이좋게 놀고 있으니 엄마가 기분이 좋다. 이것을 형제간에 우애가 깊다고 하는 거란다."

"한 시간째 단어장을 보며 외우고 있구나. 그런 걸 보고 참을성이 있다고 하는 거야." 라고 요약해 주는 것이다.

이처럼 구체적인 칭찬은 아이에게 자신감과 자율성을 길러 주고 앞으로 더 잘하고자 하는 동기를 부여하므로 더욱 중요하다.

아울러 구체적인 칭찬은 아이가 행동을 한 후에 즉각적으로 하는 것이 가장 효과적이다.

(4) 마지막으로 가끔은 아이들도 자기 칭찬이 필요하다.

예를 들면 자녀가 혼자 옷을 입고 난 후에,
"이제 나도 언니다. 혼자 옷을 입었으니까…"
또는 자기 이름을 다 쓰고 난 후
"나도 내 이름 다 쓸 수 있다"라며
주먹을 불끈 쥐고 자기 자신을 자랑스러워하며 자기 칭찬을 할 수 있다.

엄마들에게도 자기 칭찬이 필요하다.
"나도 아이 키우느라고 수고가 많아"라고 하거나
"직장도 다니면서 살림하느라고 애쓰지"라고 할 수도 있다.

이 모든 칭찬은 아이가 행동한 후 즉시 해주고, 아이들의 사소한 행동에도 칭찬하는 것이 필요하다. 결과보다 과정에 칭찬하고 진심 어린 마음으로 해 주는 것이 중요하다.

2) 격려하기

칭찬과 더불어 격려도 아이가 자아존중감을 갖고 성장할 수 있도록 돕는 기술이다. 격려는 자녀에게 소속감과 더불어 다음의 감정을 느끼게 해주는 방법이다.

나는 다른 사람에게 받아들여지고 있다.

나는 강하고 유능하다.

나는 사랑받고 있다.

격려받은 아이는 성장·발전하고 새로운 것을 배우며 시도할 용기를 갖게 된다. 또한 스스로에 대한 신뢰를 배우도록 하며 스스로 자신의 장점과 특별한 점을 발견하도록 가르친다.

자녀에게 다음과 같은 태도를 보여주는 기술을 배우고 연습하면 도움이 될 것이다(연미희·김진숙, 2015).

(1) 자녀를 사랑하고 있는 그대로 받아들인다.

자녀는 서로 다른 속도로 성장한다. 성장발달, 성격, 관심사 그리고 장점과 약점이 제각각이다.

모든 아이들이 저마다 독특한 존재이듯이, 자녀를 있는 그대로 감사하고 받아들이는 것이 중요하다.

(2) 자녀를 신뢰한다.

자녀에게 말과 행동으로 신뢰를 보여준다.

"어서 해보렴. 너는 네 스스로 공을 잡을 수 있어."

"너는 네 신발 끈을 매는 법을 배우고 있구나."

(3) 자녀의 노력과 개선된 점을 인정해 준다.

"이것 좀 봐! 네가 숟가락을 입까지 가져갔구나."

"네가 저녁 식사하기 전에 잊지 않고 손을 씻었구나."

(4) 자녀에게 감사의 표현을 한다.

"사촌과 사이좋게 장난감을 갖고 놀아서 고맙구나."
"식탁에 숟가락과 젓가락을 놓아 줘서 내게 많은 도움이 되었단다."

3) 칭찬과 격려는 무엇이 다른가?

칭찬은 주로 자녀가 어떤 일을 성공적으로 성취하거나 긍정적일 때 하는 것이다. 반면, 격려란 용기와 의욕을 북돋아 준다는 의미로 높은 성취나 긍정적인 상황이 아니어도 노력한 점을 높이 사거나 앞으로의 발전을 위해 해주는 말이다. 즉, 우리는 자녀의 잘한 일이나 좋은 일에는 칭찬을 하지만, 자녀가 노력한 점이 부족하거나 실패했을 때에는 격려하는 것이다. 자녀를 격려하는 부모는 자녀의 실수를 인정하고 그것으로부터 스스로 배우도록 도와주는 것이다.

칭찬	격려
• 칭찬은 보상이다. 외적인 보상으로 자녀를 동기화시킨다. • 어떤 일을 끝낸 후에 한다. • 잘한 일이나 좋은 일에 한다. • 타인과의 비교로 경쟁심이 유발되기도 한다.	• 격려는 선물이다. 아무런 조건 없이 주어지는 선물이다. • 어떤 일을 하기 전과 후에 모두 할 수 있다. • 노력이 부족하거나 실패했을 때도 한다. • 자신의 노력과 향상을 기준으로 하기 때문에 경쟁할 필요가 없다.

4) 격려를 나타내는 표현들

자녀에게 사용할 수 있는 격려표현의 예를 들면 다음과 같다.

- "넌 그것을 좋아하는 것 같구나."
- "넌 할 수 있어."
- "고맙다. 내게 많은 도움이 되었다."
- "이 일 하는 데 네 도움이 필요하구나."
- "넌 정말 그 일을 열심히 했구나."
- "네가 도와줘서 정말 고맙다."

부모교육 활동

<Tip>

칭찬과 자아존중감을 높여 주려면!!

❶ 당신이 본 대로 표현한다..

"마루도 깨끗하고, 침대도 정리했고, 책도 책장에 가지런히 꽂혀 있구나."

❷ 당신이 느끼는 대로 표현한다.

"이 방에 들어오면 기분 좋구나!"

❸ 아이들이 칭찬받을 만한 행동을 한마디로 요약한다.

"연필과 크레용, 펜을 각각 상자에 잘 넣었구나. 이런 걸 보고 정리정돈을 잘했다고 한단다!"

❹ 자기 칭찬도 필요하다.

"나도 살림하고 아이 키우느라고 수고가 많아."

<Tip>

격려하려면!!

❶ 아이를 신뢰한다.

"너는 단추 채우는 법을 배우고 있구나. 잘 할 수 있으리라 믿어."

❷ 아이의 노력과 개선된 점을 인정해 준다.

"집에 오자마자 손을 씻는구나."

❸ 수용을 나타낸다.

"혼나서 속상해하니 엄마도 마음이 아프다."

❹ 아이에게 감사의 표현을 한다.

"동생과 사이좋게 그림책을 보고 있구나. 고마워!"

(1) 과거 부모로부터 칭찬받았던 경험을 회상해 본다. 그때 어떤 감정을 느꼈는지 발표한다.

(2) 다음의 상황에서 부모로서 구체적으로 칭찬하는 연습을 한다. 보고 느낀 것을 자세히 표현해 보도록 한다.

상황 1

당신은 아이의 연극을 보기 위해 유치원에 갔다. 아이는 왕의 역할을 해낸 후 당신에게 달려와 "잘했어요?"라고 묻는다.

상황 2

당신이 여러 날 아팠다. 아이가 병이 빨리 낫기를 바라는 마음으로 풍선과 하트모양으로 장식한 카드를 당신에게 건네고 반응을 기다리고 있다.

(3) 구체적으로 칭찬할 때 아이들의 반응은 어떨까요? 두 사람씩 의견을 나눠 본다.

(4) 다음 아이들의 칭찬받을 만한 행동을 빈칸에 한마디로 요약해 본다.

① 네가 케이크를 좋아하는데도 한 조각만 먹었네.

네가 ( )이 있다고 할 수 있겠구나.

② 음악회 갈 준비를 다 했구나.

그리고 취소되더라도 다른 계획을 미리 세워 놓았네.

( )이 있다고 할 수 있지.

③ 다른 애들이 준영이를 놀리는데도 너는 준영이 편을 들어주었구나.

( ) 있는 행동을 했구나.

(5) 과거에 다른 사람에게서 격려 받았던 경험을 회상해 보고 그때의 말, 행동, 그리고 감정에 대해 발표한다.

(6) 많은 부모들이 자녀에게 용기를 북돋아 주는 대신에 용기를 꺾는 행동을 한다.

다음의 예를 참고로 하여 부모로서 각각의 상황에 맞게 기죽이기 행동과 격려하기를 연습해 본다. 그리고 두 사람씩 짝이 되어 부모와 자녀 역할놀이를 해 본다.

예 딸이 열심히 공부했는데 성적이 떨어졌다고 한숨을 쉰다.

- 기죽이기: 그럴 줄 알았다. 그러기에 벼락공부만 하지 말고 평상시에 공부 좀 해!
- 격려하기: 이번에는 정말 열심히 했는데 성적이 떨어져서 속상하지? 넌 끈기가 있으니까 다음 번에는 잘할 수 있을 거야.

상황 1 블록을 열심히 쌓고 있다.

- 기죽이기:
- 격려하기:

상황 2 아침에 스스로 일어나지 못한다.

- 기죽이기:
- 격려하기:

상황 2 아들이 이번 시험을 잘 못볼까 봐 걱정을 한다.

- 기죽이기:
- 격려하기:

(7) 오늘 배운 칭찬과 격려 프로그램에 대해 부모로서 자신의 느낌이나 생각을 발표한다.

(8) 과제를 전달한다.
칭찬과 격려를 다른 사람에게 적용한 후 실제 사례를 적어 온다.

2) 자율성 길러주기

대부분의 부모들은 자녀를 통제하길 원한다. 통제력을 행사하는 방법 중의 하나는 가능한 한 많은 것을 아이를 위해서 부모가 대신해 주는 것으로 생각하고 있다. 부모가 아이들을 위해서 많은 것을 해주면 해 줄수록 아이들 스스로 하는 일이 적어지고, 자신이 결정한 일에 대해서도 부모에게 더욱 의존하게 된다.

많은 부모들은 아이들에게 가장 좋은 것이 무엇인지를 알고 있다고 생각한다. 그러나 부모들이 아이를 위해 영원히 결정을 내려 줄 수 없는 일이므로, 아이들 스스로 선택을 잘 하도록 어떻게 격려해 주는지가 매우 중요하다. 즉, 아이들 스스로 결정을 내리게 하는 자율성을 길러 주는 것이 필수적이다.

일찍부터 부모들은 사소하지만, 의미 있는 방법으로 아이들 스스로 행동하게끔 도와주어야 한다. 즉, 유아기에 아이가 어떤 옷을 입을 것인지부터 스스로 선택하도록 하는 것이 자율성을 길러 주는 가장 효과적인 시작이 될 수 있다.

'좋은 엄마'가 되어 가는 과정을 다음과 같이 설명한 한 어머니의 사례를 보자.

> 최근에 저는 아이의 문제를 일일이 조사해서 해결해 주는 대신, 아이의 말에 귀를 기울였어요. 결국에는 아이 스스로 해결책을 찾아야 한다는 것을 아이가 알도록 했어요. '좋은 부모'란 아이 스스로 하도록 내버려 두어서 실수도 하고, 안 좋은 결과도 겪어 보고, 잘못을 고치기 위해 어떻게 해야 한다는 것을 깨닫도록 해주는 것임을 알게 되었어요. '좋은 엄마'란 아이가 실수할 때 모르는 척해 주는 거예요. 그것은 마치 요술쟁이가 되어야 하는 것과 같지요. 노력할 만한 가치는 있지만 실천하기는 매우 힘들어요.

사람이 의존적인 상태에 있을 때 고마운 마음도 있지만 보통 무력감이나 불만, 좌절 또는 분노를 경험하기도 한다. 이러한 사실은 부모로 하여금 진퇴양난에 빠지게 만든다. 왜냐하면 아이들은 부모에게 전적으로 의존하고 있기 때문이다. 그들이 아직 어리고 경험이 없기 때문에 부모는 아이들을 위해서 많은 것을 대신해 주고, 말해 주고, 보여주어야 한다고 믿고 있다. 다른 측면에서 본다면, 아이들의 의존이 적대감으로 이어질 수 있다는 것이다. 그렇다면 아이들의 의존적인 감정을 최소화하는 방법은 없을까?

다음은 아이들의 자율성을 길러 주는 데 도움이 되는 몇 가지 기술이다(김진숙 외, 2017).

(1) 아이들에게 선택의 기회를 제공해 준다.

아이들에게 우유 반 컵 혹은 한 컵을 마시겠느냐, 빵을 조금 구울까 혹은 바싹 구울까 등을 물어보는 일이 대수롭지 않게 여겨질지 모른다. 작은 일이지만 아이들에게 선택을 하게 한다는 것은 자신의 생활을 스스로 조절하는 기회를 갖게 되는 것이다.

"약 먹어라."
"이제 잠잘 시간이다."

위의 사례와는 달리 부모가 아이에게 어떻게 해야 할지 선택권을 준다면 그 선택권은 아이의 분노를 줄일 수 있을 것이다.

"난 네가 얼마나 이 약을 싫어하는지 알아. 사과 주스와 같이 마시는 편이 낫겠니? 아니면 물이랑 같이 마시겠니? 네가 결정하렴."
"이제 엄마가 아빠와 이야기할 시간인데 너는 잠자리에 들어야 할 시간이구나. 지금 자겠니? 아니면 침대에서 좀 놀다가 자고 싶을 때 우리를 부르겠니?"

여기에 아이 스스로 선택하게 한 어머니의 이야기를 보도록 하자.

호준이(3살)와 엄마가 길을 건너고 있었다.

호준: (손잡는 것이 싫어서 길 한복판에서 손을 빼려고 한다.)
엄마: (길을 건너기 전) 호준아, 네가 선택하렴. 엄마 손을 잡든지 아니면 네가 안전하다고 생각되는 것을 잡으렴.
호준: (잠시 생각하더니) 나는 엄마 가방을 붙잡을게요.

위험한 상황에서 아이가 안전한 것을 스스로 선택하도록 하였고, 이러한 선택에 엄마는 만족했다.

(2) 아이들의 노력을 존중하며 지켜본다.

부모들은 아이에게 어떤 일이든 "쉬운 일이야."라고 말하는 것이 격려해 주는 것이라고 생각해 왔다. 그러나 "해보렴, 쉬운 일이야."라고 말하는 것은 결코 도움을 주는 일이 아니다. 만일 아이가 '쉬운' 일을 성공적으로 해낸다면 성취감을 맛보지 못할 것이고, 실패한다면 쉬운 일도 못 하는 셈이 되기 때문이다.

그와는 반대로 부모가 "쉬운 일이 아니야." 혹은 "어려울 수 있어."라고 말한다면 아이는 자신에게 다른 메시지를 준다. 만일 아이가 성공하면 어려운 일을 해낸 데 대한 자부심을 경험할 것이고, 실패하면 그 일이 어려웠다는 것을 아는 것만으로도 최소한의 만족을 하게 될 것이다.

부모가 아이들을 위해 모든 일을 해주기보다 문제해결의 실마리를 제시해 줌으로써 도와줄 수 있다. 몇 가지 유용한 문장을 예로 들어 보면 다음과 같다.

"지퍼를 채우기 전에 때로는 지퍼를 밑으로 끝까지 내려 보는 게 도움이 된단다."

"문을 열기 전에 숫자를 맞추기보다 때로는 문의 손잡이를 몇 번 돌려 보는 게 도움이 된단다."

"때로는 도움이 된단다."라는 말을 즐겨 쓴 까닭은 도움이 안 될 경우 아이들은 부적합하다는 느낌을 받을 수도 있기 때문이다.

(3) 아이에게 너무 많은 질문을 하지 않는다.

엄마: 어디에 갔다 왔니?
아이: 나갔었어요.
엄마: 무엇을 했니?
아이: 아무것도 안 했어요.

위와 같은 대화를 흔히 들을 수 있다. 아이들은 대답하기 싫을 때 "몰라요." 혹은 "나 혼자 내버려 두세요."라는 말을 종종 쓴다.

아이에게 질문을 안 한다면 좋은 부모가 되지 못할 거라고 생각하는 한 어머니가 있었다. 그러나 그 어머니는 아이에게 질문을 퍼붓던 것을 멈추고 아이가 이야기할 때 흥미 있게 들어주었더니 마음을 여는 것을 보고 놀라웠다고 했다.

이 말은 아이에게 전혀 질문을 하지 말라는 뜻인가? 아니다. 핵심은 질문에 대한 결과를 짐작해 보는 것이다.

(4) 질문에 빨리 답하려고 서두르지 않는다.

아이들은 자라면서 호기심을 가지고 여러 가지 질문을 하게 된다.

"무지개가 뭐예요"
"아기는 왜 나온 곳으로 다시 돌아갈 수 없어요"
"사람들은 왜 자기가 원하는 것을 무엇이든 할 수 없어요"

아이들의 질문에 꼭 대답해야 한다는 생각은 불필요한 일이다. 보통 아이들이 질문을 할 때는 이미 대답에 대해 생각을 해 보는 경우가 많기 때문이다. 아이가 질문을 하는 것은 어른들로 하여금 자기의 생각을 더 탐색하도록 도와주기를 바라는 마음에서이다.

부모는 아이들에게 즉각적인 대답을 해 줄 때 아무런 도움도 주지 못한다. 아이들이 자신의 질문에 대해 탐색하도록 해주는 게 훨씬 더 도움이 되는 일이다.

"그게 이상한 모양이구나."
"어떻게 생각하니?"
"사람들은 왜 원하는 것을 다 할 수 없는 것일까?"

아이가 질문한 내용을 되물어보는 것도 효과적인 방법이다.

결코 질문에 답을 서두를 필요는 없다. 답을 찾으려는 과정이 대답만큼 가치 있는 일이라는 점을 기억하자.

(5) 아이들이 집 밖의 자원을 이용할 수 있도록 격려한다.

아이들이 가족에게 의존하는 감정을 줄이기 위한 한 가지 방법으로 가치 있는 자원을 가진 더 큰 사회가 있다는 것을 아이들에게 보여주는 것이다. 집 밖의 세계는 이상한 곳이 아니고 필요할 때 도움을 받을 수 있는 곳이라고 말해 준다.

아이들에게 주는 직접적인 이익은 제외하더라도, 선생님은 항상 무거운 책임을 지고 있는 부모들을 안심시키는 대화를 하고, 보건 교사는 비만아를 위해 적절한 식습관 조절을 이야기할 수 있을 뿐만 아니라 집에서 할 수 있는 간단한 운동을 소개할 수 있다. 도서관 직원은 어려운 숙제를 하는 아이들에게 도움을 주고, 치과의사 선생님은 양치질을 안 한 경우 이가 어떻게 되는지 이야기해 줄 수 있다.

이러한 집 밖의 자원들이 때로는 어머니, 아버지가 얘기한 것보다 더 중요하고 도움이 될 때가 많다.

(6) 아이들의 희망을 빼앗지 않는다.

삶은 많은 기쁨을 꿈꾸고, 공상하고, 기대하고, 계획하는 데 있다. 아이들에게 희망이 아닌 실망의 가능성을 경험하도록 한다면 부모는 아이들로부터 일생의 중요한 경험을 박탈하는 것과 같다.

어느 날 아홉 살 난 딸아이가 아빠에게 강아지를 한 마리 사달라고 부탁했다. 아버지는 경제적 이유, 장소, 아파트의 규칙 때문에 안 된다고 말하는 대신에 "너는 강아지를 가지고 싶구나. 더 자세히 얘기해 보렴." 하고 말을 이어 갔다. 그리고는 딸이 어떻게 강아지를 먹이고, 단장시키고, 매일 산책시킬 것인지 자세하게 얘기하는 것을 들어주었다. 딸은 강아지에 대한 자기의 꿈을 아빠에게 이야기한 것만으로도 충분했는지 더 이상 강아지를 사겠다고 조르지 않았다. 아빠와 대화를 한 이후에 딸은 도서관에서 강아지에 대한 책을 빌려 와 강아지 그림을 그렸고, 강아지를 사기 위해 용돈의 일부를 저축하기 시작했다.

몇 년 후 그 아이는 유기견 보호센터에 자원봉사를 신청했고, 가끔씩 강아지들 산책을 도왔다. 열네 살이 되자 강아지에 대한 관심은 줄어들었고, 어느 날 그 아이는 강아지를 사려고 모았던 돈으로 대신 자전거를 샀다고 했다.

앞에서 제안한 여섯 가지 기술들은 얼핏 들으면 상식처럼 생각되지만 그 어느 것도 평범한 것들이 아니다. 부모는 자녀들의 자율성과 독립심을 길러 주기 위해 이야기를 나누는 훈련과 결단력이 필요하다.

여기에서 살펴본 여섯 가지 기술이 아이들의 자율성을 길러 주는 유일한 방법이라고는 할 수 없다. 실제로 지금까지 언급한 모든 기술들은 아이들로 하여금 자신을 독특하고, 책임감 있고, 유능한 사람으로 여기도록 도와주려는 방법들이다.

부모가 아이들과 감정을 공유하고, 같이 느낌을 이야기하거나 혹은 문제해결을 하면서 아이들의 자신감을 키워 주고자 한 것이다.

부모교육 활동

<Tip>

자율성을 길러 주려면!!

❶ 아이들에게 선택의 기회를 제공해 준다.

"너 오늘 검정 바지를 입겠니? 아니면 회색 바지를 입겠니?"

❷ 아이들의 노력을 존중하며 지켜본다.

"병뚜껑은 열기 힘들어. 네가 숟가락으로 뚜껑의 가장자리를 두드리면 열리는 수가 있지."

❸ 아이에게 너무 많은 질문을 하지 않는다

"잘 다녀왔구나.""

❹ 질문에 빨리 답하려고 서두르지 않는다.

"그것 참 재미있는 질문이구나. 너는 어떻게 생각하니?"

❺ 아이들이 집 밖의 자원을 이용할 수 있도록 격려한다.

"애완동물 가게 아저씨에게 물어보는 게 어떨까?"

❻ 아이들의 희망을 빼앗지 않는다.

"네가 그 연극을 해 보려고 하는구나. 좋은 경험이 될 거야."

(1) 부모인 당신이 아이라면 다음과 같은 상황에서 어떤 느낌이 들지, 어떤 반응을 할지 생각해 본다.

상황 1 당신은 다섯 살입니다.

부모님이 당신에게 다음과 같이 말을 한다면 당신은 어떤 반응을 할까요?
그리고 어떤 감정일까요?

① "당근도 먹어봐라. 채소는 몸에 좋단다."

② "나는 네가 그 아이와 안 놀았으면 좋겠구나. 그 애는 욕만 하더라…"
③ "너 정말 화장실에 안 가도 되겠니?"

감정	반응

상황 2 당신은 아홉 살입니다.

부모가 다음과 같이 말을 한다면 당신은 어떤 반응을 할까요?
그리고 어떤 감정일까요?

① "그 옷은 입지 마라. 파란색은 네가 좋아하는 색이 아니잖아…"
② "그 병을 가져오렴. 내가 뚜껑을 열어주마."
③ "네가 입을 수 있도록 엄마가 옷을 펼쳐 놓았다."
④ "엄마가 숙제 좀 도와줄까?"

반응	감정

(2) 나는 어렸을 때 부모의 간섭을 많이 받았는가? 혹은 내가 할 일을 자율적으로 했는가? 잠시 회상해 보고 두 사람씩 이야기를 나눠 본다.

(3) 다음의 상황에서 자율성 길러 주는 기술을 적용해 본다.

① 아이가 놀이터에서 미끄럼을 더 타겠다고 한다: 〈선택의 기회를 제공한다〉

② 신발을 신는 데 오래 걸린다: 〈아이의 노력을 존중한다〉

③ 아이가 친구 생일파티에서 돌아왔다: 〈많은 질문을 하지 않는다〉

④ "아빠, 비는 어디에서 와요?"라고 질문한다: 〈즉각적인 대답을 하지 않는다〉

⑤ "난 커서 가수가 될 거야!" : 〈희망을 뺏지 말자〉

(4) 다음 사례에서 자율성을 길러 주기 위한 문장을 생각해 보자.

아이: "지금 영수 집에 가서 놀아도 돼요? "
부모: "안 돼, 가지 마."라고 하기보다 있는 그대로 말해 준다.
예 "5분만 있으면 저녁 먹을 텐데…"

아이: "희영이 집에서 자도 돼요? "
부모: "안 돼, 지난주에도 잠을 잤는데…"라고 하기보다 부모 자신이 생각할 기회를 갖는다.

아이: "밖에 나가 놀아도 돼요? "
부모: "안 돼, 점심도 아직 안 먹었잖니."라고 하기보다 "그래"라는 말로 바꾸어 본다.

(5) 오늘 배운 자율성 증진 프로그램에 대해 부모로서 느낀 점이나 생각을 발표한다.

(6) 과제를 전달한다.

다른 사람에게 자율성을 길러 주는 기술을 적용한 후 실제 사례를 적어 온다.

03 욕구갈등 해결

1) 부모-자녀 간의 갈등

일상생활에서 자녀는 부모가 원하고 바라는 것과는 다른 방향으로 행동하는 경우가 있다. 이때 부모는 자녀의 행동을 변화시켜 보려고 했지만, 오히려 좌절감만 겪었을 것이다. 욕구란 무엇을 얻거나 무슨 일을 하고자 바라는 일로 부모자녀 간의 욕구갈등 문제는 갈등 자체가 아니라 이 갈등을 어떻게 해결하느냐에 있다. 그러므로 갈등 해결 방법이 부모자녀 관계에서는 매우 결정적인 요인이 된다.

다음은 일상생활에서 부모자녀 사이에 서로의 욕구가 달라서 생기는 갈등사례이다.

- 30분 내에 학교에 도착하여야 하는데, 아이가 여전히 TV에만 몰두하고 있다.
- 아이는 자기가 좋아하는 음식만 먹으려 하고 엄마는 골고루 먹이고자 한다.
- 주말에 부모는 등산을 하고 싶고 자녀들은 놀이공원에 가고 싶어 한다.
- 부모가 허락하지 않는데도 딸은 친구들과 주말에 놀러 가려고 한다.

위와 같은 부모와 자녀 간의 욕구갈등은 일상생활에서 피할 수 없다. 부모자녀 간의 사소한 의견 차이가 때로는 결정적 싸움으로까지 번질 수 있는데, 바로 이 점이 단순한 부모의 문제도 아니고 자녀의 문제도 아닌 부모자녀 간의 관계상의 문제이다.

갈등은 인간을 서로 멀어지게 하거나(불화), 좀 더 가깝고 친숙한 관계(상호이해)로 이끄는 힘이 있다. 그러므로 갈등 해결 방법이 부모자녀 관계에서는 매우 중요하다.

2) 세 가지 갈등 해결 방법

(1) 권위주의적 방법

부모의 뜻대로 문제를 해결하는 방법이다. 즉, 부모가 자신의 힘으로 자녀를 이기는 방법이다. 이 경우 자녀는 갈등을 해결하고자 하는 동기가 낮고, 부모를 원망하게 되며 부모는 자녀의 자율적인 발달을 막는 결과를 초래한다.

권위주의적 방법으로 갈등을 해결한 사례를 살펴보자.

아들이 게임을 하느라 저녁 먹자고 불러도 꿈쩍도 하지 않는다.

> 아빠: 윤재야! 저녁 먹자. 어서 와… 그만하고 밥 먹자. 게임 많이 했잖아…
>
> 윤재: 싫어요! 나중에 먹을게요. 조금만 더 하고요. 나 조금밖에 못 했어요.
>
> 아빠: 안 돼. 너 빨리 안 오면 다음부터 게임 못 하게 할 거야.
>
> 윤재: 쪼금만 더 하고 갈게요! !
>
> 아빠는 벌떡 일어나서 이럴 때 고집을 꺾어야 한다고 생각하고 핸드폰을 빼앗아 버렸다.

아빠가 원하는 대로 갈등이 해결되었다.

그러나 아들의 마음은 어땠을까요?

(2) 허용적인 방법

부모가 자녀의 뜻에 이끌려 문제를 해결하는 방법이다. 즉, 자녀가 자신의 힘으로 부모를 이기는 방법이다. 이런 자녀는 가끔 난폭하거나 다루기 힘들고 충동적이기도 하며, 또한 자기 행동에 내적 통제가 부족하여 자기중심적이거나 이기적일 수 있다. 때로는 또래들 간의 인간관계에서 곤란을 겪어 버릇없는 아이로 취급받고 주위의 친구들에게 따돌림을 받기도 한다.

허용적인 방법으로 갈등을 해결한 사례를 살펴보자.

연지가 아이스크림 먹고 싶다고 엄마한테 조른다.

연지: 나 아이스크림 먹고 싶어요.

엄마: 안 돼. 아이스크림 먹으면 살찐단 말이야!

연지: 살 안 쪄.

엄마: 안 된다고! ! 아침에도 먹었잖아.

연지: (큰 소리로 운다.)

엄마: 또 시작이다… 아이구 시끄러워. 알았어. 진짜로 오늘만이야…

아이가 원하는 대로 갈등이 해결되었다.

그러나 엄마의 마음은 어땠을까요?

(3) 민주적 방법

부모와 자녀 서로에게 만족할 만한 해결을 찾는 방법이다. 즉, 서로의 욕구가 동시에 만족되는 방법이다. 이 방법은 어느 한쪽이 이기고 지는 것이 아니라 부모와 자녀 양쪽이 다 이기는 양승방법이다. 왜냐하면 해결 방법이 양쪽 모두에게 수용되기 때문이다. 양쪽이 서로 일치하는 것이 궁극적인 갈등 해결책이다.

만약 이 방법으로 대부분의 부모가 갈등을 해결할 수 있다면 부모와 자녀 관계는 증진될 수 있다.

3) 민주적 방법의 6단계

민주적인 갈등 해결 방법의 6단계는 다음과 같다. 부모들이 이 방법을 따를 때 부모자녀 관계에서 훨씬 더 성공적인 경험을 가질 것이다.

- 1단계 : 부모와 자녀의 욕구 확인
- 2단계 : 다양한 해결 방법 모색
- 3단계 : 해결 방법 평가
- 4단계 : 해결책 결정
- 5단계 : 실행
- 6단계 : 실행 평가

민주적 방법으로 갈등을 해결한 사례를 살펴보자.

민영: 엄마! 내가 사고 싶은 운동화가 있는데… 엄마. 사 주면 안 돼요?
엄마: 운동화를 사고 싶었구나.
민영: 예, 엄마. 진즉부터 사고 싶었는데요. 이 운동화는 언니가 신던 거라 낡았어요. 마침 내일까지 세일이래요.
엄마: 그랬구나. 그런데 이번 달에는 돈 쓸 일이 많아서 어떡하지?
넌 운동화를 꼭 사고 싶고 엄마는 여유가 없어서…
우리 좋은 방법을 생각해 보자. 좀 생각해 보고 결정해 보자.
엄마 예산으로는 2만 원 정도는 가능할 것 같은데…
민영: 좋아요. 엄마.
참, 엄마가 2만 원만 내주고 나머지는 내 용돈에서 낼게요.
엄마: 그래. 그런 방법도 있구나. 그런데 외국 상표보다 우리나라 상표를 고르면 어떨까?
민영: 그럼 우리 상표 중에서 살게요! 우리 것도 좋아요…
난 엄마가 안 된다고 할까 봐 사실 걱정했어요.
엄마: 그래, 엄마도 좋아. 네가 엄마 마음을 이해해 주니 고맙구나.
용돈까지 아껴서 모았다니 우리 딸 참 알뜰하네…
민영: 엄마 닮아서 그렇지요!
엄마: 그래? 우리 내일 방과 후 같이 신발 사러 갈까?
민영: 야호! ! ! 일찍 올게요.

부모와 아이의 갈등이 민주적으로 해결되었다.
이때 부모와 아이의 마음은 어땠을까?

위 사례에서 민주적 방법의 6단계를 살펴보자.

(1) 1단계: 부모와 자녀의 욕구 확인

- 자녀의 욕구: 운동화를 사고 싶다.
- 부모의 욕구: 2만 원 정도는 가능하다.

(2) 2단계: 다양한 해결 방법 모색(브레인스토밍)

각자 생각나는 의견을 말한다.

① 다음 달에 산다.
② 엄마 예산으로 2만 원 정도는 가능하다.
③ 내일까지 세일 기간이니까 내일 사야 된다.
④ 엄마가 2만 원만 내주고 나머지는 내 용돈에서 낸다.
⑤ 국산 상표로 골랐으면 좋겠다.
⑥ 내일 방과 후 신발 사러 간다.
⑦ 당분간 헌 운동화 신고 다음 달부터 새 운동화 신는다.

(3) 3단계: 해결 방법 평가

①번부터 ⑦번까지 하나씩 서로 평가한다.
놀랍게도 ②번에서 ⑥번까지 둘 다 찬성이어서 채택되었다.
⑦번은 민영이에게 알아서 하도록 했다.
이 해결 방법이 마음에 드니? 하며 묻고 생각해 본다.

(4) 4단계: 해결책 결정

해결책은 ②번에서 ⑥번까지로 결정되었다.

(5) 5단계: 실행

다음날 엄마와 민영이가 방과 후 함께 신발 사러 갔다.

운동화를 산 후 민영이 엄마는 사랑 가득한 마음으로 딸을 힘껏 껴안아 주었다.

이와 같이 민주적 방법, 즉 제3의 방법으로 갈등을 해결해 본 부모들은 아이들이 처음에 원했던 해결책보다 훨씬 불리한 제안인데도 받아들이는 것에 놀랐다고 한다. 또한 부모가 진실로 자신의 욕구를 들어주는 것을 보면서 아이도 마음 놓고 부모와 의견을 나누고 싶고 부모를 도와주려는 따뜻한 마음으로 바뀌게 된다.

(6) 6단계: 실행한 후 평가

부모교육 활동

<Tip>

1 세 가지 갈등 해결 방법

- 권위적인 방법
- 허용적인 방법
- 민주적인 방법

(1) 이번 모임의 주제 및 내용에 대하여 소개한다.

- 1단계 : 부모와 자녀의 욕구 확인
- 2단계 : 다양한 해결 방법 모색
- 3단계 : 해결 방법 평가
- 4단계 : 해결책 결정
- 5단계 : 실행
- 6단계 : 실행 평가

(2) 글래서(Glasser)가 말한 인간의 욕구에 대하여 설명한다.

① **생리적 욕구** : 몸이 편안하고 건강한 상태를 유지하고자 하는 신체적 욕구
② **소속의 욕구** : 가족이나 학교 등 조직에 소속되어 사랑받고 싶은 욕구
③ **힘의 욕구** : 지식, 권력, 등을 통해 타인에게 인정받고 영향력을 행사하고 싶은 욕구
④ **자유의 욕구** : 하고 싶은 것을 하고, 하기 싫은 것을 안할 수 있는 자유를 누리고 싶은 욕구
⑤ **즐거움의 욕구** : 일이나 놀이, 취미, 배움 등을 통해 즐거움을 추구하고자 하는 욕구

- 다섯 가지 욕구가 골고루 균형 있게 충족되어야 행복하고 효율적인 삶이 이루어진다.

(3) 부모 자신이 현재 가지고 있는 욕구에 대하여 생각한 후 발표한다.

우리의 욕구를 충족시키기 위해 우리가 하는 행동을 검토하는 것은 중요하다. 우리는 욕구를 충족시키는 활동을 함으로써 건강한 삶을 유지할 필요가 있다.

내가 좋아하는 일, 활동	좋아하는 순위
1.	
2.	
3.	
4.	
5.	
6.	
7.	
8.	
9.	
10.	

(4) 아이들은 어떤 욕구가 강할까요? 또 아이들은 욕구 충족을 위해 무엇을 하고 있나요?

(5) 일상생활에서 부모와 자녀가 서로의 욕구가 달라서 생기는 갈등 사례를 적는다.

① 부모는 일찍 일어나서 아침을 같이 먹고 싶은데, 자녀는 아침을 먹지 않고 잠을 더 자고 싶어 한다.

② 부모는 주말에 푹 잠이나 자며 쉬고 싶은데, 자녀는 공원에 나가 같이 놀자고 한다.

③ 아이는 놀이시간이 끝났는데도 놀이를 계속하고 싶어 한다. 그때마다 부모는 짜증이 난다.

④

⑤

(6) 부모-자녀 간 갈등 해결의 세 가지 방법을 설명한다.

〈갈등해결의 3가지 방법〉

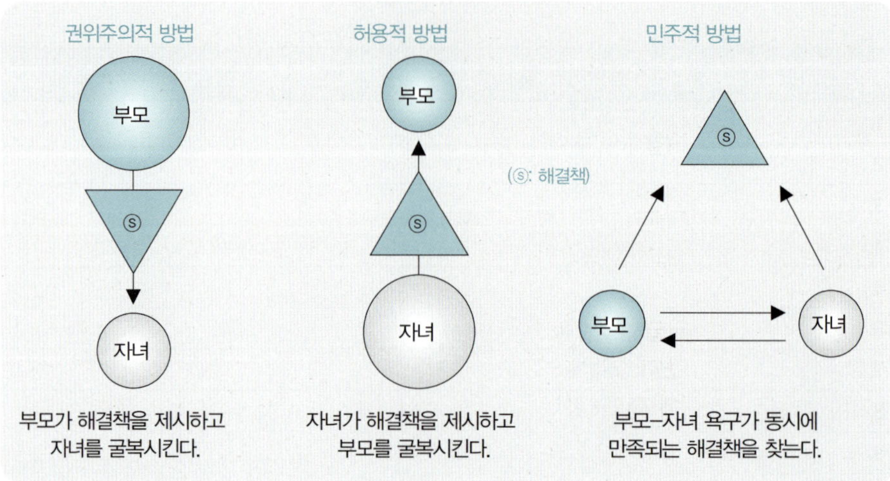

(7) 현재 자녀와의 갈등 시 부모 자신은 어떤 유형의 갈등 해결 방법을 사용하셨나요? 그때, 부모님이 사용한 방법은 효과적이었나요? 또 그때, 어떤 감정을 느꼈나요?

- 방법:
- 효과:
- 감정:

(8) 민주적 방법을 연습한다.

네 살 된 진영이는 아버지가 퇴근해서 집에 오면 함께 놀고 싶어 한다. 그렇지만 아버지는 피곤해서 좀 쉬고 싶었다. 보통 아버지는 집에 도착하면 저녁을 먹고, TV를 보곤 했다. 진영이는 그때마다 아버지의 무릎에 기어오르고 소리 지르며 성가시게 하였다.

❶ 부모와 자녀의 욕구 확인

- 부모의 욕구 : TV를 보며 쉬고 싶다.
- 자녀의 욕구 : 아버지와 놀고 싶다.

❷ 해결 방법 모색 및 평가

해결 방법 모색	평가	
	진영	아버지
• 30분 같이 논 후 30분 쉰다.	×	×
• 아버지가 1시간 정도 쉬고 자녀와 논다.	×	○
• 격일로 놀아 준다.	○	×
• TV를 보는 동안 자녀는 글자 찾기 놀이를 한다.	×	○
• 주 2회 놀고 나머지는 쉰다(주말, 수요일).	○	○
• 아버지가 일찍 퇴근할 때 자녀와 같이 논다.	×	○

❸ 해결책 결정

주 2회(주말, 수요일) 놀고 나머지는 쉰다.

❹ 실행 및 실행의 평가

다음 주부터 실행한다.

한 달간 실행해 보고 실행평가를 한다.

(9) 다음의 상황을 가지고 부모는 2인 1조로 한 사람은 부모역할, 나머지 한 사람은 자녀역할을 맡아서 역할놀이를 한다.

◈ 다음에 부모-자녀 간의 갈등상황을 제시하여 보았다. 민주적인 갈등 해결 방법의 6단계를 적용하여 보도록 한다. 부모는 자녀와 대화할 때 반영적 경청기술을 사용하여 자녀의 욕구를 알아내고, 나-전달법을 사용하여 부모의 욕구를 표현하도록 한다.

① 가족이 외출을 하려고 한다.
그런데 부모는 등산을 하고 싶고, 자녀들은 놀이공원에 가고 싶어 한다.

- 부모와 자녀의 욕구 확인
- 해결 방법 모색 및 평가
- 해결책 결정
- 실행 및 실행의 평가

◈ 이번에는 ①에서 부모역할을 맡았던 부모는 자녀역할로, 자녀역할을 맡았던 부모는 부모역할로 바꾸어서 역할놀이를 한다.

② 부모는 저녁식사에 자녀들이 함께 식사하기를 원하는데, 자녀들은 좋아하는 텔레비전 프로그램 보기를 고집한다.

- 부모와 자녀의 욕구 확인
- 해결 방법 모색 및 평가
- 해결책 결정
- 실행 및 실행의 평가

(10) 오늘 다룬 내용에 대한 질문이나 부모들의 느낌, 생각에 대하여 이야기한다.

(11) 과제를 전달한다.

민주적인 갈등 해결 방법을 적용한 경험 사례를 적어 온다.

참고문헌

강문희·이광자·박경(1999). **인간관계의 이해**. 서울: 학지사.

고윤주·이은해(2000). 대학생의 친구관계에서 친구의 지원과 갈등 해결 방식이 친구에 대한 긍정적, **부정적 감정에 미치는 영향. 교육학 연구**, **38**(2), 149-167. 교육부 보도자료 2020년 8월27일.

권석만(1997). **인간관계 심리학**. 서울: 학지사.

권석만(2000). **인간관계 심리학**. 서울: 학지사.

김미숙(2002). **가족의 사회학적 이해**. 서울: 학지사

김경자·임선영·김경원 (2007). **함께 성장하는 결혼 그리고 가족**. 서울: 도서출판 구상.

김석환(1997). **논어**. 서울: 학영사.

김영애(2015). **사티어 경험주의 가족치료:이론과 실제**. 서울:김영애가족치료연구소.

김애순(1997). **청년기 갈등과 자기이해**. 서울: 중앙적성출판사.

김은영(2015). **인간관계의 이해와 적응**. 서울: 동문사.

김인자 역(1989). **효과적인 부모 역할 훈련**. 서울: 한국심리상담연구소.

김일곤(2009). 다문화가정 정부지원정책의 효율화방안. 영남대학교 행정대학원 석사학위 논문.

김정은(2011). **한국인의 문화 간 의사소통**. 서울: 한국문화사.

김정택·심혜숙(1991a). **MBTI**. 서울: 한국심리검사연구소.

김정택·심혜숙(1991b). **MBTI 안내서**. 서울: 한국심리검사연구소.

김정택·심혜숙·임승환(1995). **나의 모습 나의 얼굴**. 서울: 한국 심리상담연구소.

김종재(1996). **현대 인간관계론:이론과 응용**. 서울: 박영사.

김진숙·김지은 (1997). **자녀와의 사랑만들기**. 서울:서원.

김진숙·김지은·연미희·이인수(2014). **인간관계와 의사소통**. 서울:창지사.

김진숙·김지은·연미희·이인수(2017). **나도 부모가 처음이야**. 서울:어가.

김천기·노상우·박휴용·이정애·임은미(2013). **다문화교육의 이해와 실천**. 파주: 교육과학사.

김혜숙·박선환·박숙희·이주희·정미경(2000). **인간관계론**. 서울: 양서원.

류성호(1995). **한국사회 이야기 주머니**. 서울: 녹두.

문은식·박선환·정미경·최순영(2022). **인간관계 심리학**. 경기도: 공동체.

민병배·오현숙·이주영 (2007). **TCI 기질 및 성격검사 통합 매뉴얼 개정판**. 서울: (주) 마음사랑.

박연호(2002). **현대인간관계론**. 서울: 박영사.

박주현·최덕경(2012). **다문화사회의 이해와 실천**. 서울: 창지사.

설기문(1997). **인간관계와 정신건강**. 서울: 학지사.

손문숙·조재연(2016). **'데이트 폭력 피해 실태조사 결과와 과제'**. 한국여성의 전화.

송성자(1985). 한국 부부간의 의사소통 유형과 가족문제에 관한 연구. 숭실대학교 박사 학위 청구논문.

신수진(1998). 가족 성원의 삶을 산다는 것. 국제한국학회. **한국문화와 한국인**. 서울: 사계절.

양옥경(2007). 서울 거주 국제결혼 이주여성의 사회적응 지원방안. **서울정책 포커스**, **27**, pp. 1-20.

연미희·김진숙 (2015). **부모교육**. 서울: 동문사.

연미희·김진숙 (2022). **부모교육 이론과 실제**.서울; 동문사.

연 아(2021). **당신의 연애는 안전한가요**. 서울:미디어 일다.

오윤선·유양숙(2021). **대인관계와 의사소통**. 서울: 창지사.

오정진(1998). 성희롱의 법적 개념. **여성과 사회**, **9**, 240-251.

유영주·이인수·김순기·최희진(2013). 한국형 가족건강성척도II (KFSS-II) 개발 연구. **한국가정관리학회지**, **31**(4), 113-129.

유영주·이창숙(2000). **행복한 부부성장을 위한 워크북. 부부행복찾기 I** . 서울: 신정출판사.

유영주·이창숙(2002). **행복한 부부성장을 위한 워크북. 부부행복찾기II**. 서울: 신정출판사.

유영주(2004). **새로운 가족학**. 서울: 신정.

유영주·이인수·김순기·홍성례·최희진(2009). **건강가족의 이해**. 서울: 교문사.

윤운성 (2001). **에니어그램 이해**. 서울: 한국 에니어그램 교육연구소.

이규은·이영선(2015). **직업기초능력의 이해와 개발**. 서울:동문사.

이두원(2001). 문화 간 커뮤니케이션 능력. **한국인과 문화 간 커뮤니케이션**, 242-282. 서울: 커뮤니케이션북스.

이수도(2000). **인간관계론**. 서울: 형설출판사.

이수진·채 한 (2014). 기질 및 성격검사의 통합의학적 활용. *Journal of Oriental Neuropsychiatry*, *25*(3), 213-224.

이수진·김민진·신희은·여정미·정수동·정은정·채한(2021).기질 및 성격 검사 (Temperament and Character Inventory: TCI) 의 국내 연구 동향: 1998-2018 년 학술지 게재 논문을 중심으로. **한국콘텐츠학회논문지**, **21**(10), 537-549.

이정덕·김경신·문혜숙·송현애·김일명(1998). **결혼과 가족의 이해**. 서울: 학지사.

이창숙·유영주(1988). 한국 남편과 부인들의 커뮤니케이션 유형분류에 대한 연구. **한국가정관리학회지**, **6**(1), 1-25.

이창숙(1998). 부부갈등해결 교육프로그램 개발연구-Baucom과 Epstein의 인지-행동적 치료모델에 기초하여-. 경희대학교 박사학위 청구논문.

이태연·이인수·정기수·최명구(2006). **인간관계의 이해**. 서울: 신정.

이택호·강정원·박정우(2013). **조직과 인간관계론**. 서울: 북넷.

임갑빈(1997). **인간관계론**. 서울: 동문사.

정문자 · 정혜정 · 이선혜 · 전영주(2018). **가족치료의 이해**. 서울:학지사.

정옥분(2003). **아동발달의 이해**. 서울: 학지사.

정현숙(2001a). 우리는 왜 문화 간 커뮤니케이션을 알아야 하나. **한국인과 문화 간 커뮤니케이션**, 31-44.

정현숙(2001b). 언어와 문화 간 커뮤니케이션. **한국인과 문화 간 커뮤니케이션**, 175-204.

정현숙 · 유계숙(2002). **가족관계학**. 서울: 신정.

조경덕 · 장성화(2015). **대인관계의 커뮤니케이션**. 서울: 동문사.

조남두(2013). **창의적 글로벌 인재 양성을 위한 다문화 교육**. 서울: 동문사.

조남두(2015). **현대인의 직업윤리**. 서울:동문사.

조아미 · 박선영 · 한영희 · 이진숙 · 김범구 · 진영선 · 이정희 · 이원희 공역(2012). **사이버폭력**. 경기: 정민사

최승희 · 김수욱(2001). **심리학**. 서울: 박영사.

최윤희(2007). **비언어 커뮤니케이션**. 한국인과 문화 간 커뮤니케이션, 205-241.

최충옥(2007). "다문화 시대의 교육정책 현황과 과제". 경기다문화교육센터. 제4회 경기도 다문화교육 포럼. 11-24.

추병완(2001). **정보윤리교육론**. 서울: 울력

한국가족학연구회(1993). **가족학**. 서울: 하우.

한국여성의 전화(2018). **"F언니의 두 번째 상담실: 데이트폭력 대응을 위한 안내서"**

한규석 · 최상진(1998). 국제한국학회. **한국문화와 한국인**. 서울: 사계절.

한규석(1995). **사회심리학의 이해**. 서울: 학지사.

홍대식(1994). **인간관계의 심리-호감·우정·사랑·행복**. 서울: 양영각.

홍숙기(2000). **성격심리학**. 서울: 법문사.

홍숙자(1999). 노년학개론. 서울: 하우

Adler, A. (1964). *Social interest. A challenge to mankind*. New York: Capricom.

Allport, G. W. (1961). *Pattern and Growth in Personality*. New York: Henry Holt.

Baumrind, D. (1991). The influence of parenting style on adolescent competence and substance use. *Journal of Early Adolescence*, *11*, 56-95.

Berk, L.E.(2000). *Child Development(5th ed.)*. Boston: Allyn & Bacon.

Bubenzer, D. L., & West, J. D. (1992). *Counseling couples*. London: Sage.

Cloninger, C. R., & Svrakic, D. M.(1997). Integrative psychobiological approach to psychiatric assessment and treatment. *Psychiatry*, *60*(2), 120-141.

Crawford, T., & Ellis, A. (2011). **친밀감 만들기**. (류창현 역). 경기: 교육과학사.

Davis, K. E. (1985). Near and dear: frienship and love compared. *Psychology Today*, *19*, 22–30.

Davis, K. E., & Todd, M. J. (1982). Friendship and love relationships. In K. E. Davis, *Advances in descriptive psychology*. Greenwich, CT: JAI Press.

DiLalla, L.F., Kagan, J., & Reznick, J.S. (1994). Genetic etiology of behavioral inhibition among 2-year-old children. *Infant Behavior and Development*, *17*, 405–412.

Elkins, L. E., & Peterson, C. (1993). Gender differences in best friendship. *Sex Roles*, *93*(29), 497–508.

Erber, R., & Erber, M. (2001). *Intimate relationships: Issues, theories, and research*. Needham Heights: Allyn & Bacon.

Fehr, B. (1988). Prototype of analysis of the concepts of love and commitment. *Journal of personality and Social psychology*, *55*(4), 557–579.

Galvin, K.M., & Brommel, B. J. (1991). *Family communication: Cohesion and change*. New York: Harper Collins.

Gibb, J. R. (1965). Defense level and influence potential in small groups. In Petrullo, L. & B. M. Bass. (eds.), *Leadership and interpersonal behavior*. New York: Holt.

Gilligan, C. (1982). *In a different voice: Psychological theory and women's development*. Cambridge Mass: Harvard University Press.

Gordon, T. (1975). *Parent effectiveness training*. New York: Peter Wyden.

Gottman, J. & Silver, N. (2002). **행복한 부부, 이혼하는 부부**. (임주현 역, 원제: The seven principles for making marriage work. Brockman, Inc.). 서울: 문학과 지성사. (원저 1999년 출판).

Hinduja, S., & Patchin, J. W. (2012). **사이버폭력**. (조아미·박선영·한영희·이진숙·김범구·진영선·이정민·이원희 공역). 경기:정민사

Holland, J. L. (1985). *Making vocational choices: A theory of vocational personalities and work environment* (2nd ed.). Englewood Cliffs, New Jersey: Prentice-Hall.

Kagan, J., Sniaman, N., & Arcus, D.(1995). *Antecedents of Shyness. Paper presented at the meeting of the American Psychological Association*. New York.

Kouneski, E. F. (1996). *Fatherhood today*. Unpublished article, University of Minnesota, Family Social Science, St. Paul.

Lasswell, M., & Lobsenz, N. M. (1980). *Styles of loving*. New York: Doubleday.

Lee, J. A. (1977). A typology of styles of love. *Personality and Social Psychology Bulletin*, *3*, 173–182.

Linda, A. (1987). *Effectiveness training*. Solana Beach: Effectiveness training Inc.

Minuchin, S., Lee, W, & Simon, G. M. (2022). **미누친의 가족치료 마스터하기**. (이인수 역. 원제: *Mastering of family therapy*. John Wiley & Sons, Inc.). 서울: 학지사. (원저 1996 출판).

Neugarten, B. (1968). The awareness of middle age. In B. Neugarten(Ed.), *Middle age and aging*. Chicago: University of Chicago Press.

Olson, D. H., & Olson, A. K. (2000). *Empowering couples: Building on your strengths*. Minneapolis: Life Innovations, Inc.

Olson, D. H., & DeFrain, J. (2003). *Marriages and families*(4th ed). McGraw Hill.

Reiss, H. T., Senchak, M., & Solomon, B. (1985). Sex differences in the intimacy of social interaction: Further examination of potential explanation. *Journal of Personality and Social Psychology*, *48*, 1204-1217.

Reiss, I. L., & Lee, G. R. (1988). *Adapted from family systems in America*. New York: Holt, Reinehart & Winston.

Rice, F. P. (1979). *Marriage and Parenthood*. Boston: Allyn and Bacon, Inc.

Rothbart, M.K., & Bates, J.E. (1998). Temperament. In N. Eisenberg (Ed.). *Handbook of child psychology: Vol. 3. Social, emotional, and personality development(5th ed., pp. 105-176).* New York: Wiley.

Rubin, R. (1981). *Intimate strangers: men and women together*. New York: Harper and Perennial.

Ryckman, R.M.(2000). *Theories of Personality(7th ed.)*. Belmont, CA:Wadswoth.

Santrock, J. W. (2001). *Child Development(9th ed)*. McGraw-Hill, Inc.

Satir, V. (1972). *People-making*. palo Alto, California: Science acd Behavior Books, Inc.

Satir, V., Banmen, J., Gerber, J., & Gomori, M. (2004). **사티어모델-가족치료의 지평을 넘어서**. (한국사티어연구회 역. 원제: *The Satir model-Family therapy and beyond*. Palo Alto: Science and behavior books, Inc.). 서울: 김영애가족치료연구소. (원저 1991년 출판).

Sherrod, D. (1989). The influence of gender on same-sex friendships. In C. Hendrick (Ed.), *Review of personality and social psychology, vol.10*. close relationships. Newbury Park, CA: Sage Publications.

Sternberg, R. J. (1986). A triangular theory of love. *Psychological Review*, *93*, 119-135.

Sternberg, R. J. (1988). *Love is a story: A new theory of relationships*. New York: Oxford university press.

Sternberg, R. J., & Grajek, S. (1984). The nature of love. *Journal of Personality and Social Psychology*, *47*, 312-329.

Stinnett, N., Walters, J., & Kaye, E. (1984). *Relationships in marriage and the family*. New York: MacMillan Publishing Co.

Terman, L. M. (1938). *Psychologocal factors in marital happiness*. New York: McGrae-Hill Book Company.

Weiten, W., & Lloyd, M. A. (1997). *Psychology applied to modern life*. New York: Brooks/Cole Pub., Co.

Young, M. E., & Long, L. L. (2003). **부부상담과 치료**. (이정연 역. 원제: *Counseling and therapy for couples*. New York: Thomson Learning Pub. Co.). 서울:도서출판 시그마프레스. (원저 1998년 출판).

김영애 가족치료 연구소 http://www.familycounseling.co.kr
다문화가족지원포털(다누리) http://www.liveinkorea.kr
대전다문화가족센터 http://www.familycafe.or.kr
목포시 다문화가족센터 http://www.mokposi.liveinkorea.kr
법무부 홈페이지 https://www.moj.go.kr/moj/2412/subview.do
안산 다문화가족센터 http://www.liveinkorea.kr/center/main/main.do?centerId=ansansi
안산 다문화가족행복나눔센터. http://www.mfscen.org
안산시 외국인 주민센터 http://global.iansan.net
이화여자대학교 양성평등센터 http://www.ewha.ac.kr
카이스트 상담센터 http://www.kaist.ac.kr
평택대학교 다문화가족센터 https://mcfc.ptu.ac.kr/mcfc/index.do
천주교 서울대 교구 http://aos.catholic.or.kr
홍경자심리상담센터 http://www.gocounseling.co.kr
한국건강가정진흥원 http://www.kihf.or.kr
한국 브리태니커 http://www.britannica.co.kr
한국심리상담연구소 http://www.kccrose.com
한국 에니어그램 교육 연구소 http://www.kenneagram.com
한국이고그램연구소 http://www.kkseg.or.kr
한국청소년상담복지개발원 http://www.kyci.or.kr
한국MBTI연구소 http://www.mbti.co.kr

• 저자 소개 •

김 지 은

미국 Central Connecticut State University 대학원(M.S., 아동심리 전공)

미국 Teachers College, Columbia University 대학원(Ed.M., 유아교육 전공)

미국 New York University 대학원(Ed.D., 유아교육 전공)

현 건국대학교 유아교육과 교수

김 진 숙

경희대학교 대학원(이학석사, 아동학 전공)

중앙대학교 대학원(이학박사, 아동학 전공)

전 경희대학교 교육대학원 전문교육자과정 주임교수

현 부모교육 '쑥쑥박사' 유튜브 채널 운영

연 미 희

미국 Oregon State University 대학원(Ed.M., 유아교육 전공)

경희대학교 대학원(가정학박사, 아동학 전공)

현 명지전문대학 유아교육과 교수

이 인 수

경희대학교 대학원(이학석사, 가족학 전공)

미국 University of Pennsylvania 대학원(MSW, 임상사회복지 전공)

경희대학교 대학원(이학박사, 가족상담 및 교육 전공)

전 상명대학교 복지상담대학원 가족상담 · 치료학과 교수

현 심리상담연구소 앤아더라이프 대표

대인관계와 의사소통

초판 1쇄 인쇄 2023년 02월 27일
초판 1쇄 발행 2023년 03월 2일

지 은 이 | 김지은 · 김진숙 · 연미희 · 이인수
펴 낸 이 | 김기섭
편 집 인 | 이상희
펴 낸 곳 | 창지사 www.changjisa.com
08589 서울시 금천구 가산디지털 1로 83 파트너스타워 1차 9층
전화 (02)719-2211~3
팩스 (02)701-9386
등 록 | 1977년 4월 28일 · 제1-421호

ISBN 978-89-426-1567-4 (93330)

값 21,000원